2022年上海市教育委员会本级项目"特殊人群参与体育运动的(
（项目编号：117-AC9103-22-040）

幼儿运动教育概论

薛原　马瑞　贺静◎主编

吉林大学出版社
·长春·

图书在版编目（CIP）数据

幼儿运动教育概论/马瑞，薛原，贺静主编. -- 长春：吉林大学出版社，2023.2
　ISBN 978-7-5768-1458-3

Ⅰ. ①幼… Ⅱ. ①马… ②薛… ③贺… Ⅲ. ①体育课—教学研究—学前教育 Ⅳ. ① G613.7

中国国家版本馆 CIP 数据核字（2023）第 035252 号

书　　　名：	幼儿运动教育概论
	YOU'ER YUNDONG JIAOYU GAILUN
作　　者：	马　瑞　薛　原　贺　静
策划编辑：	卢　婵
责任编辑：	安　萌
责任校对：	单海霞
装帧设计：	三仓学术
出版发行：	吉林大学出版社
社　　址：	长春市人民大街 4059 号
邮政编码：	130021
发行电话：	0431-89580028/29/21
网　　址：	http://www.jlup.com.cn
电子邮箱：	jldxcbs@sina.com
印　　刷：	武汉鑫佳捷印务有限公司
开　　本：	787mm × 1092mm　　1/16
印　　张：	21.25
字　　数：	300 千字
版　　次：	2023 年 2 月　第 1 版
印　　次：	2023 年 2 月　第 1 次
书　　号：	ISBN 978-7-5768-1458-3
定　　价：	98.00 元

版权所有　翻印必究

编委会

主　编　薛　原　马　瑞　贺　静
编委会　付绍婷　吉洪林　陆　乐　倪　伟
　　　　　王改芳　张元梁

前 言

幼儿时期是全生命周期成长的重要奠基阶段，运动是幼儿发展的基础。通过身体活动，幼儿发展动作技能，形成终身体育活动参与的技能基础；通过身体活动，幼儿探索周边环境，与他人互动，借助运动与环境之间的相互耦合作用，发展语言、认知、情感和社会性。运动是幼儿时期最重要的"工作"。

2012年教育部颁布《3～6岁儿童学习与发展指南》，在健康领域描述了我国幼儿身体发展的目标和教育建议，规定了动作发展的内容，开拓了学前运动教育的新视野，对引领学前教育开展运动教育、发展幼儿动作技能水平、提升幼儿体质健康起到了推动作用。目前，运动教育在幼儿园教育实践中越来越受到重视，随之而来的是幼儿教师对运动教育专业知识与技能再学习的热切盼望。很多幼儿园教师对如何科学开展幼儿运动实践，如何评价幼儿动作发展水平、锚定幼儿运动最近发展区，如何有效地开展运动教学活动、区分运动游戏和户外游戏，如何在满足儿童动作发展与尊重儿童自我探究上寻找平衡等诸多问题上存在疑惑。幼儿教师急需既符合体育科学，又贴合幼儿园教学实际的运动教学指导参考书。

上海师范大学体育学院幼儿运动教育研究团队自2017年开始进行幼儿运动相关的学术研究，在与幼儿园的学术合作、教师讲座、教研交流过程中，了解了幼儿园运动教育实践的主体构架，理解了体育与学前教育学科交叉背景下的幼儿运动教育的本质特征，感受到了学前教育教师对相关知识与技能的渴求，立志以研究积累服务幼儿园运动实践，为此编撰了此书。本书在内容的选编上力求体现以下特征：

1. 兼具理论视野和实践应用。本书具有较强的实践指导性，在动作发展活动设计和指导、观察评价、运动技能教学等大部分板块内容上，均为幼儿园教师提供了可直接应用的方法、手段、技巧。同时，为了使教师加深对幼儿运动的理解，在第一章、第二章特别安排了有关幼儿运动教育的内涵、幼儿运动发育的基本特征、幼儿运动教育的价值、我国幼儿运动教育相关法规、课程思想等内容，为教师提纲挈领形成幼儿运动教育的整体观提供支撑。

2. 紧密围绕幼儿园运动教育实践的主要环节。本书第三至第八章依据幼儿园运动教育实践中教师面临的主要工作和任务展开。第三章"幼儿基本动作及基本动作技能活动"和第六章"幼儿运动能力观察评价"是《3～6岁儿童学习与发展指南》框架下幼儿园运动教育最核心的两个任务，也是幼儿教师最关注的运动教育的两个板块，第四章"幼儿韵律运动"、第五章"幼儿球类活动"解决了幼儿园最常开展的两类运动项目活动指导的问题。除此之外，根据幼儿园特色发展和家园联动的需要，还设计了第七章"幼儿园特色运动项目开发与管理"和第八章"幼儿运动教育教学研究"两个内容，为幼儿教师开展全过程幼儿运动教育提供了支撑。

3. 体现了国际体育前沿与我国学前教育实际的有机结合。在前两章的理论部分，我们尽力综合国内外幼儿运动、运动技能、学前运动教育的最新成果和政策进行分析，特别是有关幼儿运动技能发展的国际前沿，为幼儿园教师呈现运动教育的最新图景。在第三到第六章的实践指导部分，我们也力求从我国学前教育宗旨与原则出发，将学前教育实际贯穿始终。整体体现了既立足中国，又放眼世界。

本书由上海师范大学体育学院教授薛原和马瑞策划设计，第一章绪论由马瑞负责撰写，第二章幼儿运动教育思想与法规由陆乐负责撰写，第三章幼儿基本动作及基本动作技能活动由倪伟负责撰写，第四章幼儿韵律运动由王改芳负责撰写，第五章幼儿球类活动由张元梁负责撰写，第六章幼儿运动能力观察评价由贺静负责撰写，第七章幼儿园特色运动项目开发与管理由吉洪林负责撰写，第八章幼儿运动教育教学研究由付绍婷负责撰写。全书由贺静负责统稿，马瑞进行审定。

  本书是上海师范大学体育学院幼儿运动教育研究团队出版的第一本幼儿运动指导参考书，在撰写过程中，编写组集思广义，尽最大努力以求内容的科学性与实用性，但由于知识水平与经验的局限，难免存在缺点和不足，欢迎各位读者给予批评指正。撰写过程中，本书参考和引用了国内外与本书有关的观点和内容，在此一并表示感谢。未来我们将会持续致力于幼儿园运动实践服务，敬请读者继续关注我们后续研究成果转化。

《幼儿运动教育概论》编写组

2023 年 3 月

目 录

第一章 绪 论 ……………………………………… 1

第一节 幼儿运动与教育 ……………………………… 1

第二节 幼儿运动发育的生理和心理基础 ……………… 9

第三节 运动与幼儿早期全面发展的关系 ……………… 11

第四节 幼儿运动发育的阶段 ………………………… 14

第五节 幼儿运动发育的关键指标 …………………… 19

第二章 幼儿运动教育思想与法规 ……………………… 27

第一节 我国幼儿运动教育思想与法规概述 …………… 27

第二节 国家相关政策中幼儿运动要求解析 …………… 29

第三节 上海相关政策中幼儿运动要求解析 …………… 40

第四节 幼儿运动教育思想 …………………………… 43

第五节 国外学前教育标准中的幼儿运动 ……………… 52

第三章 幼儿基本动作及基本动作技能活动 ……………… 60

第一节 基本动作技能概述 …………………………… 60

第二节　幼儿基本动作技能发展的规律和活动设计原则 ……… 62

第三节　幼儿走、跑动作技能和指导 …………………………… 66

第四节　幼儿滑步的动作技能和指导 …………………………… 70

第五节　幼儿跳的动作技能和指导 ……………………………… 74

第六节　幼儿用手运球动作技能和指导 ………………………… 82

第七节　幼儿接球动作技能和指导 ……………………………… 85

第八节　幼儿下手滚球动作技能和指导 ………………………… 88

第九节　幼儿投掷动作技能和指导 ……………………………… 91

第十节　幼儿击球动作技能和指导 ……………………………… 99

第十一节　幼儿踢球动作技能和指导 …………………………… 108

第十二节　幼儿平衡类动作技能和指导 ………………………… 111

第四章　幼儿韵律运动 …………………………………………… 113

第一节　幼儿韵律运动概述 ……………………………………… 113

第二节　韵律运动的价值 ………………………………………… 119

第三节　幼儿韵律运动教学 ……………………………………… 123

第四节　幼儿韵律运动创编 ……………………………………… 133

第五章　幼儿球类活动 …………………………………………… 142

第一节　幼儿球类活动概述 ……………………………………… 142

第二节　幼儿球类活动的课程设计 ……………………………… 146

第三节　幼儿小篮球游戏设计案例 ……………………………… 156

第四节　幼儿小足球游戏设计案例 ……………………………… 170

第六章　幼儿运动能力观察评价……………………………… 183

第一节　幼儿运动能力发展规律 …………………………… 184
第二节　幼儿行为观察评价的必要性与现实意义 ………… 190
第三节　幼儿行为观察的分类 ……………………………… 193
第四节　幼儿运动能力发展观察评价实操 ………………… 223

第七章　幼儿园特色运动项目开发与管理………………… 230

第一节　幼儿园民间运动游戏 ……………………………… 230
第二节　幼儿园"园本"运动课程 ………………………… 244
第三节　幼儿园大型运动活动 ……………………………… 253
第四节　幼儿运动能力发展家园合作 ……………………… 259

第八章　幼儿运动教育教学研究…………………………… 270

第一节　幼儿运动教育教学研究的内涵 …………………… 271
第二节　幼儿运动教育教学研究的类型 …………………… 274
第三节　幼儿运动教育教学研究的一般流程 ……………… 276
第四节　幼儿运动教育教学研究的资料收集方法 ………… 284
第五节　幼儿运动教育教学研究资料的整理与分析 ……… 309
第六节　幼儿运动教育教学研究成果的表述 ……………… 316

第一章 绪 论

第一节 幼儿运动与教育

一、幼儿运动教育的内涵

幼儿是天生的运动家,对身体活动有着与生俱来的热爱。具备一定身体活动能力,使幼儿得以探索周边环境、学习周边环境的属性、与他人互动。通过运动与环境之间的相互耦合作用,幼儿发展了语言和认知[1]、发展了情感和社会性。因此,运动能力是幼儿多领域成长的基础,也是学前教育重点关注的领域。

与小学阶段用"体育"一词来表达学校教育对幼儿运动能力发展的引导不同,近二十余年来,学前教育更频繁地使用"运动"一词来概括幼儿身体活动经验以及相关教育目标。仅就上海学前教育政策文件看,1998年上海市教育委员会颁布的《上海学前教育纲要》在教育目标中提出:"增强体质,提高运动能力和行动的安全性"[2],首次由"运动"代替"体育"出现在学前教育政策文件中。2004年,《上海市学前教育课程指南》颁布,将幼儿园一日活动中的主要活动归为四类,即生活活动、运动、学习活动、游戏活动,将运动列为课程的四大板块之一,肯定了运动的课程地位,确定了"运动"作为概括幼儿身体活动的专门术语，这里的运动主要包括体操、器械运动、自然因素锻炼等活动，旨在提高幼儿身体素质、动作协调能力和适应环境的能力，为幼儿健康的体质奠定基础。以这一起点，《上海市学前教育课程指南》提出了包括7条基本运动经验，17个基本动作在内的幼儿运动课程内容。2020年上海市教委颁布《上海市学前教育质量评价指南（试行稿）》，在第一章管理与评价指南中，"运动"二字出现23次，分别覆盖了"保教管理""保教实施""办园条件"等领域的评估要求及"3~6岁幼儿发展行为观察指引"等内容。《上海学前教育纲要》《上海市学前教育课程指南》《上海市学前教育质量评价指南（试行稿）》三个文件对"幼儿运动"的表述一脉相承，显示出上海学前教育对幼儿运动实践一以贯之的关注和不断改进的过程。

采用"幼儿运动"而非"幼儿体育"，一方面是由学前教育强调幼儿视角、尊重幼儿自主性的教育宗旨所决定的。运动，核心在"动"。从幼儿的角度，年龄越小的幼儿，越热衷于动。通过不停地"动"，幼儿体验各种肢体动作的可能性、模仿周围事物的形态、感知运动节律的变化、体验运动的方向、对信号能做出反应、尝试各种材料和器械的新的内容和玩法、对危险的事情及时做出反应、控制自己的动作和行为等，"运动"是幼儿每日生活的基本形态。另一方面，从学前教育者的角度，更加强调幼儿的自主发展，不赞同对幼儿进行刻意地"教"。学前教育认为，只有在自主活动的过程中幼儿才能充分体验自身的存在与价值，更好地获得发展。幼儿基于天性的、自发自主的"运动"产生的基本经验才是最有价值的，"体育"被认为具有较强的教师引领性、目标性、输入性，与学前教育的宗旨相悖。因此，学前教育更倾向于用"运动"统领幼儿身体活动领域的发展。

尽管学前教育不强调对幼儿进行刻意的"教"，但幼儿一日活动的四大板块学习内容和关键能力经验的成长，需要幼儿教师精心的设计、评估与反馈：教师因地制宜地创设适合幼儿发展的、积极的、支持性的环境；将周围的自然环境、社会环境作为发展幼儿的重要资源；合理运用集体、小组、个别等多种方式，为每个幼儿提供充分身体活动和发展的条件；注重师生互动，生生互动，使幼儿的自主性、主动性和创造性获得发展。这种教师基于幼儿生理、心理特征和最近发展区的评估，通过有意识、有目的地为幼儿创设材料和环境支持、活动支持、互动支持，促进幼儿基本运动经验不断丰富。

幼儿运动教育的内容，纵观我国学前教育相关文件和课程指南，在不同时期，运动领域发展的目标和内容不完全一致，其中有一些幼儿运动发育的内容和要求，在长期的发展中沉淀下来，形成我国学前教育对幼儿运动领域发展重点关注维度，包括动作技能、运动能力、身体意识和运动兴趣四个方面。

幼儿教师设计和组织幼儿运动游戏，常采用两种组织形式：高结构运动和低结构运动。高结构运动是围绕幼儿动作发展，以班级为单位开展的结构化运动实践，教师引导幼儿依次参加热身游戏、动作游戏、竞争性游戏、放松整理游戏等，类似小学体育课。低结构运动，聚焦幼儿的运动能力和身心全面发展，内容和形式更宽泛，教师以简单、环保为理念，开发和制作游戏材料，创设若干运动游戏区，幼儿在活动区里自主探索，自由游戏，教师则进行观察评价，给予儿童一定学习支持，类似小学的团体活动课。除了高低结构运动之外，幼儿教师还须通过家园联动的亲子活动设计与组织，促进幼儿运动经验的获得与积累。面向幼儿动作技能、运动能力、身体意识和运动兴趣，以高结构运动、低结构运动以及亲子游戏等组织形式为依托，为幼儿提供运动游戏材料支持、环境支持、活动支持，促进幼儿与材料的互动、师生互动、生生互动，实现幼儿基本运动经验获得和身心全面发展目标的过程就是幼儿运动教育的本质。

二、幼儿运动教育的目的

（一）促进幼儿期应有的运动发育与动作发展

幼儿运动教育首先要着眼于保证儿童能够按照发育时间表，得到应有的发展。国外教育者认为运动是儿童时期最重要的"工作",这不仅是由于运动是儿童的天性,更重要的是因为运动在儿童早期,决定了儿童身体活动与运动行为的大脑相关组织快速发育,为儿童运动能力的获得提供了物质保证,例如:3~6岁,儿童大脑皮质和神经系统逐渐发育成熟;4岁时控制躯体运动的最高级中枢——大脑皮质发育完成;3岁时大脑容量达到成人期的75%,6岁时达到成人的90%。大脑重量的增加源于不断增殖的神经胶质细胞以及神经元髓鞘化,保证了神经冲动在神经系统中的传导。特别是小脑髓鞘的形成使儿童逐步掌握更复杂的肢体动作成为可能[3]。这意味着幼儿运动发育具有"窗口期",这段时间幼儿运动能力可能得到更快速、更有效的发展。因此,各国学前教育指南和课程标准,均单独提出了幼儿运动领域,详细制定了幼儿运动发育的内容、目标,甚至是学业表现。我国教育部2012年颁布《3~6岁儿童学习与发展指南》,上海市教委颁布的《上海学前教育纲要》《上海市学前教育课程指南》《上海市学前教育质量评价指南(试行稿)》也在动作发展的内容维度下列出详细的目标和要求,并在教育建议方面列举了相应能力对应的活动形式建议,显示出教育管理部门对幼儿时期运动发育的关切。

需要指出的是,幼儿的运动发育,特别是动作技能的发展,不会随着儿童年龄增长和身体发育而自动产生。有研究表明,缺乏教师有效技能传授的情况下,能够较好掌握基本动作技能的儿童不超过40%[4]。因此,幼儿运动发育和运动能力的获得需要教师精心地教育传授、组织练习并强化,儿童才能理解和掌握[5]。

(二)为终身运动能力奠定基础

幼儿时期是全生命周期中重要的奠基阶段,对幼儿发展的关注不仅要着眼于当下,更要考虑为幼儿后继学习和终身发展奠定良好的素质基础。就运动发育来说,幼儿阶段是个体终身运动发展的关键时期,该阶段动作技能的形成为终身运动发展奠定了基础。

自20世纪起,国外就有心理学家开始对婴幼儿运动技能发展进行研究。20世纪90年代,美国学者Jane E.Clark在继承前人理论的基础上,以终身发展视角思考人类运动技能发展的规律,提出了运动技能发展序列和累积特征,于2002年将其提升为"运动技能发展高峰理论"(mountain of motor development)。"高峰理论"认为,人一生的运动技能发展好似一座山峰,自下而上历经先天反射性反应阶段、预适应阶段、基本运动模式阶段、特定环境运用阶段、技能熟练阶段,以及运动代偿阶段,如图1-1所示。其中,1岁婴儿到7岁幼童为基本运动技能模式阶段,这一时期婴幼儿将自身遗传特征与外界环境互动,发展多样基本运动技能;7~11岁进入特定环境技能阶段,将掌握的基本运动技能运用到各种特定运动环境和任务中去;11岁之后逐步进入运动技能娴熟期,高效地参加各种专项体育活动,并在成人时期逐步达到各自运动技能水平高峰[6];最后随着年龄增长、伤病产生导致运动技能的下降,进入代偿期。在五个阶段中,基本运动模式阶段最为重要,它与其后的特定环境运用阶段之间存在"熟练壁垒"[7],儿童只有在7岁之前形成足够、多样的基本运动技能积累,才能突破这一壁垒,顺利进入运动技能发展的下一阶段,并对其后终身运动能力发展产生重要影响。

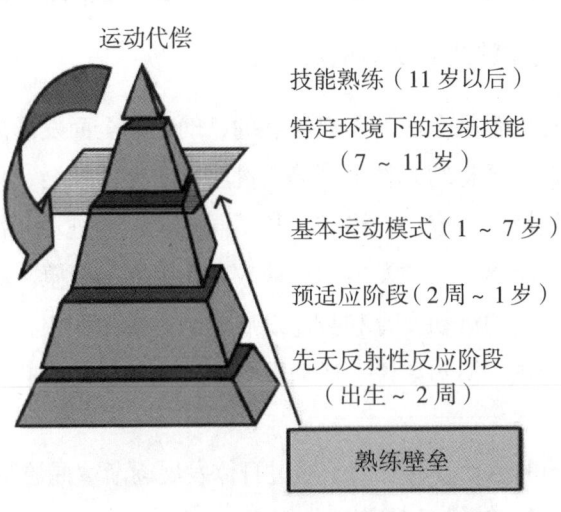

图1-1 人的运动技能发展的高峰理论

基本运动模式阶段的主要任务是发展基本动作技能。基本动作技能（fundamental movement skill，FMS）是人体基本动作的协调运用能力[8]，包括两大类：人体位移动作的协调运动能力（如走、跑、跳、并步、滑步等）和目标控制动作的协调运动能力（如投、抛、接、击、打、踢、拍等）。这些动作好似语言中的字母，由竞技运动和休闲性身体活动中最基本的共性动作要素组成，不同的组合方式构成了各运动项目的专项技术动作。7岁以前的儿童只有掌握了这些动作，才能保证未来学校生活和终身体育活动中灵活适应不同运动项目和运动环境，增加运动自信，提升体育锻炼自主参与意愿，并对认知、社会交往、身体发育多领域发展起到积极促进作用[9]。2012年，我国颁布了《3～6岁儿童学习与发展指南》，其中在健康领域提出了"走、跑、跳、攀、爬、躲闪、抛接、拍"等动作技能发展的内容，涉及的17个动作与基本技能分类基本吻合。《上海学前教育课程指南》和《上海市学前教育质量评价指南（试行稿）》中所提出的17个基本动作也都可与基本动作分类一致。

因此，幼儿动作技能的掌握与发展，既要考虑当下幼儿的动作发育水平，又要以终身发展和终身受益的视角来看待和设计相关活动。

（三）为个体的全面发展提供可能

幼儿的教育内容是全面的、启蒙性的，幼儿的全面发展离不开系统性的运动教育。在我国将幼儿教育划分为健康、语言、社会、科学、艺术等五个领域，各领域的内容相互渗透，从不同的角度促进幼儿情感、态度、能力、知识、技能等方面的发展。运动教育作为促进健康领域发展的主要内容，不仅对幼儿的运动发育和身体发展起到直接的作用，其积极的影响也发生在各个领域。换句话说，运动发生在幼儿发展的所有领域，并对其产生重要影响。

幼儿期系统的运动教育有助于通过身体发展逐渐掌握控制运动、协调、平衡、粗大和精细运动技能的能力。通过身体发展可以让运动中的节奏、模式、顺序、空间等概念嵌入未来数学、科学等学科的发展；身体发展可以培养幼儿方位等概念名词的建立，增强其理解和交流能力；身体发展可以支持幼儿情绪的调节和专注力的提升等。系统的幼儿运动教育可以为个体的全面发展提供可能和帮助。

三、幼儿运动教育的特征与原则

1. 游戏化原则

游戏化是开展幼儿运动教育的首要原则。游戏是幼儿的生命，是幼儿教育的主要方式，以游戏的形式开展系统的幼儿运动教育是实践层面的必然选择。学前运动课程发展史的先驱斯蒂芬·桑德斯教授指出：游戏可以为幼儿提供在不同环境下练习运动技能的机会。

游戏化原则符合幼儿年龄阶段的学习特征。玩耍是孩子的天性，因此对于幼儿来说，游戏是最好的学习方式。运动游戏则是游戏中直接指向发展幼儿身体活动，但意义又远超身体活动的一类游戏。具体来说，运动游戏是指幼儿在连接身体和大脑的运动模式的发展过程中，以特定的方式进行活动。

游戏化原则能够有效促进幼儿的运动发展及全面发展。学前教育以游戏为基本活动形式，通过运动游戏可以培养幼儿体育兴趣、促进幼儿动作发展，并促进其社会性、情感、规则意识等多个维度的全面成长。

2. 以幼儿为中心

以幼儿为中心是开展幼儿运动教育的核心原则。幼儿优先是我国促进幼儿发展的重要原则。秉承幼儿优先的原则，一切的运动教育政策与实践都应基于对幼儿的了解和尊重来开展。

在开展系统化的幼儿运动教育前，首先应全面了解幼儿生理、心理特征，掌握不同年龄段幼儿的身心发展规律与特点，才能做到有的放矢，有效开展。在教育实践过程中，应使用幼儿化的语言表达加以引导，在教育内容的选择上应充分考虑幼儿的兴趣，提供适宜的运动教育环境和材料，创设利于幼儿尝试、重复以及挑战学习的运动环境，让幼儿在主动学习中不断成长。

3. 序列化原则

序列化是开展幼儿运动教育的客观原则。作为幼儿运动教育的核心内容，动作发展是有序列的，也就是说动作技能的获得是以相对有序和统一的方式进行的。举例来说，人们在学会抓握之前先学会伸手够物，学会跑之前先学会走。一般而言，在逐渐高级的动作模式出现之前，能够观察到的是不太成熟的动作模式。按照序列的动作发展最终会达到相当成熟甚至精湛的形式。

在幼儿阶段开展运动教育应充分考虑幼儿的动作发展序列，遵循发展从头到尾、由近端到远端、整合与分化等原则。在幼儿阶段，从婴儿时期的先天反射性动作逐步过渡到幼儿前期的预适应阶段，再到学龄前期的基本动作技能模式阶段，总体上形成了雪花效应特点，即幼儿对身体意识和控制力的发展是从上到下、从里到外逐渐发展的，以此确保大肌群先发育，以便为较小肌群从事更加精细的动作提供支持并起到传输作用。到6岁阶段面临运动教育幼小衔接，如何确保此时的运动教育与小学阶段及其之后的体育教育在内容和形式上顺利衔接，充分考虑幼儿动作技能发展的序列化是尤其关键的原则。

4. 适宜发展原则

适宜发展是开展幼儿运动教育的基本原则。著名教育学家维果斯基关于发展的基本理念认为学习发生在最近发展区。最近发展区是指学习者当前不能独立完成，但在合适的帮助下可以完成的任务范围。最近发展区拓展了他们的独立进行活动的范围。

开展幼儿运动教育应该尊重幼儿自身的发展速率、在教育者适宜的帮助下，通过积极地全程参与更复杂的运动任务，幼儿从这些运动经验中学习，并能够超越他们独自完成任务的能力。在此过程中，幼儿的运动能力与经验得到了基于自身的发展与超越。

第二节　幼儿运动发育的生理和心理基础

一、幼儿运动发育的生理基础

幼儿早期的运动发育经历了从无意识到有意识的身体控制和动作发展，直到动作自动化的基本运动模式稳固，为青少年乃至终身的运动发展奠定基础。幼儿早期的运动发育与其运动系统、感官系统、大脑的发育水平和协调配合与否密切相关。

幼儿运动系统的发育尚不成熟，大肌肉群发育在先。幼儿的关节间歇较大，关节面软骨较厚，关节囊较薄。幼儿关节的伸展性和活动范围都大于成年人，但关节的牢固性相对较差。新生儿时期脊柱没有生理弯曲，随着机体运动能力的发展，逐渐形成颈曲、胸曲和腰曲，在此基础上逐渐从婴儿期无意识的先天发射性动作模式过渡到有意识的基础动作模式，如抬头、翻身、端坐、跨步、行走、跳跃等。幼儿肌肉的生长速度总是落后于骨骼的生长，幼儿身体各部位肌肉的发展是不平衡的，一般身体浅层的粗大肌肉发育较早，深层小肌群发育较迟。总之大肌肉发展早于小肌肉，躯干肌肉的发展早于四肢肌肉，上肢肌肉的发展比下肢肌肉快，屈肌比伸肌发展快。6岁幼儿上臂和前臂的粗大肌肉已经能够运用自如，单手小肌肉还不能做准确的动作。因此优先发展大肌肉群以完成基本动作模式的逐步建立是符合幼儿运动系统发育生理特征的应然选择。

幼儿大脑与神经系统的发育十分迅速，易于建立条件反射。幼儿由于神经的髓鞘化尚不完善，兴奋过程占优势，且容易扩散，因此幼儿易激动、易疲劳。幼儿到6岁时，大脑皮层各区的发育接近成人水平，其成熟顺序依次为枕叶、颞叶、顶叶和额叶，此时幼儿对外来刺激比较灵敏和准确，能够形成比较稳定的条件反射，为开展系统性运动教育提供了良好的基础条件。但是幼儿神经系统对肌肉的调节与支配还不够完善，随着年龄的增长，神经对肌肉活动的调节逐渐集中于大脑皮层，通过系统的运动教育，能够使其动作逐渐准确，各部肌肉分配更协调。

　　幼儿的感官系统是学习的起源，运动刺激感官有利于学习。人体通过感受器感受内外环境变化，神经系统借助感受器所提供的信息，通过神经传导做出快速的反应，使得机体与内外环境相联系，协调各器官系统的活动。具体来说，幼儿通过视觉、听觉、嗅觉、味觉、触觉、平衡感（前庭系统）、直觉（本体感觉）来收集信息提供给大脑进行处理、学习和发展。运动能够促进感觉器官收集信息以供大脑分析。幼儿运动越多，大脑受到的刺激也就越多，这有利于学习。

二、幼儿早期运动发育的心理基础

　　幼儿早期运动发育离不开身心的配合，尤其依赖于一定的注意力和记忆能力。但幼儿期心智尚不成熟，神经敏感易迁移，兴趣点较为分散，难以保持十分持久的注意力。记忆是幼儿不断积累经验和增长知识的前提条件，是达成学习和发展的关键因素。幼儿的记忆能力伴随年龄的增长和有意识地培养而逐步提升。

　　注意可分为有意注意和无意注意。新生儿已有无意注意，婴儿时期以无意注意为主，随着年龄的增长、生活内容的丰富、活动范围的扩大、语言的发展，逐渐出现有意注意。但婴幼儿和学龄前幼儿注意的稳定性较差，容易分散，任何新奇的刺激都容易引起兴奋，分散注意力。5～6岁阶段能独立控制注意，并开始关注注意范围内食物的内部状况、因果联系等。随着年龄的增长，幼儿的注意力逐步提高，控制性、适应性和计划性增强。

　　记忆是复杂的心理过程，包括识记、保持和回忆。记忆也分为有意记忆和无意记忆。记忆在新生儿期就开始了，表现为条件反射的无意记忆。3岁以前主要为无意记忆，4岁以后可保持更长的时间。幼儿记忆的特点是记得快，忘得快，记忆的准确性差。记忆的内容和效果主要取决于事物或外部刺激的具体特征，如鲜艳的颜色、新奇内容的刺激能够引发幼儿的主动记忆。记忆也可按照保留时间分为短时记忆、工作记忆和长时记忆。

学龄前幼儿大多为短时记忆，一般学龄前幼儿能够听取并跟随的指令数量等于他们的年龄减去 2。

因此，在实施运动教育时应充分考虑不同年龄段幼儿的注意力发育规律，在低幼年龄段适时避免过于分散注意力的运动环境和材料设置，在 5 岁以后逐步关注幼儿在运动中的质量和运动内部结构、引导幼儿进一步关注动作变化的因果联系等，可诱发幼儿对运动多维度的认识，激发其持久的运动兴趣和主动运动能力。注意与记忆两者关系密切。在引发幼儿持久注意的基础上，根据幼儿的记忆特点，采用直观的引导手段，并通过游戏和活动，对幼儿提高记忆能力有积极作用。可以说幼儿早期的运动教育离不开对注意和记忆等心理发展规律的深刻把握，同时通过适宜的运动游戏能够提升幼儿注意力和记忆的发展，两者相辅相成、互相影响。

第三节　运动与幼儿早期全面发展的关系

一、运动与幼儿身体发展的关系

运动是幼儿早期发展的前沿领域。所有的学习都始于身体，并且与运动有关。每一个动作都能够促进身体发展，并在开发身体的同时，在大脑中也塑造着感官知觉和神经通路。运动是幼儿身体发展的核心，与其他学习领域密不可分。

在幼儿期，参与身体活动对幼儿的健康和发育是非常重要的，特别当孩子有规律地进行定期的身体锻炼时，对肌肉和骨骼的健康发育很有帮助。通过体育锻炼，幼儿肌肉的体积增大，并且能够承受对身体的负荷，如快跑和爬楼梯。另外，有规律地身体互动还能使幼儿的骨骼更加强壮。经常进行身体锻炼的幼儿会拥有较高的骨密度，而不经常锻炼的幼儿的骨骼则会脱钙——骨骼变脆，承重能力减弱。

运动能够预防幼儿期的肥胖，从而影响终身肥胖。学龄前是预防肥胖发展的重要时期，因为脂肪组织主要在3～7岁生长，如果幼儿在4～6岁间身体质量指数（BMI）较高，他们在成年后会有更显著的肥胖倾向。身体活动是使身体保持适当的肌肉和脂肪比例的一个非常关键的因素。随着科技的迅速发展，幼儿久坐时间加长，这样会造成幼儿的肌肉体积减小，脂肪含量增加，对体重的变化有着至关重要的影响。

运动能够缓解身体活动缺乏和久坐带来的健康威胁。研究发现，身体活动的缺乏和久坐不动的行为在幼儿早期的关键时期就已经出现。幼儿从出生开始就可能面临婴儿车、安全座椅等看护设备的束缚，阻碍幼儿好动天性的发展。目前，全球多个国家都制定了针对幼儿的身体活动指南，鼓励新生儿从出生开始就在安全的环境中进行适宜的活动；能够独立行走的学龄前幼儿每天进行不少于2～3小时的锻炼；5岁以下幼儿尽量减少久坐不动的时间。

二、运动与幼儿认知发展的关系

运动发育与幼儿认知能力发展具有相关性。越来越多的研究成果证实，运动对儿童认知发育具有积极影响。Smith和Gasser指出，幼儿喜欢以各种方式移动，这些移动，通常被称为玩耍，是探索新途径的方式，对智力和认知操作的建立至关重要[10]。一旦幼儿有可能四处走动，例如翻滚、爬行、行走，或者将他们的姿势从躺着变为坐着或站着，他们的注意力就会改变，他们的感知力会改变，他们的空间技能也会发育。有研究者对5个月大的婴儿进行的纵向研究以及后来的学术和智力测试发现，拥有更强的动作、平衡、移动能力和探索性活动能力的婴儿，在4岁、10岁和14岁时，智力和学习上更为成功[11]。Hernandez等对32名4岁儿童进行横断面研究，发现儿童的运动能力和认知能力之间存在联系，运动熟练度对语言、智力等认知能力具有预测作用[12]。

运动促进认知发展的生理基础在于，儿童早期认知发展取决于大脑神经元的数量，以及神经元之间联结的程度。儿童早期运动得越多，神经元联结得越紧密。此外有研究表明,小脑不仅控制着运动能力,可能有助于使大脑的其他部分更有效或最佳地发挥其功能[13];当完成需集中注意力的认知任务时,小脑广泛参与;当记忆负荷增加时,会使两个区域同时激活;当认知任务的条件改变,小脑和大脑前额叶皮质作为神经回路的关键部分参与其中[14]。

有研究证实,功能性神经影像学研究一致认为,当认知任务使背外侧前额叶皮质激活时,对侧小脑的激活也会增加。这两个区域的活动有着显著的相关性和紧密的耦合性。

反过来,认知水平也影响着儿童运动能力的发展。婴儿至青少年时期,许多认知结构和过程都在发展变化,认知发展的变化对个体学习和完成运动技能的能力有很大影响。皮亚杰的认知发展阶段理论将幼儿发展的认知结构称为图式结构,图式结构的机制称为适应(adaptation),适应通过同化和顺应两个过程发生。幼儿可以通过现有认知结构添加新信息来适应原认知结构(同化),也可以创造出新的认知结构发展出对经验的新理解(顺应)。皮亚杰提出幼儿认知能力发展普遍要经历固定顺序的四个普遍性的、恒定的、有序的阶段,描述了人从出生至青春期的中后阶段的发展进步,四个阶段分别是:感觉动作阶段(出生到2岁)、前运算阶段(2岁到7岁)、具体运算阶段(7岁到11岁)和形式运算阶段(通常在青春期早期至中期到达)。在这些发展阶段中,认知能力的发展是从婴儿反射的简单重复经过对物体的控制的增强,到概念的概括程度的提高;从感觉动作阶段到操控周围环境以产生所希望的结果,到形式运算阶段具体运用逻辑组合与抽象概念来进行假设思维的能力。

幼儿在动作表现中的认知策略常常是相似的,包括在动作表现中提取无关情景概念,同时被大量的信息淹没。而且也很少提前计划行动。随着年龄增长,动作则会越来越多地提取相关的、针对特定动作表现的信息。幼儿阶段处于前运算阶段持续到具体运算阶段的前期。在开展运动教育时应充分考虑该年龄阶段幼儿的认知特点,在讲解时应该简明扼要,避免呈现太多信息(工作记忆容量有限),避免讲解时间太长(工作记忆时间

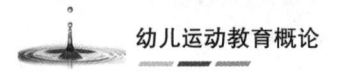

有限）。

三、运动与幼儿社会发展的关系

世界卫生组织指出，经常进行身体锻炼不仅是获得和保持最佳健康状态的重要因素，也是社会性发展的关键方式。自我表达的机会、自信心的确立、获得成就感、社会交往，以及与动作经历相关经验的整合，会对幼儿的社会化发展产生有力的推动作用。

在身体活动领域的研究，已经确定了能力信念与动机、持久性以及实际参与之间的关系。那些有积极信念、相信自己有能力在身体活动中胜出的幼儿，与缺乏信心的幼儿相比，倾向于参加更广泛的活动。当幼儿选择探索不同的活动，并愿意尝试挑战性的任务时，就更容易发展出对于社会性发展和动作发展都很重要的能力和技能。

社会和文化因素对动作发展的影响贯穿生命的始终。家庭、同伴、老师、教练和其他亲密接触的人是幼儿早期动作经历的重要社交媒介，很大程度上影响着幼儿对身体活动看法的形成。幼儿的社会性发展与参与身体活动的经历之间的互动决定了以后是否能形成积极锻炼的生活方式。当幼儿在运动能力上自信，其参与身体活动的可行性将增加，从而促进动作发展。随着动作技能的增长，获得的成功体验将使个体对自身能力的感觉更加积极，从而进一步增加继续积极参与身体活动的可能性。

第四节 幼儿运动发育的阶段

在整个生命期间，动作行为的改变依照独特的方式进行，根据 Clark 的动作发展阶段划分方式，将人类动作发展划分为六个时期：先天反射性反应阶段（出生到2周），预适应阶段（2周到1岁），基本运动模式阶段（1岁到7岁），特定运动环境下的运动技能阶段（7岁到11岁），技能熟练阶段（11岁以后）和运动代偿阶段[8]。

其中的先天反射性反应阶段和预适应阶段发生于婴儿期，在先天反射阶段，婴儿的动作行为主要是反射性的或者刻板的动作，这个时期只持续一到两周的时间，或者是到出生之后不久自主性动作出现为止。预适应阶段指的是在动作发展过程中，出现了一些具有倾向性或预先适应性的动作行为，从而帮助婴儿发展必要的位移和自我进食等动作技能的时期，这些行为是与生俱来的，但是如果没有环境的刺激，这些行为将不会出现，但是，又与后来的那些动作行为不同，预先适应时期发展的动作行为极少需要环境的支持，在这个时期，婴儿逐渐发展各种基本的动作元素，这些基本动作元素在将来的发展中将被加以精炼和扩充。

一、先天反射性反应阶段

新生儿的动作看上去通常是无目的和自发产生的。婴儿的某些动作是自发的，而某些动作实际上属于刻板的动作模式，这些动作反应叫作反射，如果给婴儿一个特殊的刺激，将会引出婴儿刻板的动作反应。自发动作和刻板动作都是"反射时期"典型的动作行为，反射时期大约开始于妊娠的第三个月，并于出生后大约两周时消失，这时婴儿开始出现自主动作[8]，某些原始反射在婴儿期出现后一个月内就开始消失了，如吸吮反射和抓握反射，而其他保护性反射，如迷路翻正反射，在整个生命期间都一直保持。

反射是动作发展的基石。反射是对外来特定刺激产生的不自主的、刻板的动作反应。健康的足月新生婴儿出生时就拥有一系列的反射以保证生存，在典型的动作发展过程中，大多数婴儿期反射的持续存在不会超过一周岁[15, 16]。这些反射，通常又被称为婴儿期的反射，在婴儿获得自主地控制动作的能力之后，这些反射会变弱并且逐渐消失。但有一些反射并不会消失，会持续更长时间甚至于会在整个生命期间都存在。

婴儿期的反射可以归为两种类型：原始反射和姿势反射。婴儿期反射是人类早期动作发展过程中有趣且独有的特征，其重要功能是为了生存和保护。其中觅食反射和吸吮反射有助于新生儿在能自主进食前寻找和摄入食物。迷路翻正反射可帮助婴儿俯卧时使婴儿伸张颈部,从而改变头的位置以保持呼吸顺畅,保护了生命安全。

对于活动能力非常有限的婴儿来说,婴儿期反射也是婴儿与外界进行交流的一种方式,刺激引起一个动作反应,这个反应会再带来与外界环境相关的回馈;另外,一般还认为婴儿刻板的反射动作对形成原始协调模式,以供后面动作技能的发展非常重要[17],大多数姿势反射被认为与以后的姿势和移动的控制发展有关,在婴儿形成自主动作之前,婴儿期反射使得婴儿能够练习协调的动作,例如,研究发现在婴儿期早期"练习"走路反射的婴儿要比那些在早期没有"练习"的婴儿先学会走路[18],也有人认为产生婴儿走路反射的神经网络是后来进行独立行走的神经网络的前身。

二、预适应阶段

预先适应时期的动作发展开始于自主动作的出现(在出生后第2周或者第3周),并横跨生命的第一年,直到婴儿能够独立进食和位移(大约1岁的时候)[8]。这个时期动作发展的主要目标是获得独立的功能[6]。预先适应时期的动作在所有婴儿中也非常相似,如伸手够物、坐、爬、站立以及最后的行走,它们在出现的顺序和动作的模式上似乎都是相同的,这个时期的动作是预先适应的,但不是预先决定的,并且需要一些环境的支持来保证它们的出现。

在预先适应时期,婴儿发展的动作技能是后来的动作行为的前身,并且是物种特有的(即种系发生的)。虽然动作发展受到多种因素的约束,生物性的约束在这个时期起着非常重要的作用,仅仅需要一点特定环境的支持。在这个时期,正常发育的婴儿以一种可预测的、普遍的、一致的顺序获得他们的基本动作技能,这些基本的动作技能称为动作里程碑,每个动作里程碑在婴儿动作发展中都是标志性的事件。

动作里程碑的出现顺序反映出婴儿在重力的作用下,循序渐进地掌握身体的自主控制的过程。在预先适应时期,婴儿获得的基本动作技能一般可以分成三类：姿势的控制、移动和手操作控制。

总之，婴儿动作控制的发展不是先天预定的，而是在多个因素影响的过程下出现的，新的动作行为的出现是生物体、环境和任务约束相互作用的一个动态的、自我组织的过程，虽然生物体约束可能在婴儿动作发展过程中起着最重要的作用，但其他因素，如环境和文化，可能也影响着婴儿动作技能的获得。例如，某些文化背景下并不喜欢让婴儿处于俯卧位，因此，处于这种文化背景的婴儿对头和躯干的控制可能比其他文化背景的婴儿发展得慢些。一般而言，在预先适应时期，动作里程碑获得的顺序是相对不变的，然而，不同婴儿各自的动作行为可能由于不同的生物体因素（如个人的）和环境因素而在出现的时间上不一样。

人类动作行为的发展是许多不同约束动态交互作用的结果，这些约束包括生物体、环境和任务的约束。婴儿期动作行为的发展主要受生物体约束的影响，因此，尽管由于文化或环境因素导致不同个体间存在差异，但所观察到的婴儿期行为的一般发展方向和顺序是相对一致的。

三、基本动作模式发展阶段

当婴儿获得独立行走和自我进食的能力后就进入了动作发展的新时期——基本动作模式发展阶段（1～7岁）。

Seefeldt[7]提出的动作熟练度发展序列模型（sequential progression in the achievement of motor proficiency）是最早的人类动作发展模型。在该模型中，反射被视作所有动作技能发展的基础，而基本动作技能则是在反射的基础上发展而来的更广泛的动作技能，Seefeldt认为，除非个体的多种基本动作技能都得到基本的发展，否则他们的动作技能水平将难以发展到"金字塔"中的高级水平，即达到运动、竞赛和舞蹈动作技能所要求的熟练度，这就是所谓的熟练障碍（proficiency barrier）。并强调幼儿应该在童年的早期到中期获取广泛的技能基础，之后才有可能发展到位于"金字塔"模型更高层级的动作技能。

掌握基本动作技能对熟练掌握各类运动、竞赛和舞蹈是至关重要的。幼儿掌握的基本动作技能是他们有效完成动作的基础，并且是他们探索环境、获取关于周围世界的知识的重要手段和途径。在动作技能的发展中，如果幼儿没有掌握正确的基本动作模式，那么他们完成由基本动作技能所构成的不同的动作组合的能力将会大打折扣。幼儿会在其童年的早期至中期，大约3~8周岁期间，形成多种基本动作技能的基础。这些基本动作技能的基础将使幼儿在动作反应中有更多的选择，为他们的动作表现提供更大的自由度。坚持不断练习的幼儿储备了不同的动作技能模式，当他们遇到更复杂的动作情况时，就能够依赖这些基本的动作技能做出反应。大多数正值发育的幼儿在7岁时，基本动作技能都会得到充分的发展，为未来动作技能的发展奠定了基础。需要注意的是，幼儿掌握基本动作技能的进程并不一致，正如幼儿其他领域的发展一样，幼儿有着自己个性化的发展速率。美国著名的动作科学学者Clark和Metcalfe提出，个体的动作技能在不断完善的过程中，其所能达到的程度是因人而异的，个体动作技能的发展主要取决于个体经验，而非个体在动作技能的某一水平上所停留的时间。

如何判断动作技能的发展水平，目前有两种基本认识渠道：一是通过辨认动作技能发展的序列和阶段，二是通过识别动作技能发展的动态的系统范式。目前认为将这两种研究方法有效地结合对研究动作技能更有益，这为学前教育教师观察评价幼儿动作技能发展水平提供了支撑。

识别动作技能发展的序列是一个判断基本动作技能是否形成的常用方法。研究人员长期使用这种方法描述一些具体动作技能（如跑步）的典型的行为模式。他们或者使用"整体序列法"描述同时出现在多数幼儿身上的一般特征；或者使用"部分序列法"描述出现在胳膊、躯干或腿等特定身体部位的特殊特征。这两种方式都可用于识别动作技能的典型行为模式，之后，研究人员将这些典型的模式按照发展的序列进行排列，从而得出特定动作技能发展的序列。这种方法关注的是动作技能的形式或行为模式的质的变化，而非在距离、速度和时间上的量的变化。

动作技能发展的动态系统理论。非线性的动作发展理论框架是一个动态的系统理论，也就是说，动作技能发展的过程不是由初级阶段向高级阶段线性变化的。个体在不同情形下动作的转变称为动作特征，动作特征是一些在特定环境中的动作方式，并且是幼儿在进行身体活动时自主展现的。例如，接球动作的一个早期动作特征是用整条手臂抱球，之后才发展为用手掌接球的较复杂的动作特征。一个动作特征发展为另一个动作特征取决于所有影响这个动作技能本身的因素。

第五节 幼儿运动发育的关键指标

纵观国内外学前教育政策文件和课程标准，对幼儿运动发育的目标和内容的设定具有一定的共性特征，从关键指标上看，可以总结归纳为四项：动作发展、体能素质、身体意识和运动兴趣，这四个方面同样也是我国《3~6岁儿童学习与发展指南》，各省市学前教育管理评价，以及学前教育运动实践中最为关注的四个关键性指标。

一、动作发展

动作发展是幼儿运动发育最为核心的关键指标，各国学前教育课程和指南中均把动作发展列为教育目标和内容。2012年我国教育部颁布了《3~6岁儿童学习与发展指南》，首次将"动作技能"作为健康领域的一部分，列入学前儿童学习的内容，对3~4岁、4~5岁、5~6岁年龄段儿童提出了详细的动作发展建议。共计17个基本动作技能，如表1-1所示。2004年上海市教育委员会颁布《上海市学前教育课程指南》在儿童运动领域提出了幼儿应掌握"走、跑、跳、踢、转、抛接、投、拍、推拉、悬、团身、滚动、钻、攀爬、平衡等"基本动作的要求。2020年上海市教委颁布的《上海市学前教育质量评价指南（试行稿）》在《3~6岁儿童发展行为观察指引》部分，详细描述了幼儿动作发展的具体内容。这些动作主要涉及大肌肉动作，根据基本动作技能的分类，这些动作涉及位移、操控、稳定三个类别，如表 1-1 所示。

表 1-1　3～6 岁幼儿需掌握的基本动作技能一览表

基本动作技能类别	具体动作
位移技能	双脚连续向前跳
	钻爬（匍匐爬、膝盖着地爬、膝盖悬空爬）
	攀爬（爬攀登架）
	助跑跨跳过一定距离
	助跑跨跳过一定高度的物体
	连续跳绳
	单脚连续向前跳
	快跑
	连续行走
操控技能	双手向上抛球
	连续自抛自接球
	连续拍球
	单手前掷沙包
稳定技能	沿直线走
	斜坡、荡桥行走
	走平衡木
	躲闪

注：动作技能摘取自《3～6 岁儿童学习与发展指南》。

基本运动技能发展的核心是在完成动作时表现出来的协调的动作模式。协调是控制身体各部分共同完成复杂动作的能力[19]，强调操作过程中肢体间的协调配合，动作各部分组成在时间和空间上的正确关系，包括上下肢的协调配合、四肢和躯干的协调配合、左右两侧对称肢体协调配合、左右两侧不对称肢体协调配合、手眼协调配合、手脚协调配合等，如表 1-2 所示。通过身体各部分相互配合，准确流畅地完成运动。

对 3～6 岁幼儿的运动发育来说，首先尽可能多地掌握这些动作，能够在游戏中使用这些动作。其次，幼儿的动作发育到一定水平时，能够在熟练使用这些动作探索环境的时候，在动作的主要环节上，较多频率地表现出协调的动作模式，即身体两个或两个以上部分的合理配合。

表 1-2 部分基本动作的协调模式表现要点

动作	上下肢配合	四肢躯干配合	左右两侧对称肢体配合	左右两侧不对称肢体配合	手（脚）眼协调
跑	●			●	
单足跳	●			●	
跨跳	●				
双足跳	●		●		
侧滑步		●			
拍球				●	●
接球			●		●
踢球		●		●	●
上手抛		●		●	●
下手抛				●	●

二、体能素质

具备一定的体能素质，是儿童参与体育运动的重要的物质条件之一。各国的学前教育课程指南中，均强调了儿童体能素质的发展要求，但各国对体能要求的侧重各不相同。我国《3～6岁儿童学习与发展指南》在儿童健康领域动作发展子领域的发展目标中，是以体能素质引领动作发展内容的，如表1-3所示，提出了"具有一定的平衡能力、动作协调灵敏""具有一定的力量和耐力"的体能素质要求。这表明，幼儿体能素质的提升，是通过动作技能操作来体现的。幼儿运动发育不仅要掌握多种多样的动作，表现出协调的动作模式要点，更要通过动作发展体能水平。因此，正确认识"平衡能力、动作协调、灵敏"与"走、跑、跳、攀、爬、躲闪、抛接、拍"等基本动作技能之间的关系是学前教师合理引导幼儿运动发育的前提。

表1-3 《3~6岁儿童学习与发展指南》动作发展目标

目标1 具有一定的平衡能力，动作协调，灵敏			目标2 具有一定的力量和耐力		
3~4岁	4~5岁	5~6岁	3~4岁	4~5岁	5~6岁
1.能沿地面直线或在较窄的低矮物体上走一段距离 2.能双脚灵活交替上下楼梯 3.能身体平稳地双脚连续向前跳 4.分散跑时能躲避他人的碰撞 5.能双手向上抛球	1.能在较窄的低矮物体上平稳地走一段距离 2.能以匍匐、膝盖悬空等多种方式钻爬 3.能助跑跨跳过一定距离，或助跑跨跳过一定高度的物体 4.能与他人玩追逐、躲闪跑的游戏 5.能连续自抛自接球	1.能在斜坡、荡桥和有一定间隔的物体上较平稳地行走 2.能以手脚并用的方式安全地爬攀登架、网等 3.能连续跳绳 4.能躲避他人滚过来的球或扔过来的沙包 5.能连续拍球	1.能双手抓杠悬空吊起10秒左右 2.能单手将沙包向前投掷2米左右 3.能单脚连续向前跳2米左右 4.能快跑15米左右 5.能行走1千米左右（途中可适当停歇）	1.能双手抓杠悬空吊起15秒左右 2.能单手将沙包向前投掷4米左右 3.能单脚连续向前跳5米左右 4.能快跑20米左右 5.能连续行走1.5千米左右（途中可适当停歇）	1.能双手抓杠悬空吊起20秒左右 2.能单手将沙包向前投掷5米左右 3.能单脚连续向前跳8米左右 4.能快跑25米左右 5.能连续行走1.5千米以上（途中可适当停歇）

根据中国体育科学学会出版的《体育词典》，协调是控制身体各部分共同完成复杂动作的能力；平衡是指人体在不同支撑面上，稳定控制重心的能力，包括静态平衡和动态平衡；灵敏是各种变换的条件下，改变身体运动的能力[20]。力量耐力则是肌肉持续运动的能力。根据以上体能素质的定义，如果幼儿在游戏过程中，当在不同平面上完成单脚静立支撑和跑、跳、滑步等动作时，表现出重心稳定、身体没有摇晃的状态时，则可以认为幼儿具有较好的动作平衡能力；如果幼儿在游戏过程中，涉及需要改变身体运动方向和运动形式时，表现出快速完成动作或改变身体姿势的状态时，则可以认为幼儿具有较好动作灵敏能力；如果幼儿在游戏中完成动作时，表现出正确的动作顺序和肢体间正确的配合，并产生了最佳的动作效果，则可以认为幼儿具有较好的动作协调能力；如果儿童能够持续较长时间的运动，则证明幼儿有较好的耐力；如果幼儿完成动作时，呈现出较好的远度、力度时，则表明幼儿具有较好的力量素质。

三、身体意识

身体意识是指幼儿了解自己身体的各个部位，并知道如何在空间中驾驭它们。具体表现为以下三个维度：一是幼儿知道自己身体部位的名称和位置（我有哪些身体部位）；二是幼儿知道自己的身体与周围的人和物有关（我如何控制它）；三是幼儿感受并以稳定的节奏移动身体（我如何运用它更好地运动，例如，幼儿随着音乐稳定的节奏摇摆或荡秋千）。身体意识是幼儿依靠所有感觉和动觉反馈，对身体运动、位置和肌肉张力的感知。3～6岁学前儿童虽然肌肉和神经系统仍在发展中，但他们根据感知到的反馈信息去自动调整自己运动的反馈循环已相当发达[21]。当幼儿能够以稳定节奏摇摆，或者在秋千上通过摆动自己的双脚，让秋千荡得更高时，就证明了幼儿具有较好的身体意识。

从国内学前教育课程指南看，我国尚未明确地提出幼儿身体意识的概念，但从我国《3～6岁儿童学习与发展指南》以及《上海学前教育纲要》《上海市学前教育课程指南》《上海市学前教育质量评价指南（试行稿）》等文件中的课程要求看，有很多项指标实际上都指向了幼儿身体意识的发展。例如，体验各种肢体动作的可能性、用动作模仿周围事物的形态和动作特征、感知运动节律的变化、对信号能做出反应、体验运动的方向，根据运动中对象的空间位置和距离，调整自己的动作对危险的事情能及时做出反应，控制自己的动作和行为，有一定的安全意识，等等。当幼儿出现以上行为特征时，则被认为具有较好的身体意识。

四、运动兴趣

运动兴趣是终身体育习惯形成的重要基础。在幼儿时期养成运动兴趣，将促进幼儿在后续小学阶段，乃至成人阶段坚持体育参与、自主健身的可能。幼儿运动兴趣的表现包括：来到运动场地或看到运动器械时能迅速投入活动；能用自己喜欢的运动器械和材料锻炼身体；乐于尝试不同的运动器械和材料，开展不同的身体动作，锻炼身体各部位等。

参考文献

[1] NEIL A, WILLEM V M. Oxford textbook of children's sport and exercise medicine [M]. Oxford: Oxford University Press, 2017: 50.

[2] 关于印发《上海市学前教育纲要》的通知（沪教委托〔1998〕9号）[EB/OL].（2021-11-20）[2019-11-20]. http://www.shstyxh.com/shtyxh/index/news/newsDetail?id=1385.

[3] DAIVD L. GALLAHUE, JOHN C. OZMUN, JACKIE D. GOODWAY. UNDERSTANDING MOTOR DEVELOPMENT [M]. New York: McGraw-hill, 2011: 169.

[4] GOODWAY J D, BRANTA C F. Influence of a motor skill intervention on fundamental motor skill development of disadvantaged preschool children [J]. Res Q Exerc Sport, 2003（74）: 36.

[5] CLARK J E. From the beginning: A developmental perspective on movement and mobility [J]. Quest, 2005, 57（1）: 37-45.

[6] Clark J E, Metcalfe J S. The mountain of motor development: A metaphor [J]. Motor development: Research and reviews, 2002, 2（163-190）: 183-202.

[7] Seefeldt V. Developmental motor patterns: Implications for elementary school physical education [J]. Psychology of motor behavior and sport, 1980, 36（6）: 314-323.

[8] Clark J E. Motor development [J]. Encyclopedia of human behavior, 1994, 3（1）: 245-255.

[9] Clark J E. On the problem of motor skill development [J]. Journal of Physical Education, Recreation & Dance, 2007, 78（5）: 39-44.

[10] Smith L, Gasser M. The development of embodied cognition: Six lessons from babies [J]. Artificial life, 2005, 11（1-2）: 13-29.

[11] Bornstein M H, Hahn C S, Suwalsky J T D. Physically developed and

exploratory young infants contribute to their own long-term academic achievement [J]. Psychological science, 2013, 24 (10): 1906–1917.

[12] Serdarevic F, van Batenburg - Eddes T, Mous S E, et al. Relation of infant motor development with nonverbal intelligence, language comprehension and neuropsychological functioning in childhood: a population - based study [J]. Developmental science, 2016, 19 (5): 790–802.

[13] Matthews JS, Marulis LM, Williford AP. Gender processes in school functioning and the mediating role of cognitive self-regulation [J]. Journal of Applied Developmental Psychology, 2014, 35 (3): 128–37.

[14] Diamond A. Close Interrelation of Motor Development and Cognitive Development and of the Cerebellum and Prefrontal Cortex [J]. Child Development, 2000, 71 (1): 44–56.

[15] Capute A J, Accardo P J. Linguistic and auditory milestones during the first two years of life: a language inventory for the practitioner [J]. Clinical Pediatrics, 1978, 17 (11): 847–853.

[16] Comparetti A M, Gidoni E A, Fantini M L. Space-time pattern of movement in the evaluation of motor development and its disorders in children [J]. Rivista di neurobiologia: organo ufficiale della Societa dei neurologi, neuroradiologi e neurochirurghi ospedalieri, 1967, 13(2): 291–294.

[17] Easton T A. On the normal use of reflexes: The hypothesis that reflexes form the basic language of the motor program permits simple, flexible specifications of voluntary movements and allows fruitful speculation [J]. American Scientist, 1972, 60 (5): 591–599.

[18] Zelazo P R, Zelazo N A, Kolb S. "Walking" in the newborn [J].

Science, 1972, 176（4032）: 314-315.

[19] 中国体育科学学会. 体育科学词典[M]. 北京: 高等教育出版社, 2000: 412.

[20] 中国体育科学学会. 体育科学词典[M]. 北京: 高等教育出版社, 2000: 176.

[21] 安·S.爱泼斯坦. 身体发展和健康: 关键发展指标与支持性教学策略[M]. 北京: 教育科学出版社, 2019: 87.

第二章 幼儿运动教育思想与法规

第一节 我国幼儿运动教育思想与法规概述

一、充分理解幼儿运动教育思想法规十分必要

教育理念是对"教育是什么"的价值判断和基本看法。教育理念具有对实践反思、规范和指导的特性。教育理念是对教育实践的客观反映，以教育实践作为自己存在的前提，在一定条件下又反过来对教育实践起指导作用。教育理念是在特定的时空、特定的内外部条件下形成的，具有与时俱进的哲学内涵，随社会的变化而变化。教育理念来源于一定的教育政策法规、教育思想以及自我教育理念内化构建的过程。充分认识并理解幼儿运动教育思想的发展演变和内涵外延是幼儿运动教育工作者践行运动教育实践的理论前提。

作为幼儿运动教育的专业人员：一要充分考虑国内外幼儿教育改革的时代发展，定位要高；二要充分考虑我国幼儿运动教育的宏观背景，方向要明；三要充分考虑幼儿运动发展空间的建构，视野要宽。幼儿运动教育思想与法规是对教育工作者实现幼儿运动教育奋斗目标和努力方向的设定，体现出对幼儿运动教育未来发展状态的一种期待。前瞻性的幼儿运动

教育理念，将会成为从业人员教育行动的思想先导，为教育实践活动指引方向。

二、国家、地区出台政策文件为幼儿运动教育指明方向

2001年我国教育部颁布《幼儿园教育指导纲要（试行）》[1]以培养兴趣和动作发展作为主要目标，强调依据幼儿生长发育的规律开展形式多样的户外游戏和体育活动、动作技能方面强调协调性和灵活性的发展。2010年我国教育部颁布《3～6岁儿童学习与发展指南》[2]提出幼儿每天的户外活动时间一般不少于2小时，其中体育活动时间不少于1小时，季节交替时要坚持的具体运动要求。对动作发展列出详细的目标和要求，添加了对力量和耐力的要求。提出了相应能力对应的活动形式的建议，具备一定的指导性。幼儿的身心发展规律是前提，学习发展的过程是动态，动态的观察和评价是依据判断标准，是促进幼儿学习发展的关键环节。《"十四五"学前教育提升行动计划（2021）》[3]中指出游戏是幼儿最重要的活动形式，运动教育的幼小衔接尤其关键。文件中提出的如何辨析运动维度转向体育维度幼小衔接内容的变化节点、形式变化节点、主客体关系变化节点、年龄节点、动作技能发展变化节点、发育节点等关键问题值得深思和探究。《关于大力推进幼儿园与小学科学衔接的指导意见（2021）》[4]中从幼小衔接的角度指出了幼儿园阶段和小学阶段在积极锻炼和动作发展方面衔接的入学准备指导要点。《幼儿园保育教育质量评估指南（2022）》[5]中进一步强调了遵循规律，实施与幼儿身心发展相适应的体格锻炼，强调了重复后获取经验。

上海一直走在我国学前幼儿运动教育发展的前列，无论从教育理论发展的高度和深度，还是从教育实践发展的宽度和广度上来说，上海的学前儿童运动教育方面均有比较好的政策指引和比较新的实践做法。2005年，上海市教委正式出台了《上海市学前教育课程指南》，成为指导上海市学前教育课程改革的重要依据。该文件对《上海市学前课程指南》中与"运

动"相关的若干问题进行了详细解读，对"运动"在上海市幼儿园一日活动中的定位及与其他课程内容的关系做了介绍。2019年出台的《上海市学前教育三年提升行动计划（2019—2021年）》和2020年上海市委、市政府印发《关于推进学前教育深化改革规范发展的实施意见》是对三年学前教育质量整体性提升的宏观规划和具体指向。《上海市幼儿园办园质量评价指南（试行稿）》[6]则从园方办学质量角度，提出了对幼儿园结构性质量和过程性质量的6个领域和26个子领域的具体要求，通过"水平1"（代表"合格"，是幼儿园办园质量的底线）、"水平3"（代表"良好"）、"水平5"（代表"优秀"）来反映幼儿园的办园水平。从办园的角度对幼儿运动提出了具体的质量要求。并非强调特定的年龄段应该达到，而是强调将后一阶段的表现行为作为参照，提供相应的活动，向后一阶段发展。理念体现了发展的连续性、差异性、个性化等。

三、理解幼儿运动教育思想与法规为教育实践夯实基础

面向国家"幼有善育"的学前教育发展目标和上海学校体育、学前教育改革发展需求，本章将系统地介绍国家幼儿运动相关方针政策、对国内和上海市重要文件进行解读和分析、对发达国家的学前运动教育标准进行介绍，同时对我国重要的幼儿运动教育思想进行介绍，让学习者充分掌握幼儿运动教育的思想与政策要义，为后续幼儿运动技能知识的学习、幼儿运动教育技能的掌握、幼儿运动教育情怀的培养奠定坚实的理论基础。

第二节　国家相关政策中幼儿运动要求解析

一、《幼儿园教育指导纲要（试行）》幼儿运动相关解读

2001年教育部颁布了《幼儿园教育指导纲要（试行）》（以下简称《纲

要》），《纲要》是根据党的教育方针和《幼儿园工作规程》（以下简称《规程》）制定的，是指导广大幼儿教师将《规程》的教育思想和观念转化为教育行为的宏观性指导性文件，到目前为止仍然作为学前教育的指导思想和基本要求统领整个学前教育的发展方向。

《纲要》将幼儿教育内容划分为健康、语言、社会、科学和艺术五大领域，并对其教育内容与要求、组织与实施以及教育评价做出了一定的描述。在幼儿运动领域强调以培养兴趣和动作发展作为主要目标，强调依据幼儿生长发育的规律开展形式多样的户外游戏和体育活动，在动作技能方面强调协调性和灵活性的发展。具体见如下描述。

目标

喜欢参加体育活动，动作协调、灵活。

内容与要求

1. 开展丰富多彩的户外游戏和体育活动，培养幼儿参加体育活动的兴趣和习惯，增强体质，提高对环境的适应能力。

2. 用幼儿感兴趣的方式发展基本动作，提高动作的协调性、灵活性。在体育活动中，培养幼儿坚强、勇敢、不怕困难的意志品质和主动、乐观、合作的态度。

指导要点

1. 健康领域的活动要充分尊重幼儿生长发育的规律，严禁以任何名义进行有损幼儿健康的比赛、表演或训练等。

2. 培养幼儿对体育运动的兴趣是幼儿园体育的重要目标，要根据幼儿的特点组织生动有趣、形式多样的体育活动，吸引幼儿主动参与。

《纲要》从较为概括的层面对幼儿运动提出了方向性要求。提出以培养兴趣和动作发展作为主要目标，强调依据幼儿生长发育的规律开展形式多样的户外游戏和体育活动，在动作技能方面强调协调性和灵活性的发展。

二、《3～6岁儿童学习与发展指南》幼儿运动相关解读

（一）《3～6岁儿童学习与发展指南》幼儿运动部分介绍

2010年，教育部正式印发《3～6岁儿童学习与发展指南》（以下简称《指南》），并就《指南》的贯彻落实工作提出了明确的要求。《指南》是对教育体制改革正确观念和正确方向的指引，是一个代表我国主流幼儿教育观的、具体明确的、可操作的教育指引，相较于《纲要》而言具有更好的实操性。

《指南》旨在："通过提出3～6岁各年龄段儿童学习与发展目标和相应的教育建议，帮助幼儿园教师和家长了解3～6岁幼儿学习与发展的基本规律和特点，建立对幼儿发展的合理期望，实施科学的保育和教育，让幼儿度过快乐而有意义的童年"。《指南》根据《纲要》的幼儿五大领域的学习发展划分，明确了健康、语言、社会、科学和艺术五大领域共计11个子领域和32个目标，且这些目标是分领域描述的。总体来说，《指南》关注幼儿学习与发展的整体性，尊重幼儿发展的个性差异，理解幼儿的学习方式和特点，重视幼儿的学习品质。

《指南》延续了《纲要》中指出的"幼儿园必须把保护幼儿的生命和促进幼儿的健康放在工作的首位"，并从幼儿学习与发展的角度提出了幼儿在健康领域应该学习与发展的具体目标。《指南》在健康领域中明确指出："健康是指人在身体、心理和社会适应方面的良好状态。"《指南》中对健康概念所做的这一阐释，体现出健康观念的基本内涵，幼儿在健康领域学习与发展的主要内容就是围绕幼儿身体的健康和心理的健康（包括社会适应能力）而展开的。幼儿在健康领域的学习与发展，对于个体而言，是幼儿身体和心理发育与健康发展的需要，是实现幼儿全面和谐发展的基础，同时，也能为其一生的健康打下良好的基础。对于社会来说，幼儿在健康领域的学习与发展是社会发展的需要，幼儿健康水平的提高，是人口素质提高的基础环节，也体现出人类的进步与社会的发展。

《指南》在健康领域中，按照幼儿学习与发展最基本、最重要的内容划分为"身心状况""动作发展"以及"生活习惯与生活能力"三个子领域。在每个子领域下，包含着若干个幼儿学习与发展的目标，如表2-1所示。

表2-1 健康领域学习与发展目标

领域	子领域	目标
健康	身心状况	1. 具有健康的体态 2. 情绪安定愉快 3. 具有一定的适应能力
	动作发展	1. 具有一定的平衡能力，动作协调、灵敏 2. 具有一定的力量和耐力 3. 手的动作灵活协调
	生活习惯与生活能力	1. 具有良好的生活与卫生习惯 2. 具有基本的生活自理能力 3. 具备基本的安全知识和自我保护能力

健康是指人在身体、心理和社会适应方面的良好状态。幼儿阶段是儿童身体发育和机能发展极为迅速的时期，也是形成安全感和乐观态度的重要阶段。发育良好的身体、愉快的情绪、强健的体质、协调的动作、良好的生活习惯和基本生活能力是幼儿身心健康的重要标志，也是其他领域学习与发展的基础。

"身心状况"子领域首先表明幼儿在健康领域的学习与发展应包括身体和心理两大方面，这是正确的健康观念的重要体现。这一子领域围绕幼儿体态发育、情绪表现和适应能力三个维度提出了幼儿阶段身心发展的主要目标，集中体现了对幼儿在身体形态、机能和心理发展方面的基本要求。

"动作发展"子领域表明幼儿动作的发展是身体机能发展状况的重要表现，并与幼儿心理的发展具有内在的关联。不仅如此，幼儿动作的发展还是适应社会生活必备的基本能力。幼儿阶段是动作发展的重要时期。"动作发展"子领域中包含了幼儿大肌肉动作和小肌肉动作的学习与发展目标。

"生活习惯与生活能力"子领域涵盖了与幼儿健康成长有密切关联的生活习惯、卫生习惯、生活自理能力和安全生活能力，这些都是幼儿阶段需要学习与发展的重要方面。良好的生活与卫生习惯是幼儿维护和促进自身健康的积极方式和重要途径。习惯需要从小培养，幼儿阶段正是良好的行为与习惯养成的重要时期。幼儿需要从学习生活开始，为今后的独立生活打下基础，生活自理能力和安全生活能力都是幼儿适应社会生活必备的基本能力。

这三个子领域的建构充分体现了幼儿在健康方面学习与发展的年龄特点，同时也为幼儿园开展保育、教育工作以及卫生保健工作指明了基本的方向。

1. 具有一定的适应能力

3~4岁	4~5岁	5~6岁
1. 能在较热或较冷的户外环境中活动 2. 换新环境时情绪能较快稳定，睡眠、饮食基本正常 3. 在帮助下能较快适应集体生活。如换了新老师能较快适应集体生活	1. 能在较热或较冷的户外环境中连续活动半小时左右 2. 换新环境时较少出现身体不适 3. 能较快适应人际环境中发生的变化。如换了新老师能较快适应	1. 能在较热或较冷的户外环境中连续活动半小时以上 2. 天气变化时较少感冒，能适应车、船等交通工具造成的轻微颠簸 3. 能较快融入新的人际关系环境。如换了新的幼儿园或班级能较快适应

教育建议

（1）保证幼儿的户外活动时间，提高幼儿适应季节变化的能力。

● 幼儿每天的户外活动时间一般不少于2小时，其中体育活动时间不少于1小时，季节交替时要坚持。

● 气温过热或过冷的季节或地区应因地制宜，选择温度适当的时间段开展户外活动，也可根据气温的变化和幼儿的个体差异，适当减少活动的时间。

（2）经常与幼儿玩拉手转圈、秋千、转椅等游戏活动，让幼儿适应轻微的摆动、颠簸、旋转，促进其平衡机能的发展。

（3）锻炼幼儿适应生活环境变化的能力。如：

● 注意观察幼儿在新环境中的饮食、睡眠、游戏等方面的情况，采取相应的措施帮助他们尽快适应新环境。

● 经常带幼儿接触不同的人际环境，如参加亲戚朋友聚会，多和不熟悉的小朋友玩，使幼儿较快适应新的人际关系。

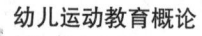

2. 具有一定的平衡能力，动作协调、灵敏

3～4岁	4～5岁	5～6岁
1. 能沿地面直线或在较窄的低矮物体上走一段距离 2. 能双脚灵活交替上下楼梯 3. 能身体平稳地双脚连续向前跳 4. 分散跑时能躲避他人的碰撞 5. 能双手向上抛球	1. 能在较窄的低矮物体上平稳地走一段距离 2. 能以匍匐、膝盖悬空等多种方式钻爬 3. 能助跑跨跳过一定距离，或助跑跨跳过一定高度的物体 4. 能与他人玩追逐、躲闪跑的游戏 5. 能连续自抛自接球	1. 能在斜坡、荡桥和有一定间隔的物体上较平稳地行走 2. 能以手脚并用的方式安全地爬攀登架、网等 3. 能连续跳绳 4. 能躲避他人滚过来的球或扔过来的沙包 5. 能连续拍球

教育建议

（1）利用多种活动发展身体平衡和协调能力。如：

● 走平衡木，或沿着地面直线、田埂行走。

● 玩跳房子、踢毽子、蒙眼走路、踩小高跷等游戏活动。

（2）发展幼儿动作的协调性和灵活性。如：

● 鼓励幼儿进行跑跳、钻爬、攀登、投掷、拍球等活动。

● 玩跳竹竿、滚铁环等传统体育游戏。

（3）对于拍球、跳绳等技能性活动，不要过于要求数量，更不能机械。结合活动内容对幼儿进行安全教育，注重在活动中培养幼儿的自我保护能力。

3. 具有一定的力量和耐力

3～4岁	4～5岁	5～6岁
1. 能双手抓杠悬空吊起10秒左右 2. 能单手将沙包向前投掷2米左右 3. 能单脚连续向前跳2米左右 4. 能快跑15米左右 5. 能行走1千米左右（途中可适当停歇）	1. 能双手抓杠悬空吊起15秒左右 2. 能单手将沙包向前投掷4米左右 3. 能单脚连续向前跳5米左右 4. 能快跑20米左右 5. 能连续行走1.5千米左右（途中可适当停歇）	1. 能双手抓杠悬空吊起20秒左右 2. 能单手将沙包向前投掷5米左右 3. 能单脚连续向前跳8米左右 4. 能快跑25米左右 5. 能连续行走1.5千米以上（途中可适当停歇）

教育建议

（1）开展丰富多样、适合幼儿年龄特点的各种身体活动，如走、跑、跳、攀、爬等，鼓励幼儿坚持下来，不怕累。

（2）日常生活中鼓励幼儿多走路、少坐车；自己上下楼梯，自己背包。

4.手的动作灵活协调

3~4岁	4~5岁	5~6岁
1.能用笔涂涂画画 2.能熟练地用勺子吃饭 3.能用剪刀沿直线剪，边线基本吻合	1.能沿边线较直地画出简单图形，或能沿边线基本对齐地折纸 2.会用筷子吃饭 3.能沿轮廓线剪出由直线构成的简单图形，边线吻合	1.能根据需要画出图形，线条基本平滑 2.能熟练地使用筷子 3.能沿轮廓线剪出由曲线构成的简单图形，边线吻合且平滑 4.能使用简单的劳动工具或用具

教育建议

（1）创造条件和机会，促进幼儿手的动作灵活协调。如以下几点。

●提供画笔、剪刀、纸张、泥团等工具和材料，或充分利用各种自然、废旧材料和常见物品，让幼儿进行画、剪、折、粘等美工活动。

●引导幼儿生活自理或参与家务劳动，发展其手的动作。如练习自己用筷子吃饭、扣扣子，帮助家人择菜叶、做面食等。

●幼儿园在布置娃娃家、商店等活动区时，多提供原材料和半成品，让幼儿有更多机会参与制作活动。

（2）引导幼儿注意活动安全。如以下几点。

●为幼儿提供的塑料粒、珠子等活动材料要足够大，材质要安全，以免造成异物进入气管、铅中毒等伤害。提醒幼儿用安全剪刀。

●为幼儿示范拿筷子、握笔的正确姿势以及使用剪刀、锤子等工具的方法。

●提醒幼儿不要拿剪刀等锋利工具玩耍，用完后要放回原处。

（二）《指南》健康领域中幼儿运动教育的解读

1. 关于幼儿运动教育组成内容的分析

《指南》从发展幼儿身体素质的角度提出了具体的达成目标和教育建议。《指南》提出了幼儿在大肌肉动作方面"具有一定的平衡能力，动作协调、灵敏"和"具有一定的力量和耐力"的发展目标；从小肌肉群发展的角度提出了手的动作灵活协调。

幼儿阶段是平衡能力、协调能力和灵敏性发展的重要时期，这些身体素质获得一定的发展，能促进幼儿神经系统和脑功能的完善，也是今后学习更多、更复杂动作技能的基础。

身体素质反映了人体在身体运动中的机能水平。例如，平衡能力、协调能力和灵敏性反映了神经系统对肌肉活动的控制和调节能力，力量、耐力主要体现了肌肉组织和心肺系统的功能状况等。人体要运动，首先需要在保持身体平衡的状态下进行，否则就会摔倒。可以说，平衡能力是完成各种身体动作的前提，也是实现自我保护最基本的能力。发展幼儿的平衡能力，有助于使幼儿身体保持在平稳、安全的状态下进行各种活动。幼儿要较好地胜任和完成各种大肌肉动作，还需要具备一定的协调能力和灵敏性。例如，幼儿在跑步时需要上、下肢动作的协调，而要在跑动的过程中躲避他人或障碍物则需要快速调整自己的身体姿势和位置，这与身体的灵敏性直接关联。又如，幼儿要与他人玩相互抛接球的游戏，要手与眼的协调、双手动作的协调以及一定的灵敏性才能实现。

力量是身体运动的基础。没有下肢部位的肌肉力量，幼儿就无法站立、行走，更无法做跑、跳等动作；没有上肢部位的肌肉力量，幼儿也无法做推、拉、搬运、攀登等动作。耐力体现了心肺耐力和肌肉耐力等方面的综合状况。幼儿心肺功能的逐渐增强，肌肉耐力的不断提高，才能较轻松地进行各种身体活动以及适应社会生活。因此，耐力是一个人进行身体运动以及更好地适应社会生活应具备的身体素质。根据幼儿的年龄特点，幼儿阶段需要发展的是有氧耐力。幼儿尚不具备进行无氧耐力运动的生理基础，应避免让幼儿的身体运动进入到无氧代谢状态。

《指南》围绕幼儿小肌肉动作的发展提出了"手的动作灵活协调"的发展目标。幼儿手部动作的发展对于适应社会生活以及实现自身发展具有重要意义。例如，幼儿手的动作能力是实现生活自理（如进餐、穿脱衣服）最为重要的能力基础，也是学习使用工具（如剪刀）以及进行绘画、写字等活动的重要基础。手部动作的发展是以协调和控制两个能力的发展为主要标志的，它在很大程度上依赖于神经肌肉的快速与准确的反应，这是神经控制与调节能力发展的重要表现。

2. 关于幼儿运动教育目标达成年龄跨度的划分分析

《指南》从幼儿身体素质的角度确立幼儿在大肌肉动作方面的学习与发展目标，充分体现出国家对于增强幼儿体质的高度重视。《指南》中提出的有关幼儿身体素质发展方面的典型表现，是一种方向上的引领，主要体现在以下几个方面。

（1）各年龄段幼儿在身体素质方面的典型表现是一种参考或参照。这些典型表现是对幼儿在身体素质的发展上建立的合理期望，同时，也可以帮助成人更好地了解幼儿身体素质的发展在各年龄段上的基本表现。这里特别需要说明的是，各年龄段幼儿在身体素质方面的典型表现并非评价标准，因此，决不能将此作为幼儿达标的依据或是评价幼儿的标准。

（2）各年龄段幼儿在身体素质方面的典型表现是一种列举。各年龄段幼儿身体素质的典型表现可以通过多种身体运动体现出来。例如，4~5岁的幼儿在平衡能力、协调能力和灵敏性上的发展状况，可以通过在较窄的低矮物体上平稳地行走、能成功地做匍匐爬行、助跑跨跳过一定的障碍物或与他人玩游戏等活动体现。5~6岁的幼儿在力量和耐力上的发展状况，可以通过双手抓杠做悬空吊起一段时间、单脚连续跳跃一定的距离或快跑一定的距离等活动体现。而且，这些活动是可以替换的，如有些幼儿可能从来没玩过球，但他们会滚铁环、尺树等，这同样可以反映出他们在协调能力和灵敏性等方面的发展水平。

（3）幼儿身体素质的发展状况可以在生活中和不同的身体运动中表

现出来。例如，上下楼梯的动作反映了 3～4 岁幼儿在平衡能力、协调能力和灵敏性方面的发展状况；一定距离的连续行走在一定程度上反映了幼儿耐力发展的状况；幼儿的平衡能力、协调能力和灵敏性可以在跑、跳、攀登、钻、爬、球类等活动中表现出来。

（4）《指南》分年龄段描述幼儿力量和耐力的典型表现，强调全面性。在各年龄段幼儿的典型表现中出现了量化描述，应该正确理解这些量化指标。由于力量和耐力比较特殊，很难用非量化的语言来表达，尤其是无法用非量化的语言体现出幼儿在年龄上的差异。用量化的方式来呈现幼儿在力量和耐力方面的典型表现，相对而言，能更加明确地体现出这两种身体素质的基本特征。《指南》中虽然是将"具有一定的平衡能力，动作协调、灵敏"和"具有一定的力量和耐力"这两个目标分开提出的，但实际上在许多运动中这些身体素质之间是相互关联的。因此，在幼儿身体素质的发展上，应注意这两个目标的相互关联和有机结合。

《指南》提出："幼儿每天的户外活动时间一般不少于 2 小时，其中体育活动时间不少于 1 小时，季节交替时要坚持"的具体运动要求。将动作发展单列出详细的目标和要求，添加了对力量和耐力的要求。但在教育建议措辞方面列举了相应能力对应的活动形式建议，具备一定的指导性，但实操性可能尚不明确。幼儿的身心发展规律是前提，在具体呈现上不够清楚。学习发展的过程是动态的，动态的观察和评价是依据判断标准，是促进幼儿学习发展的关键环节。对力量耐力的目标是否合适值得商榷。其教育建议过于笼统。将手的动作灵活协调单列，粗大与精细动作的发展是你中有我，我中有你的关系。不能过分孤立地看待。

三、《幼儿园保育教育质量评估指南》幼儿运动相关解读

党的十九届五中全会提出建设高质量教育体系。中共中央、国务院《关于学前教育深化改革规范发展的若干意见》和《深化新时代教育评价改革总体方案》都明确要求，国家制定幼儿园保教质量评估指南，各省（区、市）

完善幼儿园质量评估标准。《幼儿园保育教育质量评估指南》（以下简称《评估指南》）是贯彻党中央以上决策部署的重要举措。经过连续实施三期行动计划，学前教育实现了基本普及目标，迈入全面普及和高质量发展的新阶段，迫切需要加强幼儿园保教质量评估，发挥好质量评估的引领、诊断、改进和激励作用，引导各类幼儿园树立正确的质量观，科学实施保育教育。《评估指南》是提高学前教育质量的迫切需要。

《评估指南》以促进幼儿身心健康发展为导向，聚焦幼儿园保育教育过程质量，围绕办园方向、保育与安全、教育过程、环境创设、教师队伍等五个方面提出15项关键指标和48个考查要点。在办园方向方面，围绕"党建工作、品德启蒙、科学理念"提出3项关键指标和7个考查要点，旨在加强党对学前教育的全面领导，促进幼儿园全面贯彻党的教育方针，确保社会主义办园方向；在保育与安全方面，围绕"卫生保健、生活照料、安全防护"提出3项关键指标和11个考查要点，旨在促进幼儿园加强卫生保健与安全防护工作，确保幼儿生命安全和身心健康；在教育过程方面，围绕"活动组织、师幼互动、家园共育"提出3项关键指标和17个考查要点，旨在落实以游戏为基本活动要求，促进师幼有效互动，构建家园共育机制，促进幼儿身心全面发展；在环境创设方面，围绕"空间设施、玩具材料"提出2项关键指标和4个考查要点，旨在促进幼儿园创设丰富适宜、富有童趣、有利于支持幼儿学习探索的教育环境；在教师队伍方面，围绕"师德师风、人员配备、专业发展和激励机制"提出4项关键指标和9个考查要点，旨在加强教师队伍建设，采取有效措施激励教师爱岗敬业、潜心育人。

《评估指南》着力从三方面改进、优化评估方式，切实提高评估工作的科学性、有效性。一是突出过程评估。针对幼儿园质量评估中重终结性结果评判、轻保教过程考察的问题，强调聚焦保育教育过程及影响保教质量的关键因素，通过对班级师幼互动情况、对保教实施过程中教职工的观念和行为的专业判断，着重考察幼儿园对《3～6岁儿童学习与发展指南》《幼儿园教育指导纲要》的具体落实情况，激励促进幼儿园不断发展。二是强化自我评估。针对幼儿园被动参与、难以发挥评估的激励作用问题，强调将自评作为提升教师专业能力的常态化手段,通过教职工深度参与,建立幼儿园自我诊断、反思和改进,外部评价激励引导的良性发展机制,切实转变园长教师的观念和行为,提高保教实践能力。三是聚焦班级观察。改变过去把关注点放在材料准备,评估过程走马观花,幼儿园忙于打造材料不堪重负的做法,在班级观察时间上强调不少于半日的连续自然观察,在观察的覆盖面上,强调不少于各年龄班级总数的三分之一,确保全面、客观、真实地了解幼儿园保育教育过程和质量,提高评估的实效性。

与幼儿运动教育相关的指标有保育与安全中的生活照料:制定并实施与幼儿身体发展相适应的体格锻炼计划,保证每天户外活动时间不少于2小时,体育活动时间不少于1小时。安全防护:以游戏为基本活动,确保幼儿每天有充分的自主游戏时间,因地制宜地为幼儿创设游戏环境,提供丰富适宜的游戏材料,支持幼儿探究、试错、重复等行为,与幼儿一起分享游戏经验。其中只有行为的描述,期间的过渡性变化难以有参照,主要为表现行为,信息来源即观察的具体方法和依据未做详细的描述。

总的来说,学前教育政策多以"通知""意见""办法"文本形式呈现,多为非强制性的管制。非强制性的管制可能会存在政策效力不高,执行性不够强的问题。[7]在运动教育方面的执行属于弱势中更弱的范畴。

第三节　上海相关政策中幼儿运动要求解析

一、《上海市学前教育课程指南》运动板块解读

1999年上海颁布了《上海市学前教育纲要》,为学前教育课程改革指明了方向。2002年,颁发了《上海市学前教育课程指南(征求意见稿)》[8],并连同按照《上海市学前教育课程指南》缩写的教师参考用书,进入28所作为课程改革基地的幼儿园进行试验。经过2年的试验,对课程实施中存在的一系列问题进行了调查研究,同时借鉴了21世纪初国内

外学前教育课程改革的经验，于2004年对征求意见稿进行了修订和完善，2004年10月上海市教委正式颁布了《上海市学前教育课程指南（试行稿）》，提出了"以幼儿发展为本"的基本理念。

第一，幼儿各方面的发展是一个整体，课程应促进幼儿全面和谐发展。幼儿身体（生理、身体运动能力）、心理（认知、情感）和社会性等方面的发展是一个整体，是相互依存的，任何一方面的缺陷都会阻碍幼儿其他方面的进一步持续发展。如果早期教育中过分狭隘地关注某些方面的快速发展，追求一个方面的"卓越"表现，并以牺牲另一些方面的经验和发展为代价，导致"片面发展"，这将会给幼儿的继续成长带来难以弥补的缺陷。

第二，通过游戏和实践活动整体地认识周围环境是幼儿主要的学习方式，也是开展教育的前提，应该顺应这个要点把握幼儿发展心理特点。发展心理学的研究向我们表明了这样的儿童学习观：幼儿是积极主动的学习者，他们通过活动，通过与大自然、周围的物质环境、与成人和同伴之间的互动，从所见、所闻、所做和所体验到的东西中建构着概念、做事的方法、做人的原则，逐渐形成自己的品格和能力。他们也在从与周围世界打交道的成功和失败中认识自己的能力，形成或独立自信或依赖自卑的人格。因此，教师在目标、内容选择和环境组织以及活动的开展上都要与幼儿发展的这一一般机制相符合，以便激发幼儿积极、独立地与周围环境发生各种互动，并品尝到成功的愉悦。

二、《上海市幼儿园办园质量评价指南》幼儿运动相关解读

1. 管理与课程评价指南

2020年，为进一步贯彻中共中央国务院《关于学前教育深化改革规范发展的若干意见》及教育部《3~6岁儿童学习与发展指南》的精神，落实《中共上海市委、上海市人民政府关于推进学前教育深化改革规范发展的实施意见》的要求，提高各级各类幼儿园的办园质量，促进上海学前教育事业发展，上海市教育委员会教学研究室牵头，制定《上海市幼儿园办

园质量评价指南（试行稿）》（以下简称《评价指南》）。

《评价指南》体现了全方位、立体式的质量评价，包括幼儿园结构性质量（如幼儿园管理中的队伍结构、办园条件等要素）、过程性质量（如保教实施过程中的师幼互动、家园互动等）以及结果性质量（如幼儿发展状况）。《评价指南》的颁布旨在对幼儿园的办园质量给予更加合理的诠释与价值指引，进一步增强学前教育工作者的质量意识，树立全面、科学的质量观。试用《评价指南》是为解决办园质量标准内容维度的一致性、指标的科学性、操作的规范性问题。

"管理与课程评价指南"包括园所管理、保教管理、保教实施、卫生保健、队伍建设、办园条件共6个领域和26个子领域。"管理与课程评价指南"通过"水平1"（代表"合格"，是幼儿园办园质量的底线）、"水平3"（代表"良好"）、"水平5"（代表"优秀"）来反映幼儿园的办园水平。由于同一园所各领域发展水平不一致，因此，幼儿园在达到某一水平时，也可用高一层次水平的标准作为后续发展的目标，并建立幼儿园内部长效的自评和自主发展机制，使质量评价工作成为幼儿园发展的必要组成部分，从而激发办园自主性，不断实现自我发展、自我超越。

保教实施，子领域设计与组织各类活动有保教结合的意识，活动过程注重游戏性，确保每天2小时的户外活动，其1小时为运动；能关注场地、设施、器械的安全性；遇到突发事件能及时处理。一日活动中保证1小时游戏时间。

2.3～6岁儿童发展行为观察指引

促进幼儿发展是幼儿园工作的重心。幼儿的发展是连续的，既有共性特点，又有个性特征。《评价指南》中"3～6岁儿童发展行为观察指引"为园所、教师了解和把握幼儿发展现状、组织实施适合幼儿的课程活动，促进每一个幼儿在原有水平上获得切实的发展提供了观察依据。"3～6岁儿童发展行为观察指引"包括健康与体能、习惯与自理、自我与社会性、语言与交流、探究与认知、美感与表现6个领域，14个子领域，并各自列出观察内容及不同阶段的行为表现。它适用于了解、分析上海地区全体3～6

岁幼儿的发展状况。

"3~6岁儿童发展行为观察指引"通过"表现行为"来呈现幼儿不同阶段的发展状态。当幼儿已经稳定达到"表现行为1"却与"表现行为3"尚有差距时，其处于"表现行为2"阶段；同理，已稳定达成"表现行为3"，却未达"表现行为5"，其处于"表现行为4"阶段。所列出的表现行为，并不完全对应幼儿的3~4岁、4~5岁、5~6岁年龄段，而只是列出了幼儿发展的阶段性典型表现行为。幼儿园和教师要认识并尊重幼儿各方面发展存在的不均衡性和个体差异性，切忌将表现行为当成是三个年龄段幼儿的发展水平。幼儿在稳定达到某一阶段时，教师可以运用后一阶段的表现行为作为观察和了解幼儿的参照，并提供适宜的活动机会，引导幼儿向后一阶段发展。

幼儿园要树立幼儿发展与幼儿园培养目标一致的意识，建立持续、自然地了解、分析幼儿的制度与运行机制，使观察分析幼儿发展的工作成为幼儿园、教师课程实施的重要组成部分，发挥其引领幼儿发展的作用。

第四节　幼儿运动教育思想

一、陈鹤琴幼儿运动教育思想

陈鹤琴是我国幼儿教育史上具有重要历史地位、卓越教育贡献、久远时代影响的幼儿教育家，有"中国幼儿教育之父"之赞誉，其幼儿运动游戏课程思想是幼儿教育思想的重要组成部分，具有较强的系统性和丰富性。陈鹤琴走出国门留学、出访的经历，让他直接感受到世界教育思潮的理论结构和发展趋势。陈鹤琴广泛吸取国外先进的体育理论和经验，形成了自己的幼儿体育教育理论。通过长期的办学与教学实践并在继承中国传统体育文化、吸纳欧美先进体育文化的基础上，陈鹤琴构建了丰富而完整的幼儿体育教育理论体系，对我国幼儿教育事业的改革与发展产生了巨大影响，对此我们要加深认识并充分挖掘，把我国新世纪的幼儿园课程改革和幼儿素质教育推向一个新的发展阶段。[9]

1. 陈鹤琴主张"幼儿健康第一"的教育思想

陈鹤琴对儿童的身心健康十分重视，他遵循人体生长发育的规律指出，如果儿童的身体不强健，到了成年，也不会强健的；儿童的智力与行为都是跟随其健康走的。19世纪末20世纪初，陈鹤琴从美国学成归来后，激烈地批判传统教育对儿童身心的束缚和压迫，主张教育救国，尊重与发展儿童的天性及才能，反对以成人为本位的观点，并提出"强国必先强种，强种必先强身，要强身先要注意幼年的儿童"。[10]中华人民共和国成立以后，陈鹤琴仍然十分关心儿童的健康。1951年，他提出了体育要居首位的口号以及幼儿教育要遵循健康第一的主张。

2. 陈鹤琴主张"体、智、德、美"全面发展的教育目的

陈鹤琴在深入地研究我国的幼儿园课程实际后，从体、智、德、美等方面提出了自己的幼儿教育目标。陈鹤琴[11]认为应该通过教育，培养出活的人，活的人应该具有"健康的体格，养成卫生的习惯并有相当的运动技能；研究的态度，充分的知识，表意的潜力；协作精神、同情心和服务他人的精神；能欣赏自然美和艺术美，养成欢天喜地的快乐精神，消泯惧怕情绪"。陈鹤琴认为具有健全的身体是作为一个现代中国人必备的条件之一。在《幼儿教育的新动向》一文中，陈鹤琴首次系统地就体、智、德、美诸育方面，提出新中国幼儿教育的四项任务："保证幼儿的健康和身心的正常发育，发展幼儿的智力和创造力，培养幼儿初步的国民道德和国际主义精神以及其他优良品德，培养幼儿的爱美观念，增进幼儿愉快的精神。"陈鹤琴认为，身体好坏对一个人一生的生活、事业、抱负都有极大影响，一个身体不健康的人，往往遇事易灰心，缺少活力，难负大任。不健康对个人是不幸的，对国家对社会也是一种损失。要强国必先强种，要强种必先强身。作为现代中国人，责任重大，只有加强体育锻炼以提高体质才能担负起时代赋予的使命。这充分说明了他对体育在幼儿素质全面发展中的不可替代作用的肯定。

3.陈鹤琴认为应开展"五指一体"的体育教育活动

陈鹤琴在鼓楼幼稚园开展了系统的活动课程编制的实验研究,把课程结构比作人的五根连成一体的手指,创造性地构建了课程结构的五指活动理论,包括健康活动、社会活动、科学活动、艺术活动与文学活动。这五个方面构成了相互联系的整体,就像人的五根手指相互连接组成了具有整体功能的手一样。陈鹤琴认为:"儿童的健康活动包括游戏、户外活动、早操、散步(前四项属于体育教育的内容)、饮食、睡眠等,是幼稚园课程中最重要的,目的在于发展儿童的身体和心理健康,包括个人健康、身体活动、心理健康、公共卫生和安全教育。[12]"

"游戏是儿童的生命,是幼儿教育的主要方式,也是幼儿体育教育的主要方式。"陈鹤琴对学校不宜让儿童游戏、以游戏为顽皮等理论进行了深刻地批判,认为"近代西方各国教育正是利用儿童爱游戏这一本能,来发展儿童个性与造就社会良好之分子"。首先,"有利于儿童身体与心理的发展。在游戏过程中,儿童由于感兴趣而全身心的投入,既能够锻炼躯体,促进呼吸、消化与循环等系统机能的发展与完善;又能够放松精神,使大脑疲劳尽快恢复。"其次,"游戏中还包含着很多为人处事的道理,可以使儿童形成高尚的品德。游戏时必须遵守游戏规则,而遵循规则本质上即服从理性,需要公平、诚实、自治、克己、尊重他人和团结合作等优良品质来维系,因此,游戏是发展公民道德之利器。"再次,"游戏能促进儿童智力的发展,在游戏活动中,儿童仔细观察,大胆想象,敏锐思考,准确判断,果断行动,由此发展了儿童的观察、想象、思维、判断和运动等能力。"[13]对儿童来说,游戏是他们的学习,是他们的工作,是他们最爱的活动,可以给儿童健康、快乐、经验、学识和思想。陈鹤琴认为幼儿园应格外重视养成良好的习惯,应当多带领幼儿去户外活动。户外活动是保证与促进儿童健康的有效途径,不仅能够使儿童在与自然的接触中获得各种知识与经验,还能够使他们得以呼吸新鲜的空气,沐浴充足的阳光,增强自身的体质。

4. 陈鹤琴倡导"一切为了儿童"的体育教育原则

陈鹤琴极力倡导，在大自然、大社会的课堂里，儿童应该自己去想，自己去游戏，努力突出儿童在游戏等活动中的主体意识，促进儿童身体、个性、创新精神及实践能力的发展。游戏是儿童的天性，是儿童获得体育知识、提高运动技能的方式，能够激发运动的兴趣，形成坚毅的品质。然而陈鹤琴坚决反对单一的学生游戏，用儿童自己的活动完全代替教师主导作用，既肯定了通过儿童自己游戏获得运动体验的主动性，又肯定了教师的重要作用——教师应该和儿童共同游戏，并在需要时给予其适当指导。儿童要获取体育理论知识必须要在游戏中学，教师应当在游戏中教，一起在游戏中求进步。游戏成为新型的师幼互动中的桥梁，教师在游戏中给予了对儿童的尊重和理解，儿童在游戏中尽情地享受着自由和快乐。也正如陈鹤琴所云："如果你要了解儿童的个性与兴趣，明了儿童的能力与情感，自己一定要参加到儿童的队伍中去，共同游戏，共同工作，唯此才能深切地了解儿童，指导儿童"[14]。

5. 陈鹤琴重视"游戏化""活动化"课程的开展，倡导幼小衔接自然过渡

陈鹤琴反对提前教授小学教育内容，开展拼音、写字、算数、珠脑心算等教学，片面向幼儿灌输知识，甚至布置家庭作业，组织各种形式的考试和竞赛活动。这些"小学化"现象超越了幼儿的身心发展水平，违背了幼儿的认知规律，偏离了幼儿教育的正确轨道，严重影响了幼儿的身心健康。

早在20世纪20年代，陈鹤琴先生就提出："改变中国人的体质、解救中国儿童的身心健康是件大事。"他强调幼儿教育应将幼儿的身心健康放到第一位置，这一教育主张直至今日仍具有强大的生命力。[15]当代幼儿的体质健康长期以来备受党和政府的高度重视。《幼儿园教育指导纲要（试行）》中要求："幼儿园必须把保护幼儿的生命和促进幼儿的健康放在工作的首位""幼儿园的教育是为所有在园幼儿的健康成长服务的"，这与陈鹤琴提出的健康第一的教育主张有着惊人的相似。陈鹤琴主张幼儿体育教育要以游戏、户外活动、早操等活动为中心，充分发挥幼儿在这些活动中的主体作用，注重幼儿个体的运动体验与实践，通过幼儿个体主动参与的体育实践，提高幼儿掌握体育知识，运用体育技能的能力。唯此，才能最大限度地激发幼儿运动的兴趣，促进幼儿全面、健康的发展。

6.陈鹤琴认为应发挥体育教育在幼儿素质教育过程中的特殊作用

当前幼儿体育活动在培养幼儿全面素质过程中的特殊作用没能得到充分地发挥，主要体现在以下几个方面：首先，幼儿园活动目标性不强，体育游戏比较随意且没有各学期以及长期的整体规划；活动内容局限，对幼儿生长发育和健康有重要价值的活动如民族民间体育游戏、利用自然环境开展的体育活动比较欠缺；活动形式不够丰富，主要以早操与户外自由体育活动为主。其次，为了安全起见，一些幼儿园限制或减少幼儿体育活动，这种做法势必造成幼儿的体质和体能逐渐减弱、感觉统合失调的孩子越来越多、自我保护意识和能力下降以及对运动逐渐缺乏兴趣等不良后果。《幼儿园教育指导纲要（试行）》中要求："用幼儿感兴趣的方式发展幼儿的基本动作，提高幼儿动作的协调性、灵活性"正是对陈鹤琴科学育儿观的一种肯定。我国幼儿园目前正在极力提倡素质教育，要求培养全面发展的幼儿，不能孤立地看待体育教育的功能。幼儿体育教育不仅应关注健康素质的提高，更应着眼于幼儿的全面发展。

陈鹤琴认为通过游戏、户外活动等体育实践活动把幼儿园教师与幼儿联系起来，使师幼高度地合作和互动。强调在体育实践中学的同时，首先强调在体育实践中教，既强调了教师的主导作用，又强调了幼儿的主体作用。体育实践既不是单纯的教师行为，也不是单纯的幼儿活动，而是教师与幼儿之间平等沟通、合作与互动的过程。《幼儿园教育指导纲要（试行）》中明确指出："幼儿园教师是幼儿学习活动的支持者、合作者与引导者"显然是在借鉴和吸取陈鹤琴的师幼观基础上达成的。囿于个人的知识结构影响，陈鹤琴幼儿运动游戏课程思想必然存在着一定的局限性，由于缺少专业运动训练背景或系统的体育专业教育，这使得其运动体验和体育专业理论储备有所欠缺，在一定程度上导致了其幼儿运动游戏课程思想缺乏深厚的体育教育理论基础。但是，这并不妨碍陈鹤琴从幼儿教育视角，在教育学和心理学的指导下，开展幼儿运动游戏课程研究并提出丰富思想，也并不妨碍其幼儿运动游戏课程思想对当今幼儿体育课程开发和实施提供有益启示。

二、陶行知幼儿运动教育思想

陶行知毕生致力于教育事业，从本国国情出发对教育进行改革，取得了重大成就，对我国幼儿教育产生了重要影响。在教育实践中，他创建了生活教育理论的教、学、做合一的教育方法。

陶行知重视幼儿的早期教育，提出要创办适合中国国情的幼稚园，同时，他也指出小学教育是建国之根本，幼稚教育尤为根本之根本；成人对儿童的教育首先取决于对儿童的看法，把儿童看成什么样的人，就会施以什么样的教育。

每个人的这种儿童观就指导着每个人的教育行为。陶行知先生的幼儿教育思想之所以经久不衰，为我们幼儿教育提供了无数宝贵的历史经验，重要的一点就是陶行知先生从心底爱学生、尊重学生，并且相信学生。他对孩子的教育的的确确是"捧着一颗心来，不带半根草去"。

1. 重视幼儿教育

陶行知先生特别重视基础教育，早在留学美国期间，他就很重视学习福禄贝尔和蒙台梭利等人的幼儿教育思想，并深受启发，回国后，结合我国国情，创办适合自己的幼儿教育，对我国幼儿教育起到了关键的推动作用。

他高度评价幼儿教育的社会价值，向社会宣传幼儿教育的重要性。在《创设乡村幼稚园宣言书》一文中，他明确指出："幼儿教育系为人生之基础，不可不趁早给他建立得稳。[16]"

教人要从小教起，陶行知将幼儿比喻成幼苗，强调培养幼儿必须得宜，这样才能让他们茁壮成长，否则在幼年受了损伤，即不夭折，也难成才。

的确，对幼儿的教育需抓住他们各方面发展的关键期，然后施以科学的方法。陶行知就是按照这个原理教育幼儿。

儿童的培养不只是文字技术的训练，传统观念上我们认为学校教育应让儿童认识尽量多的文字，掌握尽量多的知识，这样才是最重要的。但是，文字、知识都是死的，若以此作为学习的唯一目的，则容易走向"死读书"的行列。陶行知就非常注重这一点，始终认为教育以生活为中心。儿童学习最重要的一点就是活学活用。

2. 生活是教育的中心

陶行知认为，生活即教育，游戏即工作，他提出来著名的生活教育理论，强调教育要与生活实践相结合。提出以幼儿园周围的社会生活、自然现象、风土人情味内容编成教材，以幼儿力所能及的地方为教室，以儿童所能接触到的事物为内容，让他们参加种植、饲养等活动，从中学习自己解决问题。陶行知强调让幼儿融入生活，自己组织游戏，自己从生活中学习，从而培养出"生龙活虎的体魄，活活泼泼的心灵的儿童来"。

3. 教学做合一的教育方法

在幼儿教育教学的方法上，陶行知一直在不断地进行创新改革，他注重启发，提倡培养学生的学习乐趣。坚决反对教、学、做分家，他说教学做合一是一件事，不是三件事，要在做上教，在做上学，"做"是这个整体的核心。"做"指的是"在劳力上劳心"，教学做都要以事为中心，即以实际生活为中心。比如种田这件事是要在田里做的，便必须在田里学，在田里做。

4. 解放儿童的创造力

陶行知认为要取得好的教育效果，首先要启发、解放儿童的创造力，为幼儿提供手脑并用的条件和机会。因此，陶行知先生提出"六大解放"，解放儿童的头脑，把他们的头脑从迷信、成见、曲解和幻想中解放出来；解放儿童的双手，给儿童自己动手的机会；解放儿童的嘴，给儿童说话的自由，尤其是要让他们发问；解放儿童的眼睛，让他们能看，能主动观察周围的生活；解放儿童的空间，让他们接触大自然；解放儿童的时间，给他们自己学习、活动的时间,有时间做自己喜欢和感兴趣的事。

三、陶行知幼儿运动教育思想启示

陶行知是一位伟大的爱国主义者。他以"捧着一颗心来,不带半根草去""甘当骆驼"的崇高精神,为人民的教育事业贡献了一生。他的教育思想要求我们充分考虑学生个体差异的需要,把握生活体育项目特点,将课程内容与生活紧密联系起来,为培养学生终身体育意识养成奠定坚实基础。[17]针对体育指导思想明确但执行中没有贯彻始终;教学内容乏味、脱离实际;对评价方式单一,只注重学生的体育知识与技能三大体育问题,陶行知在其教育理论与实践中都有涉及,其超前的体育思想也是体育学界一直关注的热点。

1. 坚持"健康第一"的体育思想

1917年陶行知留美返国后,提出"体育为德智二育之本"。20世纪20年代末期,他在南京创办晓庄师范时,又明确指出:"健康是生活的出发点,也就是教育的出发点"。[18]并规定了五条培养目标:"健康的体魄,农民的身手,科学的头脑,对艺术的兴趣,改造社会的精神。"1926年陶行知先生总结了各校的教育经验,在《我们的信条》一文中提出:我们深信健康是生活的出发点,也就是教育的出发点。健康第一成为构建学校体育思想多元化的前提,"因为健康第一,没有了身体,一切都完了",他的这些可贵的思想主张与我们今天正在提倡的健康第一教育思想是高度一致的。[19]"健康第一"不是简单的一个口号,而是需要学校体育改革高度关注的"价值内核",因为它对学生成长影响是多方面的、多维度的和多元化的。

2. 运动教学目标科学、内容生活化

课程目标是根据教育宗旨和教育规律而提出的具体价值和任务指标,是课程本身要实现的具体目标和意图。陶行知在教育目标方面提道:"一问我的身体有没有进步?二问我的学问有没有进步?三问我工作有没有进步？四问我的道德有没有进步？"课程教学改革强调目标的引领，现在的体育教学呈现多元化的发展趋势，既有中国传统体育项目也有西方的运动，在能够达成预设教学目标的前提下，往往选择的内容较多，面较广。教学中可以选择一些幼儿感兴趣的教学内容。在教学的过程中要有给学生展示自己的舞台，不仅要让学生做，还要让幼儿说，让幼儿说完做完后还要有恰如其分的评价，要让幼儿知道展示不仅仅只是表演，在展示的过程中要收获情绪表现，要学会观察和审美的方法。枯燥的形式都可以转变得丰富多彩，因为幼儿天生好动，关键是要愿意多想，愿意多尝试。

"教学做合一""生活既是教育，社会既是学校"是陶行知生活教育理论的基本命题。他指出："教育中要预防两种不同的倾向，一种是将教与学的界限完全泯灭，否定了教师主导作用的错误倾向；另一种则是只管教，忽视孩子兴趣，不注重学习者所提出问题的错误倾向。前一种倾向必然是无计划跟着生活打滚；后一种倾向必然把学习者灌输成烧鸭。"[20]

3. 多元评价幼儿运动与身体发展

陶行知先生说："生活教育与生俱来，出生同去。出世便是启蒙，进棺材才算毕业"。所以评价儿童的体育运动的指标不是简单的一个分数便了事，而是要用发展性、激励性评价促进儿童的运动发展。它基于儿童的过去，重视儿童的现在，更着眼于学生的未来。陶行知说过："你的教鞭下可能有瓦特，你的冷眼里可能有牛顿，你的讥笑中可能有爱迪生"。这些都是片面的评价造成与幼儿真实能力相去甚远。幼儿个体存在着巨大的差异性，这就要求教师在了解幼儿的基础上，进行客观的过程性评价与结果性评价。好的评价结果能极大促进幼儿上课的积极性，更能让学生找到努力的方向。

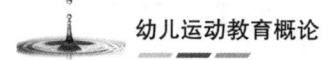

第五节　国外学前教育标准中的幼儿运动

一、美国学前教育标准中的幼儿运动

美国体育课程标准（幼儿园部分）要求体育教师必须将个人和社会技能发展融入学生达到体育课程内容标准的一部分。因此该标准在介绍体育标准之前，列出一系列个人和社会技能发展的 PESK（personal and social development skills）标准。将 PESK 标准作为体育教学、学习和评估的一部分，对于促进终身健康的体育活动以及实现与参与舞蹈、体育、游戏和其他体育活动至关重要。

该标准在结构内容上分为基本理解概述和具体标准描述两个部分。标准首先对 PESK，即个人和社会技能发展进行了描述。具体如下。

（一）个人和社会技能发展 PESK（personal and social development skills）

1. 基本理解

KPESK：体育活动为自我表达、社会发展和互动提供了机会。

2. 标准

KPESK1：充分参与并与他人合作沟通；

KPESK2：安全开展活动，遵守礼仪和道德行为准则；

KPESK3：表现出与年龄相适应的自我控制和纪律；

KPESK4：愿意接受并利用反馈来提高绩效；

KPESK5：接受负责游戏/活动的教师/官员的决定，并积极回应；

KPESK6：选择健康的体育活动来体验乐趣、挑战、自我表达和/或社交互动；

KPESK7：对他人的努力表现出兴趣，并给予帮助和鼓励；

KPESK8：表现出支持和包容的行为；

第二章　幼儿运动教育思想与法规

KPESK9：有助于个人和合作伙伴/团队努力的自我启动行为；

KPESK10：调整行为以防止/协调冲突。

（二）PE1运动技能和动作模式（motor skills and movement patterns）

1. 基本理解

KPE1：在运动形式上的能力促进了参与终生体育活动并从中受益的愿望。

2. 标准

KPE1a：适当使用个人、一般和共享空间。

KPE1b：故意展示运动技能。例如：

- 爬行；
- 步行；
- 跑步；
- 跳；
- 跳跃；
- 疾驰；
- 滑梯。

KPE1c：通过运动探索形状。例如：

- 宽；
- 狭窄；
- 圆形；
- 方形。

KPE1d：移动时探索路径。例如：

- 笔直；
- 弯曲；
- 之字形。

KPE1e：在与他人互动的动作中保持平衡（例如，使用手、脚和其他

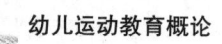

身体部位转移重量）、水平（例如，高、中、低）和速度（例如，快、慢）。

KPE1f：演示从静止位置投掷、接住、落下、接住和踢腿。

KPE1g：通过不同的节奏探索运动。

KPE1h：通过模仿动物动作演示基本运动模式。

KPE1i：遵守老师给出的简单规则和安全程序。

KPE1j：解释穿合适的鞋子和衣服如何促进安全游戏并防止受伤。

（三）PE2 身体活动与体适能（physical activity and fitness）

1. 基本解读

平衡日常体育活动和适当的营养有助于终身健康。

2. 标准

在体育课和课间休息期间定期参加适度的体育活动；

短时间进行中度至剧烈的体力活动，导致心率、呼吸频率加快和出汗增加（例如跑步、飞奔、跳跃）；

在选定的活动中举起并支撑自己的体重，以发展手臂、肩膀、腹部和腿部的肌肉力量和耐力（例如悬挂、跳跃）；

演示将增加关节运动范围的拉伸（例如，进行坐姿伸展，以演示如何拉伸腘绳肌和下背部肌肉）；

展示缓慢深呼吸放松的能力；

认识到体育活动促进健康；

确定身体的变化（例如呼吸和心率）以及在体力活动期间补充身体水分的重要性。

二、英国学前教育标准中的幼儿运动

（一）课程目标

1. 学习目的

高质量的体育课程激励所有学生在竞技体育和其他体力活动中取得成

功并取得优异成绩。它应该为学生提供机会，让他们在身体上变得自信，从而支持他们的健康。在体育和其他活动中，竞争的机会可以塑造个性，有助于嵌入公平和尊重等价值观。

2. 目的

国家体育课程旨在确保所有学生：培养在广泛的体育活动中脱颖而出的能力，持续一段时间的身体活动，参加竞技体育活动，过健康、积极的生活。

3. 目标实现

在每个关键阶段结束时，学生应了解、应用和理解相关学习计划中规定的事项、技能和过程。

（二）关键阶段

1. 目标

学生们应该发展基本的动作技能，变得越来越有能力和自信，并获得广泛的机会来扩展他们的灵活性、平衡性和协调性，无论是个人还是与他人。他们应该能够在一系列越来越具有挑战性的情况下参与竞争性（对抗自我和对抗他人）和合作性体育活动。

2. 关键能力

第一，掌握基本动作，包括跑步、跳跃、投掷和接球，以及发展平衡、敏捷和协调能力，并开始在一系列活动中应用这些动作；

第二，参与团队游戏，制订简单的进攻和防守战术；

第三，用简单的动作模式表演舞蹈。

三、加拿大学前教育标准中的幼儿运动

（一）学龄前儿童的体育活动

对于学龄前儿童来说，体育活动就是探索新的挑战，享受运动的乐趣。

1. 技能目标
- 走上楼梯；
- 跑步；
- 踢球；
- 投球；
- 双脚起跳；
- 单脚平衡；
- 单脚跳跃。

2. 活动理念
- 玩跟随上级者的游戏；
- 参观当地的游乐场，进行摇摆、滑行和攀爬；
- 试试瑜伽；
- 玩标签游戏；
- 练习将球踢向目标；
- 玩一个冰冻舞游戏；
- 向空中扔一条围巾，当它漂浮在地上时试着抓住它；
- 用叠成一团的纸片打一场"雪球"；
- 试试三轮车或滑板车；
- 参加土豆袋比赛。

（二）4~6岁儿童的体育活动

体育活动就是充满活力地玩耍，让孩子出汗，呼吸加快。

1. 培养技能
- 直线行走；
- 跑步时改变方向；
- 投球和接球；
- 攀岩场设备；
- 单脚跳跃；

- 跳绳。

2. 活动理念

- 帮助孩子建立障碍课程；
- 玩接球游戏；
- 尝试一场冰球比赛，使用泳池面而不是棍子；
- 使用人行道粉笔绘制跳房子网格；
- 沃尔夫先生，现在几点玩游戏；
- 参观当地的溜冰场或防溅板；
- 让孩子用手和脚在空中书写字母表中的字母；
- 四处走动时，试着用手、肩膀或头平衡豆子袋；
- 玩一个西蒙说的游戏；
- 在附近进行自然清道夫狩猎。

参考文献

［1］教育部. 幼儿园教育指导纲要（试行）［EB/OL］.（2021-11-02）［2001-07-02］. http://www.moe.gov.cn/srcsite/A06/s3327/200107/t20010702_81984.html.

［2］教育部. 3~6岁儿童学习与发展指南［EB/OL］.（2021-11-25）［2016-04-25］. http://www.edu.cn/xueqian779/20121016/t20121016856526.shtml.

［3］教育部."十四五"学前教育提升行动计划（2021）［EB/OL］.（2021-12-14）［2021-12-14］. http://www.moe.gov.cn/srcsite/A06/s7053/202112/t20211216_587718.html.

［4］教育部. 关于大力推进幼儿园与小学科学衔接的指导意见（2021）［EB/OL］.（2021-11-30）［2021-03-30］. http://www.gov.cn/zhengce/zhengceku/2021-04/09/content_5598686.htm.

［5］教育部. 幼儿园保育教育质量评估指南（2022）［EB/OL］.

（2022-02-15）［2022-02-10］. http://www.gov.cn/zhengce/zhengceku/2022-02/15/content_5673585.htm.

［6］上海市教学委员会教学研究室. 上海市幼儿园办园质量评价指南（试行稿）［M］. 上海：上海教育出版社，2020：1-15.

［7］孙晓园. 我国学前教育政策文本分析［D］. 北京：北京理工大学，2018.

［8］华爱华. 上海市学前教育课程指南［M］. 上海：上海教育出版社，2005：3-5.

［9］陈鹤琴. 陈鹤琴教育箴言［M］. 上海：华东师范大学出版社，2013：1-5.

［10］李梦琪，李姗泽. 陈鹤琴教育思想研究40年：回溯与展望［J］. 学前教育研究，2020（8）：42-59.

［11］陈鹤琴. 儿童健康活动实施大纲［J］. 活教育，1944，3（6-7）：188-189.

［12］黄贵，苏永骏. 论陈鹤琴幼儿体育教育理论的现代价值［J］. 体育与科学，2012，33（4）：116-120.

［13］中国人民政治协商会议文史工作委员会. 浙江省上虞县委员会文史工作委员会. 上虞文史资料（第三辑）陈鹤琴专辑［G］. 1988：260，259-260.

［14］陈鹤琴. 陈鹤琴教育思想读本幼稚教育［M］. 南京：南京师范大学出版社，2012：148.

［15］吕峰. 陈鹤琴幼儿体育教育思想研究［J］. 当代体育科技，2017，7（34）：95-96.

［16］虞伟庚. 陶行知教育思想概论［M］. 武汉：武汉大学出版社，2012：101.

［17］苏玲. 陶行知的体育思想研究［J］. 体育世界（学术版），2020（1）：62.

［18］陶克祥．陶行知健康教育思想研究［D］．芜湖：安徽师范大学，2005．

［19］杜珊珊．论陶行知"健康第一"的学校体育思想的现实意义［J］．科学大众（科学教育），2010（4）：145-145．

［20］侯怀银，李艳莉．"教学做合一"述评［J］．课程·教材·教法，2013（8）：16-23．

第三章 幼儿基本动作及基本动作技能活动

第一节 基本动作技能概述

一、基本动作技能

基本动作技能是人在遗传获得运动基因基础上所形成的生存、生活、工作、学习和专项运动技能所必备的一种基本运动能力。[1]基本运动技能是人体非自然发生的基础运动学习模式,是进行复杂的身体活动和体育活动的基础。[2]其基本运动方式包括:走、跑、跳、投、滚翻、攀爬、支撑、悬垂、平衡等。

儿童时期是学习语言、阅读和基本动作的黄金时期。3~9岁是孩子学习体育技能的关键时期,是奠定基础动作、培养运动能力的关键时期。在这个阶段对幼儿进行有针对性的体育活动干预,不仅有助于幼儿的身心和社会发展,还有助于养成良好的体育锻炼习惯。

二、基本动作技能的分类

孩子们从小就开始表现运动技能。他们首先学会贴着地而缓慢爬行,接着学会抬起肚子用四肢爬行，令很多家长都感到兴奋的是，孩子们最终学会了行走。大肌肉动作发展是指"在生命期限内的运动行为变化和潜存于这些变化下的发展过程"，主要包含大的、强制产生的躯干、手臂及腿部肌肉在内的运动能力。大肌肉动作发展国内也称粗大动作发展、大动作发展。幼儿期的大肌肉动作发展主要指基本动作技能的成熟与发展，分为身体移动技能、操作物体技能和稳定控制性技能三类，这些基本动作技能是幼儿在所处的环境中有目的性地从事体育活动、生活活动和社会适应的基础。移动和操控性技能是很关键的构建模块，能够使儿童越过熟练度的壁垒，成为成功的运动者。

1. 移动性技能

身体移动技能又称位移性技能，是指通过各种形式产生位置移动的运动技能，包括走、跑、爬、翻滚、并步、滑步、蹦跳、单腿跳、跨越等，每一种技能又可分为前、后、左、右、上、下等不同方向的移动。移动技能是所有运动的基础。其中运动动作（如跑步、跳跃和滑步）都直接与运动技能有关。其他运动动作能帮助儿童学习跳舞（如马步跳和垫步跳），帮助他们成为熟练展示动作的运动者。幼儿园的小朋友应能在保持平衡的状态下展示单脚跳、马步跳、跑步、滑步和跨步跳。

从婴儿爬行到小孩迈出第一步，再到职业运动员将技巧结合应用于舞蹈、运动和体操中，运动动作提供了我们日常生活的功能动作，还让我们体会到了体育运动的娱乐和美学享受。但这一切都不是与生俱来的技能。虽然很多小孩都具备基本的跑步、垫步跳、双脚跳等技巧，但熟练地成功参与体育运动和学习体育知识需要指导。

2. 操控性技能

操控性技能又称控制性运动技能，是指控制性地使用手和脚来完成复杂的任务，包括拍球、运球、击打球、投掷、踢球、接球等。这种类型的运动协调随着儿童与周围环境的相互作用而发展。教师和其他护理人员应使用各种方法来促进幼儿的操控性技能的发展。

许多幼儿玩具和游戏旨在帮助他们发展操控性运动技能。婴儿刚出生时，手眼协调能力差，难以抓握和操纵物体。他们与不同形状、大小和质地的物体互动，发展控制性的运动技能，这使他们能够抓住、移动和改变物体，以及协调手的运动与视觉刺激的方向。

3. 稳定控制性技能

稳定控制性技能是身体保持在原地，但围绕其水平和垂直轴移动的动作。例如：平衡、伸展、弯曲和扭转。这些技能是必要的，以便进展到运动和操作技能。平衡尤其重要。平衡是指重量在垂直轴的两侧均匀分布。静态平衡是指孩子在静止状态下保持平衡，而动态平衡是指运动时保持平衡。静态平衡先于动态平衡发展。平衡练习过程中可以鼓励孩子们伸出手臂来维持平衡，可以通过各种样式的平衡木或障碍赛场中的类似设备来练习平衡，可以通过将豆袋放置在身体的任何部位来练习平衡。

第二节 幼儿基本动作技能发展的规律和活动设计原则

一、幼儿基本动作技能发展的规律

1. 整分规律

幼儿最初的动作形态是全身性的、笼统的、弥散的。随着年龄的增长，运动系统和神经系统不断改善，动作结构逐渐分化，动作形态呈现局部化、准确化和专门化。婴幼儿神经发育规律上显示，其皮层下中枢兴奋性高，肌张力高，不产生自主运动，到3岁时基本完成神经分化，8岁时接近成人。比如，受到痛刺激后的满月前婴儿，哭喊着全身乱动；幼儿在学习爬行的过程中，起初全身蠕动，随着核心力量的增加和关节稳定性的增强，转变为娃娃爬，再后来转变为四肢爬行；3岁前幼儿拿着笔认真画画时，不仅是手动，身体的各个部位都在动，甚至面部表情都来参与；同样的动作，幼儿做得慢而不够准确，而且付出的努力相对较大，成人则做得又快又好。这些都是"从整体到局部规律"的表现。

2. 首尾规律

儿童动作的发展，先从上部动作开始，然后到下部动作。婴儿最早出现的是眼的动作和嘴的动作。半个月内的婴儿，双眼协调动作就已经出现。上肢动作发展早于下肢动作。6个月婴儿手的动作已有较好的发展，而腿的动作还远未发展。儿童先学会抬头，然后能俯撑、翻身、坐和爬，最后学会站和行走，也就是从离头部最近的部位的动作开始先发展。这种趋势也表现在一些动作本身的发展上。例如，婴儿学爬行，先是依靠着手臂匍匐爬行，然后才逐渐运用大腿、膝关节和脚来爬行，即"首尾规律"。[3]

3. 近远规律

在许多方面类似于首尾规律。儿童最早出现的是头的动作和躯干的动作，然后是双臂和腿部的有规律的动作，最后才是手的精细动作。这种发展趋势可称为"近远规律"，即生长和发展从身体中心区或中线向外围进行（如向下到脚趾，向外到手指尖）。也就是靠近中央部分（头和躯干，即脊椎）动作先发展，然后才发展边缘部分（臂、手、腿）的动作。幼儿伸够和抓握的发展有几个阶段。早期，婴儿采用肩关节控制胳膊进行大肌肉群的动作以挥击周围的物体，基本上没有手腕、手或手指的精细动作控制。随着时间的推移，神经系统的改善，动作环节逐步由肩关节引领的粗放技能过渡到手臂，再过渡到手腕、手和手指的精细动作。这种从身躯的中央部位再到远离身躯中央的边缘部位的发展规律，即"近远规律"。

4. 大小规律

动作可以分为粗大动作和精细动作。儿童动作的发展，先从粗大动作开始，而后才学会比较精细的动作。粗大的动作是指活动幅度较大的动作，也是大肌肉群的动作，包括头、翻身、坐、爬、走、跑、跳、踢、走平衡等。大肌肉动作常常伴随强有力的大肌肉的伸缩和全身运动神经的活动，以及肌肉活动的能量消耗。精细动作是指小肌肉动作，如吃、穿、画画、剪纸、玩积木、翻书、穿珠子等。从四肢动作来说，是臂和腿的动作先发展，然后才逐渐发展起手和脚的动作。比如，婴儿先是用整只手臂和手一起去够物体，然后才会用手指去拿东西。动作发展的这种规律，称为"大小规律"。

5. 无有规律

婴儿最初的动作是无意的，以后越来越多地受到心理有意的支配。比如，初生婴儿已会用手紧握小棍，这是无意的、本能的动作，几个月以后，婴儿才逐渐能够有意地、有目的地去抓物体。学前儿童的动作最初是从无意动作向有意动作发展，以后则是从以无意动作为主向有意动作为主的方向发展，即服从"无有规律"。为了方便学员记忆，我们可以把这部分的内容谐音记忆为"远首整大衣"，对应五个方面，如果是简答题把五大点以及括号中的规律答上即可，如果是选择题要特别注意近远规律和大小规律的区分。

二、幼儿活动设计原则

1. 发展适宜性原则

发展适宜性原则是指幼儿园活动设计在充分参考和利用幼儿现有发展水平的基础上，为每名幼儿提供适合其年龄、个性差异的教育实践活动。贯彻发展适宜性原则，应注意以下三个方面。

（1）活动设计要以充分观察、了解幼儿为前提；

（2）活动的设计、组织、实施既要适合幼儿年龄特征，在幼儿的最近发展区内，又要使幼儿有发展的空间；

（3）活动设计要关注个体差异性，为每个幼儿着想。

2. 科学性原则

科学性原则是指设计幼儿园教学活动时要确保向幼儿传授的知识、观点、技能等都是正确的，是符合客观规律的，并能帮助幼儿正确地认识事物，形成正确的概念。贯彻科学性原则，应注意以下三个方面。

（1）保证活动内容的科学性；

（2）科学合理地安排幼儿的活动时间、活动强度；

（3）幼儿教师要注重提高自身的专业素养。

3. 主体性原则

主体性原则是指幼儿园活动设计必须以尊重幼儿的主体地位为前提，在活动内容的选择以及活动形式的安排方面注重激发幼儿的能动性、自主性、创造性，通过为幼儿创设具有趣味性、探索性、可供幼儿自由交流和操作的环境和材料，引发幼儿积极主动地与环境相互作用以获得相应的经验，提高发现问题和解决问题的能力。贯彻主体性原则，应注意以下三个方面。

（1）善于激发幼儿的学习兴趣和动机；

（2）为幼儿提供多种自主性的活动内容；

（3）教师给予适时的指导。

4. 渗透性原则

渗透性原则是指在幼儿园活动设计中要将各个不同领域的内容、各种不同的学习形式和方法有机地进行融合，使之成为一个互相联系的、不可分割的整体。贯彻渗透性原则，应注意以下两个方面。

（1）活动内容相互渗透和整合；

（2）活动形式相互渗透和整合。

5. 开放性原则

开放性原则是指在幼儿园活动设计中，教师要根据一定的教育目标要求和内容范围，在预测、分析幼儿的学习需要和年龄特点的基础上，积极主动地为幼儿提供有利于其学习的资源和环境。贯彻开放性原则，应注意以下三个方面。

（1）目标开放、灵活并适时调整；

（2）内容开放、丰富和多元；

（3）形式开放、多向和灵活。

6. 全面发展性原则

全面发展性原则是指设计活动时应着眼于促进幼儿身心全面和谐的发展。遵循这个原则应注意以下三点。

（1）活动设计要适应幼儿的发展水平，不可任意提高，也不可盲目

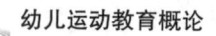

滞后，所提出的教育要求和内容应以幼儿身心发展的成熟程度为基础；

（2）既重视儿童生理的发展又重视幼儿的心理发展，不可偏废；

（3）重视幼儿德、体、智、美的全面发展，不可只重视智育，不重视其他三育在课程中的地位。

第三节 幼儿走、跑动作技能和指导

一、走

走是实现位移的基本技能之一，也是幼儿大肌肉动作发展的一个重要方面。走不仅为幼儿其他大动作的发展奠定了基础，而且使幼儿探索的空间大大扩大了。

整个学前时期，幼儿走的动作一直在不断发展。3岁以后，幼儿走路时全身的紧张状况已经基本消除，但还不够协调和自然；4、5岁以后，动作的协调性提高；5、6岁后能够自然、轻松地走路，并根据需求自如地控制走的节奏和方向。

锻炼幼儿走的动作可以促进幼儿神经系统的发育。

成人通过观察幼儿走路姿势可以及时发现幼儿的健康状态，如生病或体弱幼儿，走路时常常无精打采。良好的走路姿势不仅是身体健康发展的一个标志，也是反映人的性格与精神状态的一个重要方面，比如，走路的时候低头或者东张西望，摇摇晃晃或者弯腰弓背常常被视为不良习惯。在日常生活中，成人应多提供机会让幼儿进行行走锻炼，同时注意纠正幼儿的走路姿势。

（一）关键要领

（1）目视前方。

（2）身体直立移动。

（3）脚尖向前。

（4）双臂双侧前后摆动。

（5）单侧臂与腿的运动方向相反。

（二）诱导词

（1）目视前方——眼睛直视前进方向。

（2）双臂两侧摆动——手臂身体两侧前后摆动。

（3）脚尖朝前——双脚平行。

（三）指导与帮助

1. 身体没有直立

【指导方法】

（1）用一面镜子或闪光灯（反射或明影）让儿童看见自己的身体姿势。儿童应该侧身对着镜子或墙。

（2）录下儿童展示这个动作的过程。给儿童看录像，用遥控器控制录像何时开始和暂停。

2. 脚尖没有向前——外八字

【指导方法】

（1）内八字行走，增强内旋肌力量。

（2）内八字站立，拉伸外旋肌。

（3）大腿外侧肌群物理放松（按摩等）。

3. 脚尖没有向前——内八字

【指导方法】

（1）外八字行走，增强内旋肌力量。

（2）外八字站立，拉伸外旋肌。

（3）大腿内侧肌群物理放松（按摩等）。

二、跑

儿童学会走路后，就想移动得更快，自然而然就开始跑步。年幼儿童出自本能地在保持平衡的同时移动，但是仍然以一种让自己更快的方式移动。为了不让自己跌倒，年幼儿童跑步时会将双臂向外伸展，与成人相比，儿童的跑步姿势更宽。这种跑步姿势是儿童试图保持平衡而做出的一种自然的调整。可惜的是，除非有专业的指导，这种多余的姿势往往形成了固定的运动模式。

跑是走的动作的延伸，与走不同的是，跑的动作速度快，由单脚支撑与腾空交替形成周期。完成跑的动作需要有足够的腿部力量（蹬地）、平衡能力（维持着地及腾空时的身体姿势）和动作的协调能力（躯干与四肢的协调），因此，跑的动作的发展，反映了幼儿多种身体机能的提高。

跑是年幼儿童最常见的动作之一，即使走路尚不稳健的孩子，也在积极地尝试跑。3岁以前，孩子跑步时还是左右摇晃、身体僵直、双臂紧绷；3、4岁的幼儿跑的动作开始平稳，但速度较慢，且不能快速跑或改变方向跑；5岁以后，幼儿跑步动作基本成熟，不但速度提高，而且能够自如地控制速度和方向。

锻炼幼儿跑的动作有利于增强幼儿腿部肌肉力量，提高幼儿平衡能力和身体的动作协调性，并为幼儿其他动作如跳跃等动作的发展奠定基础。

跑的动作的成熟与发展使幼儿的活动能力提高，为其参与多种体育活动和游戏活动提供了条件。跑步对于增强幼儿体质具有重要意义，跑步时幼儿的能量消耗上升，呼吸和血液循环加快，因此，跑步可以锻炼幼儿的心血管系统和呼吸系统。此外跑步还有助于幼儿中枢神经系统功能的完善、提高幼儿对环境的反应能力：要求幼儿腾空身体，在空中保持身体平衡，并做好落地时的缓冲动作。

（一）关键要领

（1）目视前方。

（2）身体直立移动并稍前倾。

（3）脚尖向前。

（4）双臂弯曲约90度，双侧前后摆动。

（5）摆动腿膝关节弯曲约90度。

（二）诱导词

（1）目视前方——眼睛直视前进方向。

（2）双臂两侧摆动并弯曲——手臂弯曲大约90度，身体两侧前后摆动。

（3）大跨步——步幅超过走路步长，有一个短暂的滞空。

（4）脚尖朝前——双脚平行。

（三）指导与帮助

1. 身体没有前倾

【指导方法】

（1）用一面镜子或闪光灯（反射或明影）让儿童看见自己的身体姿势。儿童应该侧身对着镜子或墙。

（2）录下儿童展示这个动作的过程。给儿童看录像，用遥控器控制录像何时开始和暂停。

2. 没有滞空阶段

【指导方法】

（1）鼓励儿童加快跑步速度。

（2）沿着一条约12米的直线路径放置脚印图案或贴胶带。脚印图案或胶带间距足够远，为儿童创建一种舒适的跨步距离。儿童加大跨步距离和跑步速度时，就会产生滞空过程。

3. 手臂超过身体中轴线或者跑步时手臂不摆动

【指导方法】

（1）让儿童和一个搭档合作。搭档必须站在距离儿童约 30 英尺（9.144 米）的地方。儿童快速走向搭档，展示手臂摆动动作。搭档告诉儿童他的摆臂动作是否正确，让儿童了解自己的手臂是否超过了身体中线。

（2）录下儿童展示这个动作的过程。给儿童看录像，用遥控器控制录像何时开始和暂停。

4. 膝关节弯曲幅度较小（直腿跑）

【指导方法】

（1）让儿童跑到位，脚跟向上踢至靠近臀部。

（2）让儿童和一个搭档合作。搭档观察这个儿童跑 10 米，记录这个儿童的脚没有抬高靠近臀部的次数。目标是次数为 0。

（3）让儿童仰卧，进行模仿车轮运动。假如儿童自己无法完成，需要搭档抓住脚踝，引导进行车轮运动。

第四节 幼儿滑步的动作技能和指导

一、侧滑步

侧滑步通常称作"滑步"，它是侧向并步移动和单脚跳的结合，是最简单的侧身快速移动方式。即向右滑时，右脚在前，当左腿紧随其后时，就会有一段短暂的滞空时间。儿童通常对学习滑步很有兴趣，因为滑步这项侧身运动很特别，而且与其他运动有很明显的联系。儿童会发现篮球运动员防守时会用到滑步，还有很多运动员用滑步到达恰当的位置（如乒乓球运动员的移动、棒球、垒球的游击手，排球拦网运动员的拦网移动，网球运动员的回位等）。

（一）关键要领

（1）目视滑步方向。

（2）下巴在肩的上方。

（3）双脚左右移动，且有短暂的滞空。

（4）身体有节奏地流畅移动。

（二）诱导词

（1）下巴在前肩上方——下巴在前肩的上方，目视滑步方向，身体直立。

（2）双脚平行——整个动作过程中，即使在滞空阶段，双脚也要保持平行。

（3）向一侧移动——身体流畅地、有节奏地向右或向左移动。

（4）一起迈步——前脚向一侧移动，后脚紧随前脚，并在滞空阶段与前脚会合。这种连贯的动作创建了一种流畅有节奏的左右运动。

（三）指导与帮助

1. 下巴没有靠近前肩，或者双脚没有平行

【指导方法】

（1）用一面镜子或闪光灯（反射或阴影）让儿童看见自己的身体姿势。儿童应该侧身朝着镜子或墙。

（2）录下儿童展示这个动作的过程。给儿童看录像。

2. 双脚没有同时离开地面

【指导方法】

（1）背对墙站立，儿童沿墙慢速滑步。一旦掌握了滑步的方法，可以加速。

（2）使用地板圆点，让儿童滑步跳过圆点，但不能触碰圆点。

幼儿运动教育概论

3. 髋关节转动，没有侧对前方

【指导方法】

（1）背对墙站立，儿童沿墙慢速滑步。一旦掌握了滑步的方法，可以加速。

（2）把一根绳子穿过 2 英尺（60.96 厘米）长的 PVC 管，挂在两根游戏立柱之间。儿童双手握管，沿着绳子的长度滑步。让儿童重复完成几次这个动作。

4. 滑步时双脚交叉

【指导方法】

（1）背对墙站立，儿童双肘触墙。沿墙慢速滑步，保持双肘触墙。

（2）一旦掌握了滑步方法，可以加速。

5. 动作不流畅

【指导方法】

（1）复习动作的关键要领。想要流畅地完成动作，需要儿童正确运用该动作技能的关键要领。要想动作流畅、有节奏，就需要复习该动作技能的关键要领。

（2）选择合适的音乐或者使用打击乐器，让儿童跟着音乐的节拍滑步。

二、骑马步（前滑步）

骑马步是一项相对复杂的运动技能，动作可模仿"咯噔、咯噔、咯噔"马儿跑的节奏。它是走路和单脚跳的结合。与侧滑步不同的是，骑马步让儿童向前（动作熟练的人可以向后）移动，而不是向一侧移动。在骑马步中，前腿向前推动，同时前后脚要迅速并拢。当连续做几个骑马步时，用同一只脚在前主导。

（一）关键要领

（1）目视前方。

（2）身体直立稍前倾。

（3）向前迈步，前脚单脚起跳，后脚快速向前脚并拢。双脚短暂滞空。

（4）弯曲手臂，双臂前后摆动。

（5）身体流畅，有节奏地做滑步。

（二）诱导词

（1）身体姿势——目视前方，提高重心，身体稍前倾。手臂弯曲置于体前，就像手握缰绳。

（2）迈步——前脚向前移动。

（3）向上——前脚单脚跳起，双脚短暂滞空，后脚迅速向前脚并拢。

（三）指导与帮助

1. 身体没有前倾

【指导方法】

（1）用一面镜子或闪光灯（反射或阴影）让儿童看见自己的身体姿势。儿童应该侧身对着镜子或墙。

（2）录下儿童展示这个动作的过程。给儿童看录像。

2. 在滞空阶段或后脚向前脚并拢时脚没有离地

【指导方法】

（1）使用地板圆点，让儿童用马步跳跳上地板圆点。这样需要儿童在马步跳时向前跨出一大步。

（2）把圆点或"落地垫"放在地板上。儿童必须前脚落在圆点上，带动后脚接近圆点的边缘，但不能触碰圆点。圆点与儿童的间距要足够远，这样儿童在马步跳时才必须向前跨出一大步。

3. 手臂伸直或没有随着运动摆动

【指导方法】

（1）让儿童背对墙站立，离墙大概 10 厘米远。儿童弯曲手肘，稍稍用力向后朝墙摆臂，只有手肘触墙。手臂的活动受限。

（2）儿童和一个搭档合作。搭档站在这个儿童的面前，双手举到腰部高度,手掌打开面对儿童。儿童摆动手臂,用拳头或手去触碰搭档的手掌。

4.动作不流畅

【指导方法】

(1)复习动作的关键要领。要想流畅地完成动作,需要儿童正确运用该动作技能的关键要领。

(2)选择合适的音乐或者使用一个打击乐器。马步跳和音乐十分搭配,让儿童跟着音乐的节拍进行马步跳。

第五节 幼儿跳的动作技能和指导

一、单脚跳

正确的单脚跳动作包括单脚起跳、短暂滞空、同一只脚落地。虽然单脚跳是很多儿童游戏(如跳房子)里经常出现的动作,但其实它对诸如篮球运动中的上篮技能也是至关重要的。学习单脚跳需要一个循序渐进的过程。在儿童开始学习单脚跳之前,他必须能够做到靠一只脚保持身体的平衡。一旦儿童能够保持单脚站立的平衡,他就能通过依靠一个支撑物来进一步完成单脚跳这项技能。接着儿童能慢慢在没有帮助的情况下完成单脚跳。在完成单脚跳初期,儿童的摆动腿置于体前,随着平衡能力的提高,逐步转化为正确的单脚跳技能。

(一)关键要领

(1)目视前方。

(2)身体直立移动。

(3)单脚落地,然后用相同脚落地。

(4)手臂上下协调摆动(抬升以保持平衡)。

(5)摆动腿膝关节弯曲,向前摆动。

（二）诱导词

（1）弹跳——用同一只脚起跳和落地，落地时膝关节弯曲。

（2）摆动——摆动腿膝关节弯曲，向前摆动。

（3）上——向上跳。

（4）下——落地时膝关节弯曲，同时借助脚踝落地缓冲。

（5）跳和摆——跳跃脚向前跳一步，对侧腿的膝关节弯曲，并向上、向前摆动膝，动作过程中有一个短暂的滞空时间，此时身体没有支撑，然后身体再次流畅有节奏地移动。

（三）指导与帮助

1. 单脚跳的脚不离地，或者膝关节不弯曲

【指导方法】

（1）支撑（任何物体作为支撑）原地单脚起跳。

（2）使用地板圆点（户外可使用方毯），让儿童单脚跳上圆点（方毯）。为了产生更大的力，儿童需要弯曲弹跳腿的膝关节。

（3）录下儿童展示这个动作的过程。给儿童看录像，用遥控器控制录像何时开始和暂停。

2. 双脚触地

【指导方法】

（1）用墙或搭档作为支撑。

（2）让儿童用围巾、跳绳或其他东西拉住非跳跃脚，使其离开地面。儿童一边拉着脚，一边尝试单脚跳。让儿童逐渐控制非跳跃脚离开地面。

3. 摆动腿的膝关节不动

【指导方法】

让儿童身体挺直站在墙边，侧身对着墙壁。远离墙壁的跳跃脚抬起，靠近墙壁的手扶墙，保持身体的平衡。起跳时跳跃腿的膝关节摆动，同时对侧的手臂随之摆动。

4. 单脚跳时手臂不摆动

【指导方法】

一旦儿童能够扶墙完成单脚跳，就可以让他练习在不扶墙的情况下进行单脚跳，摆动跳跃腿对侧的手臂。

5. 单脚跳的动作不流畅

【指导方法】

（1）复习动作的关键要领。要想流畅地完成动作，需要儿童正确运用该动作技能的关键要领。

（2）选择合适的音乐或者使用一个打击乐器，让儿童跟着音乐的节拍进行单脚跳。

二、垫步跳

垫步跳是一种有节奏的运动，结合了另外两种运动技能：走路和单脚跳。一旦儿童能成功完成单脚跳，就可以开始学习垫步跳这项技能。

（一）关键要领

（1）目视前方。

（2）身体直立。

（3）迈步和单脚起跳。

（4）跑步式单臂摆动。

（5）单脚跳跃离地时，非支撑腿弯曲。

（6）身体流畅地向前滑动。

（二）诱导词

（1）弯曲手臂——手臂弯曲约90度，呈跑步式摆臂。

（2）迈步和单脚起跳——前腿向前迈步，支撑脚单脚起跳向前移动。

（3）单脚跳—迈步—单脚跳—迈步。

（三）指导与帮助

1. 没有迈步和单脚起跳，或者仅使用单脚跳模式

【指导方法】

（1）使用彩色地板胶带来标记运动过程中脚的位置。两只脚用不同的颜色，同色胶带间距大约15厘米，不同颜色的胶带标记步幅距离约为40厘米。儿童必须在第一种颜色上迈步—单脚起跳，然后换另一种颜色迈步—单脚起跳。

（2）录下儿童展示这个动作的过程，给儿童看录像。

2. 手臂超过身体中线或垫步跳时没有摆动手臂

【指导方法】

（1）让儿童和搭档合作。搭档观察这个儿童垫步跳10米，记录其手臂超过身体中线或者没有摆动的次数。目标次数是零。

（2）让儿童展示迈步—单脚起跳，并摆好姿势。儿童迈步—单脚起跳后，原地不动，两只手臂摆动的方向与两条腿运动的方向相反。

3. 脚没有离地

【指导方法】

（1）使用几个橡胶（防滑）虫，让儿童单脚跳上去并且踩扁虫。儿童一只脚垫步跳，单脚起跳踩扁一只虫，然后用另一只脚垫步跳，又一次单脚起跳踩扁另一只虫。

（2）在地板上放10至12根绳子，相互并排平行，间距大概为30厘米。儿童站立位置与这些绳子垂直。儿童必须迈步—单脚起跳垫步跳过每一根绳子。让儿童重复几次来练习垫步跳。

4. 动作不流畅

【指导方法】

（1）复习垫步跳的关键要领。想要流畅地完成动作，需要儿童正确地运用该动作技能的关键要领。

（2）选择合适的音乐或者使用一个打击乐器，让儿童跟着音乐的节

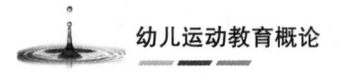

拍垫步跳。

三、双脚跳

双脚跳是一项相当复杂的运动技能，运动系统和神经系统协同的双脚跳在技术上可能涉及单脚或双脚起跳，双脚落地；还可能是双脚起跳，单脚落地。准确地说，垫步跳和单脚跳都是由双脚跳变化而来的，但我们发现这些释义会令儿童感到非常困惑。因此，在教学双脚跳的关键要领时，我们将采取更通俗易懂的方式来定义双脚跳，即双脚起跳，双脚落地。双脚跳分为垂直双脚跳和水平双脚跳（立定跳远）。

（一）垂直双脚跳

篮球中的篮板球和排球中的扣球是垂直双脚跳的两个典型例子。儿童喜欢学习双脚跳是因为双脚跳是可评估的，意思是他们可以看到自己的运动结果。儿童普遍喜欢双脚跳，由此必须重视几个安全问题。双脚跳高去触碰墙上的一个点，这个动作如果做得不正确就会受伤。助跑可能会产生太大的动力，儿童可能会撞到墙上。当目标悬挂在头部上方的高架结构上时，儿童去完成垂直双脚跳可能更安全。但是要教儿童触碰这个物体，而不是拉。把头部上方的物体拉下来也可能会受伤。儿童去挑战触碰悬挂在头部上方高架结构上的物体，且高度不同，或与搭档合作完成一个正确的击掌双脚跳。这些活动除了用到运动概念，还将有助于强化垂直双脚跳。

1.关键要领

（1）预备姿势：双脚开立与肩同宽，双腿弯曲，双臂后摆。

（2）双臂迅速上摆。

（3）双脚迅速用力蹬地。

（4）落地时，双脚分开与肩同宽，膝、髋、踝依次弯曲缓冲。

2.诱导词

（1）摆臂——双膝弯曲，双臂后摆，准备起跳。双脚分开与肩同宽，双臂向前向上摆动。

（2）爆发力——身体用力向上。落地时弯曲膝关节，双脚分开与肩同宽。

（3）摆高——双膝弯曲，双臂后摆，准备起跳。双脚分开与肩同宽。

（4）触天——双臂向前向上摆动，双腿用力蹬地，向上推动身体，儿童落地时弯曲膝关节，双脚分开与肩同宽。

3. 指导与帮助

（1）身体姿势不正确，如膝关节不弯曲、双臂不后摆、双脚没有分开与肩同宽、身体直立等。

【指导方法】

①用一面镜子或闪光灯（反射或阴影）让儿童看见自己的身体姿势。儿童侧身对着镜子或墙。

②录下儿童展示这个动作的过程。给儿童看录像。

（2）双臂不摆动。

【指导方法】

①让儿童练习摆动双臂，带动身体向上，将重心转移到脚趾。

②在两个游戏立柱之间系一根绳子，挂上物体（如铝质餐盘或风铃），高度为儿童踏起脚趾能碰到。儿童必须向上摆动手臂试着触碰这些物体，同时将重心移到脚趾上。

（3）滞空阶段身体没有用力向上伸展。

【指导方法】

①在墙上贴张纸。让儿童侧身站在墙边，离墙最近的手拿一支记号笔。儿童必须双脚跳起，在纸上画一个标记。

②在两个游戏立柱之间系一根绳子，挂上物体（如铝质餐盘或风铃），高度为儿童站立时不会触碰这些物体。儿童必须向上摆动双臂，然后双脚跳起试着碰到这些物体。

（4）落地姿势不正确，如双腿笔直、双脚并拢、双臂在身后等。

【指导方法】

①让儿童保持双脚分开与肩同宽，同时完成脚趾支撑半蹲。

②使用一面镜子（反射）或闪光灯（阴影）让儿童看到自己的身体姿势。儿童侧身对着镜子或墙。

③录下儿童展示这个动作的过程。给儿童看录像。

（二）水平双脚跳

立定跳远是最典型的水平双脚跳的例子。和垂直双脚跳一样，儿童也喜欢学习水平双脚跳，因为他们可以看到运动结果。

儿童普遍喜欢双脚跳，但是也必须重视几个安全问题。对于儿童而言，落地时弯曲膝关节是非常重要的安全因素。当儿童从高处跳下来时，落地的力度会显著增加。因此，应该向儿童明确说明双脚跳的任务，落地位置的表面要适合儿童。我们建议所有儿童在一个水平面上完成双脚跳，直到他们掌握了弯曲膝关节这一动作。从一定高度（如一堆垫子）向下跳时，提供一个合适的落地表面（如体操缓冲垫）十分必要。

1. 关键要领

（1）预备姿势：双脚开立与肩同宽，双腿弯曲，双臂后摆。

（2）双臂迅速向前上摆动，带动身体向上向前。

（3）双脚迅速用力蹬地。

（4）落地时，双脚分开与肩同宽，膝髋踝依次弯曲缓冲。

2. 诱导词

（1）摆臂——双膝弯曲，双臂后摆，准备起跳。双脚分开与肩同宽。

（2）爆发力——双臂向前向上摆动。用力带动身体向上向前，落地时双膝弯曲，双脚分开与肩同宽。

（3）向上——双臂用力向前摆动，带动身体向上向前。

（4）向前——落地时双臂在身体前方，双脚分开与肩同宽。

3. 指导与帮助

（1）身体姿势不正确，如膝关节不弯曲、双臂不后摆、双脚没有分开与肩同宽、身体直立等。

【指导方法】

①用一面镜子或闪光灯（反射或阴影）让儿童看见自己的身体姿势。儿童侧身对着镜子或墙。

②录下儿童展示这个动作的过程。给儿童看录像。

（2）双臂没有摆动。

【指导方法】

①让儿童练习摆动双臂，带动身体向前，将重心转移到脚趾上。

②儿童和搭档合作。让搭档站在儿童前方约18至24英寸（约45~60厘米）的地方。搭档举高一个物体（如呼啦圈、图片或围巾），儿童摆臂触碰。搭档应把物体举到一定高度，儿童需要伸出手臂去触碰。儿童必须在没有完成双脚跳的情况下向前摆动双臂。

（3）没有用力蹬腿或滞空时没有用力伸展身体。

【指导方法】

①让儿童练习跳过一个呼啦圈。

②儿童和搭档合作。让搭档站在儿童前方3至4英尺（约7~10厘米）的地方（距离足够远，相互之间无法触碰）。搭档高举一个物体（如呼啦圈、图片或围巾），儿童触碰。搭档应把物体举到一定高度，儿童需要伸展身体去触碰它。儿童必须向前摆动双臂，在双脚跳时尝试触碰物体，而不是抓物体。

（4）落地姿势不正确，如双腿笔直、双脚并拢、双臂在身后等。

【指导方法】

①让儿童半蹲，双脚分开与肩同宽，双臂在身体前方伸展。

②让儿童臀部碰到椅子边缘，然后恢复站姿。重复几次这个动作。

第六节 幼儿用手运球动作技能和指导

年幼儿童一旦发现球会反弹就会开始拍球玩耍。拍球与篮球运球之间有明显的关联，对于年幼儿童非常具有吸引力。遗憾的是，儿童对正确运球技术的学习水平，往往落后于对这项技能的热情。

孩子们总是想用真正的篮球去练习运球，但篮球对幼儿的手而言太大了，他们无法正确地完成运球。所以建议使用塑料球或更小的（小号或中号）篮球进行练习。标准大小的篮球可能更适合高中生，因为他们的技能更成熟，手也更大。

用手运球中最具挑战性的内容，就是在原地站立运球和控球时，逐步加入难度更大的动作（比如变换速度或方向）。儿童通常不容易做到同时控制球和自身。通过让儿童反复练习，并不断加大技能难度，就能帮助儿童顺利掌握这一技能的关键要领。虽然完全掌握用手运球技能需要多年的练习，但儿童从小学就应该开始学习。

（一）关键要领

（1）双手持球于体前。

（2）双膝弯曲，运球手对侧脚在前。

（3）推球时手腕弯曲，手肘沿推球方向伸展，腰部以下位置，向下推球的上方。

（4）用大拇指和其他手指的指肚触球。

（二）诱导词

（1）准备——膝关节弯曲，运球手对侧脚在前。双手持球于身前。

（2）挥手再见——手只用指肚在腰部或靠下位置触球，向下推球的上部。手腕弯曲，手肘沿推球运动方向伸展。

（3）招手——球从地板弹起的同时，手腕和手肘向上弯曲，高度位于腰部。

（4）用挠痒的手指——向儿童提问，他们用手的哪个部位去挠别人痒。而运球就是用这个部位（或者叫挠痒的手指）。确保儿童使用所有手指的指肚去运球。一手只用指肚在腰部或靠下位置触球，向下推球的上部。手腕弯曲，手肘沿推球方向伸展。

（5）推——触球后，朝地板上推球，手臂伸展。

（三）指导与帮助

1. 球反弹高度越来越低

【指导方法】

（1）帮儿童回顾力度的概念。

（2）儿童向下推球的上部的同时，教师从底部托住球。教师用力将球向上推。保持连贯动作。

（3）让儿童和搭档一起练习。儿童向下推搭档的手，搭档稍微施加阻力。

2. 不用手指而是用手上其他部位触球

【指导方法】

（1）让儿童练习手指俯卧撑（双手手指肚互相挤压，两个手掌逐渐靠近再分开）。双手手指肚全程接触。如此反复数次。

（2）儿童用指肚向下推球的上部，教师同时从底部托住球。教师用力将球向上推，同时观察儿童的指肚。保持连贯动作。

3. 儿童手腕僵直

【指导方法】

（1）让儿童朝地板练习挥手再见的动作。

（2）儿童向下推球的上部的同时，教师从底部托住球。教师来掌控球的移动，同时观察儿童的手腕。

（3）在墙上贴一张纸，大小从儿童的膝关节延伸到胸前。让儿童手拿马克笔站到纸前，通过上下活动手腕在纸上画出线条。

4.向下推球时手臂没有完全伸直

【指导方法】

（1）让儿童不用球单独练习手臂动作。

（2）在墙上贴一张纸，大小从儿童的膝关节延伸到胸前。让儿童手拿马克笔站到纸前，通过上下活动手腕和手臂在纸上画出线条。

5.儿童总是看球而不是目视前方

【指导方法】

（1）让儿童将一只手平放在嘴巴上方，与地面平行，借此阻挡看球的视线。让儿童两人一组活动。一个人运球的同时模仿另一个人的运动动作。示范动作的儿童应该先从走路开始，等运球的人动作逐渐熟练以后再加速。儿童运球的同时你举起一张图片或伸出几根手指，持续几秒。儿童必须说出他看到的内容。

（2）将一个垒球手套（或充气不足的球）放在儿童头顶。儿童在运球的时候要保证不让手套（或球）掉下来。

6.球打到儿童的脚而弹起

【指导方法】

（1）让儿童站在地板上的某个特定地点。在儿童旁边贴一块胶带，让儿童在这块胶带上运球。

（2）把一个呼啦圈放在地板上，让儿童在呼啦圈内运球（或者让儿童站在呼啦圈里，在呼啦圈外运球）。

（3）让儿童尝试双膝跪地运球。一旦这项任务能够顺利完成，让儿童换成单膝跪地运球。

7.儿童在移动时无法控球

【指导方法】

（1）让儿童在移动时只连续运3次球，然后必须停止。动作逐渐熟练之后，再增加运球的次数。

（2）在儿童运球时播放音乐。音乐停止，儿童就必须停止移动，但是要继续在原地运球、控球。如果儿童不能保持控球，就必须减慢速度。

第七节 幼儿接球动作技能和指导

儿童时期，最容易被忽视的操控性技能之一是接球。因为接球的前提是掷球，这项技能取决于球掷出或抛出的方式。但教练或老师却经常把重点放在如何投球上，而不是教给儿童如何接住投球。由于担心被球击中的恐惧心理占据上风，因此有必要在学习初期，适当考虑安全状况，通过自抛或可控的抛掷来传授接球技能（例如，使用柔软的、儿童容易接住的器材）。

（一）关键要领

（1）准备姿势：面对目标，两脚分开与肩同宽，膝关节弯曲，眼睛注视来球，手肘弯曲接近体侧，双手举在胸前。

（2）迈步和接球：掷球出手时，向投掷者的方向迈步，两臂伸展，调整双手接球。接腰部以上来球时，手举在胸前（手肘弯曲靠近体侧），大拇指并拢。接腰部以下来球时，手举在胸前（手肘弯曲靠近体侧），小拇指并拢（或大拇指分开）。以下口诀能帮助幼儿学会如何接球："来球高，手向天；来球低，手够脚。"

（3）只用大拇指和其他手指指肚接球。

（4）卸力缓冲：双臂屈肘，向身体回缩，吸收来球力量。

（二）诱导词

1. 腰部以上接球

（1）W形状或准备——两脚分开，膝关节弯曲，肘部靠近身体，双手放在胸前，大拇指朝上，眼睛注视靠近的物体。大拇指指尖接触。食指形成W字母的形状，其余手指向手心弯曲，形成足够大的开放空间来接住物体。

（2）向外伸手或伸手——单脚向前迈步，伸展手臂去接住物体。

（3）接球或用手指接球——只能用手指接住物体（不要借助身体）。

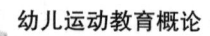

（4）卸力或后拉缓冲——向着身体拉回手臂。

2. 腰部以下接球

（1）准备或呈字母 V 的形状——两脚分开，膝关节弯曲，肘部靠近体侧，双手位于腰部以下，小拇指朝下，眼睛注视靠近的物体。小拇指指尖相触，形成字母 V 的形状（大拇指朝外）。其余手指向手心弯曲，形成足够大的开放空间来接住物体。

（2）向下伸手或伸手——单脚向前迈步，向下伸展手臂去接住物体。

（3）接住或抓住——只用手指接住物体（不要借助身体）。

（4）卸力或后拉缓冲——向着身体拉回手臂。

（三）指导与帮助

1. 没有目视目标

【指导方法】

（1）让搭档手举一个球，用不同速度上下移动（取决于儿童要接什么类型的球）。儿童用眼睛追随球的移动。

（2）儿童用手把气球击打到空中，眼睛追随气球运动。

2. 双手不在接球位置

【指导方法】

（1）抛球搭档手举一球，依据接球的类型，上下移动。接球人的手必须跟随球的位置而移动。（不抛出球）

（2）抛球人向空中抛出一个气球或者沙滩排球，抛球的高度不同。观察接球人双手的位置。

3. 身体和接近的物体不在同一条线上

【指导方法】

（1）其中一位搭档向对方抛出气球、沙滩排球或者泡沫球，接球人让球击中胸部。双手放在体侧，不接球。

（2）接球人朝搭档指定的位置移动。

4. 儿童没有向来球伸展手臂

【指导方法】

（1）搭档之间面对面站立，相距一臂。抛球人持球向外伸展双臂。接球人向前迈步，伸展双臂取球。

（2）使用气球或者沙滩排球，让接球人有更多时间向外伸展双臂去接球。

5. 儿童没有卸力缓冲

【指导方法】

（1）大象式接球——接球人接球时，假装球像大象一样重，吸收球的动力而缓冲。

（2）在篮球筐上悬挂一球（最好是系着绳子的球）搭档互相配合，不断互换角色推球和接球。

6. 儿童借助身体接球

【指导方法】

（1）臭鼬式接球——儿童把球抛向搭档。如果接球时碰到手臂或者胸口，接球人就是被"臭鼬"喷"臭气"变成了"臭人"，问全班同学有谁变成了"臭人"。

（2）小小侦探——接球前，让接球的儿童把婴儿爽身粉涂在手上。接球人尝试用手指去接球，这样只有手指印留在球上。

7. 球接近时因害怕而转头

【指导方法】

（1）为了建立自信，一开始用气球，接着用沙滩排球，然后使用质地柔软的球。

（2）让搭档反弹传球给对方。对方接球技能提高后，搭档再采用下手抛球，最后用较小的力量上手抛球。

第八节 幼儿下手滚球动作技能和指导

让幼儿园儿童十分感兴趣的一种操控性技能就是下手滚球。下手滚球和保龄球有明显的关联，使这项运动成为儿童喜爱练习的一种有趣的技能。下手滚球的一个要领是迈步。对于应掌握的所有操控性技能而言，对侧脚迈步是一个重要的关键动作，将这个概念介绍给年幼的儿童时，下手滚球可能是一种合理的方式。

（一）关键要领

（1）身体朝向目标，目视前方，惯用手持球，手掌朝上置于体前。

（2）手臂后摆至腰的高度。

（3）迈步和滚球：惯用手对侧脚向前迈步，滚球臂前摆，同时屈膝屈髋下腰，放手让球在地面上滚动。

（4）手臂随挥至腰部以上停止。

（二）诱导词

（1）预备——膝关节弯曲，面对目标，双脚分开与肩同宽，惯用手持物体（手掌朝上），置于身前。

（2）手臂后摆——滚球臂向后摆，到达腰部高度。

（3）迈步和滚球——滚球臂前摆，对侧脚向前迈步，放手让球在地上（低水平高度）滚动，同时弯曲膝关节和腰。身体前面部分应朝向目标。

（4）使用你的迈步脚——对侧脚向前迈步。

（5）靠近目标——滚球臂前摆，放手让球在地上（低水平高度）滚动，球不会反弹。保持手部连带动作或停止不动——滚球手继续在身前向目标运动，超过腰部后停止，手掌朝上。

（6）保持肩部稳定——滚球手继续在身前向目标运动，超过腰部后停止，手掌朝上。保持随球动作，直到滚球手的手指碰到滚球手的肩膀。

（三）指导与帮助

1. 眼睛没有瞄准目标

【指导方法】

（1）让儿童将球滚向一个他所设计的目标物体。

（2）使用地板上的彩色目标物，让球滚过它们。

（3）使用餐盘作为目标，将它们贴近地板靠在墙上。

（4）使用儿童必须滚过的目标物（如标志筒、椅子或马蹄环）。

2. 手臂没有向后摆到一定高度

【指导方法】

（1）让儿童向后摆动手臂，碰到一个附在墙上的目标物（餐盘）。目标物位于儿童腰部高度，与摆动手臂呈直线。然后儿童滚球。

（2）一名搭档站在滚球者的身后，滚球者向后摆动手臂，试着从搭档手中抓取一个物体。

（3）将一张厚纸贴在墙上。儿童侧身站立，手里拿着一支记号笔。当儿童向后摆动滚球手时，在纸上要画出一条曲线。

3. 对侧脚没有向前迈步

【指导方法】

（1）与滚球手相对侧的腿上系一条围巾。

（2）用地板上的点或脚印来标示脚落地的恰当位置。

（3）用胶带把气泡垫贴在地板上。让儿童用对侧脚向前迈步踩到气泡垫上发出声音。

4. 松手滚球时手没有靠近地板

【指导方法】

（1）在地板上放一辆玩具卡车，让儿童用手保持随球动作往前推这辆车。你也可以把玩具卡车换成网球。

（2）让儿童用一把小扫吊把这个球往前扫。

5. 膝关节没有弯曲，让手不能接近地面，或者单膝跪地

【指导方法】

（1）在地板上滑动沙包而不是滑动球。

（2）用手电筒或探照灯给儿童照亮，让儿童在做下手滚球时观察自己的影子，在儿童不迈步的那条腿前面约1英尺（30.48厘米）处，放一个6英寸（2.54厘米）大小的标志筒。让儿童不带球练习这个技能，让儿童的膝关节触到标志筒。

6. 松手滚球时，球弹起来

【指导方法】

（1）在队员松手滚球时，让搭档检查手的位置。

（2）在两把椅子之间拉一根绳子，绳子离地大约1英尺（30.48厘米）。让儿童在绳子下面松手滚球，从而完成下手滚球动作。

7. 没有向目标迈步

【指导方法】

（1）在地上设定一条线或胶带，让儿童站在线的后面用迈步脚迈过这条线。

（2）用胶带把气泡垫贴在地板上，让儿童向前迈步踩到气泡垫上发出声音。

（3）在儿童面前分开放两个物体，间距与鞋同宽。物体可以是标志筒、拱形物或泡沫砖等。儿童必须向前迈步，脚放在两个物体之间。

8. 在保持手部连带动作时身体位置不正

【指导方法】

（1）告诉儿童在保持随球动作时，身体正面朝向目标。

（2）使用地板上的线或贴胶带，让儿童在线的上方松手滚球，同时跟球手向前移动超过地上的线。

第九节　幼儿投掷动作技能和指导

通常情况下，谈到投掷运动大家就会想起投篮球、投沙包、投标枪、投铅球等运动项目。从操控技能层面上大体可分为：下手投掷、上手投掷和双手过头投掷。这些技能中，尤其上手投掷，在日常生活和运动中应用最广。

一、下手投掷

下手投掷是许多运动技能中不可缺少的一部分。下手投掷对于垒球投球非常重要，下手抛球也可以帮助垒球或棒球中的外野手从近距离制造进攻球员出局。此外，下手投球与排球下手发球的要领非常相似。加上球拍，下手投掷对羽毛球、保龄球运动也非常重要。

通常，下手投掷的关键在于描述如何正确地将球投出。要求高度的活动（如垒球慢速投球）将要求保持夸张的随球动作。如果到目标的距离近，或者如果客观条件是速度，那么手部连带动作的时间就会短（如垒球快速投球）。本章强调那些与年龄较小的儿童有关的技能——有弧度的投掷。

影响下手投掷初始学习的一个重要因素就是目标的位置。如果目标的水平位置较低，儿童应选择滚球而不是掷球。如果目标的水平位置较高，儿童更可能养成不正确的投掷习惯。当儿童在学习和练习投掷技能时，高度适中的目标是最好的。一旦儿童理解了如何完成技能，那么就可以鼓励其使用技能应用在各种高度的大目标物上。

（一）关键要领

（1）身体朝向目标，目视前方，微屈膝，惯用手持球，手掌朝上置于体前。

（2）手臂后摆至腰部以上高度。

（3）迈步和投球：惯用手对侧脚向前迈步，投球臂直臂前摆，在膝

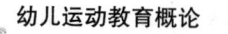

以上腰以下位置出手。

（4）手臂随挥至腰部以上，掌心朝上。

（二）诱导词

（1）预备——膝关节弯曲，面对目标，双脚分开与肩同宽，惯用手持物体（手掌朝上），置于身前。

（2）手臂后摆——投球臂后摆，到达腰部以上高度。

（3）迈步和滚球——对侧脚向前迈步，投球臂直臂前摆，在腰膝之间将球投出。

（4）使用你的迈步脚——对侧脚向前迈步。

（5）掷球出手——投球臂直臂前摆，腰膝之间出手，随挥，掌心朝上。

（6）保持肩部稳定——滚球手继续在身前向目标运动，超过腰部后停止，手掌朝上。

（三）指导与帮助

1. 眼睛没有瞄准目标物

【指导方法】

（1）让儿童掷球击中一个他设计的目标。

（2）在墙上贴一个彩色目标。

（3）使用餐盘作为目标，将它们放在墙上，高度水平适中。

（4）作为一个户外活动，让儿童朝一个目标掷湿海绵，目标浸在水中。

2. 手臂没有向后摆到一定高度

【指导方法】

（1）让儿童向后摆动手臂，碰到一个贴在墙上的目标物（餐盘）。目标物高度与儿童腰部持平，与掷球臂呈一条直线。然后儿童下手掷球。

（2）一名搭档站在掷球者的身后，掷球者向后摆动手臂，试着从搭档手中抓取一个物体。

（3）把纸贴在墙上。儿童侧身站着，掷球手握住一支记号笔。儿童向后摆动掷球手时，在纸上画一条曲线。

3. 没有向前迈步

【指导方法】

（1）在与掷球手相对侧的腿上系一条围巾。

（2）用地板上的点或者脚印来标示脚落地的恰当位置。

（3）用胶带把气泡垫贴在地板上。让儿童对侧脚向前迈步踩到气泡垫上发出声音。

4. 太早或太晚松手掷球

【指导方法】

（1）在游戏立柱之间挂两根绳子。儿童必须在绳子之间掷球出手。随着儿童技能水平提高，去掉其中一根绳子。

（2）用搭档的手指示掷球出手的位置。

5. 没有朝目标迈步

【指导方法】

（1）在地上放一根线或贴上一条胶带。让儿童掷球出手时向前迈步踩线，用胶带把气泡垫贴在地板上。让儿童向前迈步踩到气泡垫上发出声音。

（2）在儿童面前分开摆放两个物体，间距与鞋子同宽。物体可以是标志筒、拱形物体、泡沫砖等。儿童必须向前迈步，脚落在两个物体之间。

6. 在保持手部连带动作时身体位置不正

【指导方法】

（1）告诉儿童在保持手部连带动作时皮带扣朝向目标。

（2）使用地板上的线或者在地上贴胶带。儿童挑战在线上掷球出手，同时掷球手向前移动超过地上的线。

7. 手部结束连带动作时位置太高

【指导方法】

（1）在两根游戏立柱之间悬挂两根绳子。儿童应在保持手部连带动作时碰到上面那根绳子。

（2）让搭档用手示意手部连带动作应保持在哪个高度。

二、上手投掷

大概没有哪一种操控性技能比掌握上手投掷更重要。不仅是因为几乎在每个团体运动中都需要上手投掷动作，比如棒球投球、橄榄球投球、排球上手发球和扣球、篮球长距离传球等，而且掌握上手投掷对个人运动项目也十分重要，比如标枪、羽毛球高远球和扣杀球、网球发球和高压球等。

（一）关键要领

（1）预备姿势：面朝目标，两脚开立与肩同宽，微屈膝，目视前方，惯用手持球置于体前。

（2）侧身朝向目标：向持球手同侧转体，对侧肩朝向目标。

（3）手臂后摆：持球手臂成弧线运动向后摆动，肘部摆至肩的高度或略高于肩，为手肘的引导动作做准备。非持球手臂指向投掷目标。

（4）迈步：持球手对侧脚向目标方向迈步。

（5）转身：蹬转髋，髋带肩向目标方向转动，手部经过头部向前运动。

（6）随挥：持球手臂指向目标，并以对角线运动收于对侧。

（二）诱导词

（1）预备——面朝目标，双脚分开与肩同宽，双膝弯曲，目视目标，惯用手持物放在身前。

（2）侧身朝向目标（转向）——双脚原地旋转时，身体转动，与掷球手相对的身体一侧朝着目标。

（3）手臂后摆——掷球手臂以一种向下的弧线运动向后摆动，掷球手沿着目标方向向后伸展。

（4）向侧后方伸展——身体一侧对着目标，掷球手向身体侧后方伸展。

（5）指向和面向——指向和面向目标。

（6）迈步——掷球臂对侧脚向前迈步。

（7）迈步、掷球、指向或迈步和掷球——掷球臂对侧脚迈步，髋部和肩部朝目标转动，手臂超过头部。

（8）鼻子——预备姿势站好。

（9）脚——持球手臂弧线运动至脚部并继续保持原弧线运动。

（10）展示——侧身，双臂伸展，准备投球。

（11）投——蹬转、迈步、投球、随挥。

（三）指导与帮助

1. 没有目视目标

【指导方法】

（1）让儿童朝自己设计的目标投掷。

（2）在墙上粘贴颜色目标。

（3）把一个2升容量大小的瓶子倒放在一个高标志筒的顶部，让儿童试着通过掷球打掉这个瓶子。

（4）作为一项户外活动，让儿童朝一个浸在水里的目标投掷湿海绵。

（5）用铝盘作为投掷目标。

2. 手臂伸展不足

【指导方法】

（1）鼓励儿童用力投掷物体。（儿童在做所有活动前都要做热身运动，尤其是在参与这项挑战之前）

（2）让儿童在伸展自己手臂时触到身后的墙壁，然后再把物体投掷出去。

（3）让一位搭档站在投掷者身后，投掷者向后摆臂，试着从搭档手中拿走一个物品。

3. 投掷手臂时没有经过耳朵

【指导方法】

（1）让儿童在迈步、转身、投掷站点完成"火箭发射器"活动。

（2）在篮筐上挂一个纱球，让球刚好位于耳朵高度。让儿童保持转身姿势（身体一侧朝着目标），用打开的手掌击打球。

4. 对侧脚没有迈步

【指导方法】

（1）在投掷臂的对侧脚上系一块小丝巾。

（2）使用地板点或者脚印来表明放脚的正确位置。

（3）把气泡垫粘贴在地板上。让儿童用投掷手对侧的脚迈步踩在气泡垫上，发出声音。

5. 髋和肩转动幅度不够

【指导方法】

（1）让儿童在投掷后检查自己腰带扣的位置。腰带扣应该正对着投掷的目标方向。

（2）让一位搭档站在投掷者身后。投掷者在做转体动作时，搭档握着橡胶管或者弹力带增加阻力。

6. 没有正确的随挥动作

【指导方法】

（1）把一个高的标志筒放在投掷者非投掷侧（身体左侧）的前方。标志筒应放得足够远，这样儿童在投掷时能迈步和伸展手臂。儿童掷球出去，然后在保持手部连带动作时触到标志筒的顶部。

（2）让儿童在身体前倾时，做一个模拟系安全带的动作，手臂斜过身体。

三、双手过头投掷

双手过头投掷主要运用在两种体育项目中：篮球和足球。在篮球运动中，双手过头投掷主要用于把球从界外掷入界内，或者是把球掷给同队队员。在足球运动中，队员通过双手过头投掷把球从界外到界内掷给同队队员。另外还有双手头上掷实心球。

（一）关键要领

（1）预备姿势：面朝目标，双脚分开与肩同宽，双膝弯曲，目视目标，双手握住球的侧后方，球位于胸部。

（2）持球于脑后：双手将球举高，位于脑后，双臂弯曲。

（3）迈步掷球：单脚向前迈步，同时伸展手臂，朝目标掷球出手。此处有个一抖腕掷球的动作。

（4）保持手部的连带动作：掷球出手后，双手旋转，手背相对，拇指朝下。

（二）诱导词

（1）预备——面朝目标，双脚分开与肩同宽，双膝弯曲，目视目标，双手握住球的侧后方，持球位于胸部。

（2）脑后持球——双手将球举高，位于脑后。双臂弯曲。

（3）迈步掷球——单脚向前迈步，同时伸展手臂，朝目标掷球出手。此处有一个抖腕掷球的动作。

（4）保持手部连带动作——掷球出手后，双手旋转，手背相对，拇指朝下。

（5）向上——双手将球举高，位于脑后。双臂弯曲。

（6）抖腕掷球——掷球出手时，抖腕掷球。双手旋转，手背相对，拇指朝下。

（三）指导与帮助

1.眼睛没有注视目标

【指导方法】

（1）让儿童朝自己设计的目标进行投掷。

（2）把一个2升容量大小的瓶子放在一个柱形筒的顶部，让儿童试着打倒这个瓶子。

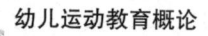

（3）用铝制平底锅作为目标。

2. 手的位置不正确

【指导方法】

（1）在球上画出手的位置。

（2）让儿童把手放在婴儿爽身粉里，然后持球。

3. 儿童掷球时没有迈步

【指导方法】

（1）让儿童掷球时迈步踩在一块垫子或者毯子上。

（2）让儿童站在一条线（地上的一根绳子或者胶带）的附近。儿童掷球时必须迈过这条线。

4. 掷球时手臂没有充分伸展

【指导方法】

（1）让儿童练习伸手抓到距离自己身体一臂远的物品。

（2）在儿童前方放一个悬挂着的铝平底锅，让儿童试着伸展双手触及平底锅。

5. 保持手部连带动作时身体姿势位置不当

【指导方法】

告诉儿童在保持手部连带动作时，自己的腰带扣要朝着目标方向。

6. 掷击目标的球太高或太低

【指导方法】

（1）在两根游戏立柱之间系两根绳子。一根绳子高度位于腰部，另一根高度位于颈部，掷球高度在两根绳子之间，这样就能准确地掷球击中目标。

（2）让儿童练习朝墙上的目标掷球。

（3）球对于儿童来说可能太重或太轻。给儿童换一个大小合适的球，或者让儿童的起掷位置离目标更近（或者更远）。

第十节 幼儿击球动作技能和指导

击球是很多体育运动中不可缺少的技巧。击球有以下几种形式：下手击球，如同排球发球；侧面击球，如同网球正拍；双手侧面击球，如同棒球击球。

儿童在第一次尝试击球时，往往无法准确控制而猛击或击中一个物体。当技能提高以后，在击球时才能掌握猛击。遗憾的是，第一次学习击球时，儿童往往使出最大的力气来击打物体。这对教师来说是个挑战，因此要提供合适的诱导词和活动来帮助儿童控制击球动作。这样有助于他们控制击打的力量，以及击打物体的方向。

一、下手击球

在排球运动中，下手抛球的关键要领和下手击球、下手发球非常相似。一旦儿童熟练掌握了下手抛球，他就能轻松地学会下手击球的技能。学会这个运动技巧以后，借助其他器材，可适用于羽毛球、网球的发球。

（一）关键要领

（1）准备姿势：面向击球方向，双脚开立与肩同宽，非惯用手持球于腰间，眼睛注视球。

（2）手臂后摆：惯用手臂后摆至腰间。

（3）迈步和摆臂：惯用手对侧脚向前迈步，同时向前摆臂至腰间击球。

（4）击打：掌根击球的后下方。

（5）随挥：击球手沿击球方向继续前上摆，但不要过肩。

（二）诱导词

（1）准备——面向击球的目标方向，两脚分开与肩同宽，眼睛注视球，非击球手在身体前方持球，持球高度约在腰部。

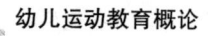

（2）开始——面对击球方向，两脚分开与肩同宽，眼睛注视前方。

（3）手放低和伸展手臂——非击球手在身体前方持球，手臂伸展，持球高度约在腰部。

（4）迈步——击球手对侧的脚向前迈步。

（5）击球——击打球的下方。

（6）手臂后摆——向后直线拉动击球臂，高度至腰部。

（7）迈步和摆臂（迈步和击球）——击球手对侧的脚向前迈步。击球手在身体前方腰部或以下位置触球。用手掌根部击打球的下方。

（8）手部连带动作——击球手沿着击球方向继续移动，但不超过肩高。

（三）指导与帮助

1. 没有在身体前方击球

【指导方法】

（1）在儿童的前面放一个镜子，自己能看到胳膊和手的位置。

（2）搭档相互配合，儿童做好正确的姿势后，搭档再把球放在他手中。

2. 手臂后摆距离不够

【指导方法】

（1）两根游戏立柱之间系一根绳子或一张网，挂一个气球。让儿童站在网前，手臂后摆直到触碰气球。儿童也可以背对墙站立，手臂后摆直到触墙。

（2）在墙上贴一张较大的纸，让儿童站在纸的旁边，标记出腰部的高度。儿童手臂后摆，搭档在纸上画出他手臂后摆的弧线，以便他观察。

3. 没有向前迈步或迈错脚

【指导方法】

（1）在对侧腿上系一条围巾。

（2）在儿童前方画一个点或脚印。儿童击球前必须向前迈步踩在点或脚印上。

（3）在地面上贴泡沫垫。让儿童用对侧脚迈步，踩在上面发出声音。

4.击球前,将球抛向空中

【指导方法】

(1)让搭档抓住儿童持球的手臂,并施加足够的阻力,让其手臂保持稳定。

(2)两根立柱之间系一根绳子或一张网,挂一个气球。让儿童手持气球并且击打。如果儿童击球前抛出气球,他会看到绳子弯曲。

5.非手掌根部击球

【指导方法】

(1)两根游戏立柱之间系一根绳或一张网,挂一块湿海绵。让儿童用手掌根部击打海绵。检查手上该位置是否有水。

(2)搭档相对站立,其中一人伸出手,手掌向下。做出下手击球动作,力度较轻,另一位摆动手臂用手根部击打搭档的手。

6.无随挥动作

【指导方法】

(1)在游戏立柱之间系一根绳子或一张网,绳子底部到达儿童肩膀的高度。让儿童在无球状态下摆动手臂,直到手掌根部触网。

(2)搭档二人面对面站立。一人手掌向下,向外伸手到达肩膀高度。另一人用较小的力量,以下手击球的动作摆动手臂,用手掌根部击打第一人的手。

二、侧面击球

侧面击球可以通过击球出手后完成动作,例如排球中侧面发球,手球中的反弹球。第一次学习一种技能时,儿童在没有器材时表现较好。取得进展后,就需要增加短柄装备(如乒乓球拍)。一旦掌握了短柄装备击球,就可以建议使用长柄装备(如网球拍)。原则上,儿童应该循序渐进地使用大小合适、重量适中的装备。增加装备后,侧面击球成为乒乓球(短柄装备)或者网球(长柄装备)中的正手击球。对年龄较小的儿童来说,用装备击打物体的难度较大。然而，他们却能够熟练使用侧面击球的技巧去击打一个反弹的塑料球。之后，当儿童的手眼协调性提高以后，就能用更小的球、球棒、球拍来进行练习。

（一）关键要领

（1）准备姿势：两脚开立与肩同宽，屈膝，身体正对前方，目视目标，双手平行，手掌相对，手指超前。

（2）T形：双脚朝击球手一侧原地旋转，侧面朝向目标，手臂伸展形成T形。击球手手掌朝外，向击球方向相反的方向伸展。非击球手持球朝向目标，松手让球下落。在整个动作过程中，眼睛注视球。

（3）迈步和击球：击球手对侧的脚向击球方向迈步，同时蹬转（转髋、转肩），转至正面时击球。

（4）手部连带动作：击球手继续向击球方向移动。

（二）诱导词

（1）准备——面对目标，两脚分开与肩同宽，重量平均分配在两只脚上，非击球手持球。

（2）开始和落球——非击球侧朝向目标，两脚分开与肩同宽，重量平均分配在两只脚上。击球手后摆到与地面平行。非击球手松手，让球下落。整个运动过程中，眼睛注视球。

（3）T形——双脚原地旋转，以转动身体，侧面朝向目标，手臂伸展形成T形。手掌朝外，向击球方向相反的方向伸展击球手。非击球手持球朝向目标，松手让球下落。在整个动作过程中，眼睛注视球。

（4）迈步——与击球手相对的脚朝目标向前一步。摆动手臂，髋部和肩膀朝目标旋转，让身体正面面对目标（使用诱导词"皮带扣"来强化正确的身体姿势）。

（5）开始——对侧脚向前迈步的同时，击球手向前摆动。

（6）迈步和击球——击球手对侧的脚向着目标迈步。髋部和脊椎旋转，手臂向前摆动。用手击打物体。

（7）击球和重击——用惯用手击球。

（8）手部连带动作——击球手继续向击球方向移动。

（9）手抬高——击球手继续向击球方向移动抬高。

（三）指导与帮助

1. 没有始终注视着球

【指导方法】

（1）把一个2升容量的空瓶倒放在标志筒上，让儿童尝试用球把它打下来。

（2）在球上画一个图片，儿童看球时让视线集中在图片上。如果球上有字，视线就集中在字上。

（3）搭档用较小的力量将球反弹传球给这位儿童，儿童必须移动让球碰到皮带扣。

2. 没有转身侧对目标

【指导方法】

（1）当儿童做好站立准备姿势时，在儿童双脚前面的地面上，画两个相互垂直的箭头。让儿童练习用两个脚掌旋转，身体一侧朝向目标。

（2）当球接近儿童时，让搭档给出转身的口头提示。

（3）让搭档给儿童传球，儿童在接球时必须转身，让球碰到身体的一侧。

3. 击球臂没有后摆

【指导方法】

（1）让儿童转身，用击球手触碰身后的墙。

（2）搭档站在儿童身后，一只手举到击球手应该到达的最高位置。儿童转身，击球臂后摆直到碰到搭档的手掌。

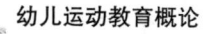

4.没有向目标方向迈步

【指导方法】

（1）在地面上设置一个点或一个脚印，指示儿童在击球时对侧脚应该放在什么位置。

（2）让儿童在击球前用对侧脚跨过一条线或者扁平的物体。

（3）在儿童迈步脚的前面放一只不跳的小"臭虫"（地面上的一个小点），让儿童击球时踩这只"臭虫"。

（4）在对侧腿上系一条围巾。

（5）用胶带把泡沫垫贴在地面上。让儿童用对侧脚踩上去发出声音。

5.髋和肩没有转动到位

【指导方法】

（1）击球后，让儿童检查皮带扣的位置，皮带扣应该朝向目标。

（2）当儿童转动身体时，让搭档使用橡皮管或者弹力带来增加阻力。

6.击球臂没有伸展到适当位置

【指导方法】

（1）在两根游戏立柱之间系一张网或者一根绳子，挂一个物体（小风铃、床单或餐盘）。让儿童用击球臂向前摆动时触碰这个物体。

（2）让搭档举着一个物体（呼啦圈、沙包或塑料瓶）。让儿童用击球臂向前摆动，拿走这个物体。

7.没有随挥

【指导方法】

在篮球筐上悬挂一个气球。儿童完成击球动作后，让他用击球手触摸气球。

三、双手侧面击球

双手侧面击球常用于球棒击球和网球的双手反拍击球。在针对儿童的各项活动中，所用器材的大小尺寸和重量应合适，尤其是使用长柄器材。

当儿童使用的球棒过重时，他们会采用横拍握法（双手分开）。因此他们挥棒几次后就会感到疲乏。儿童应该用他们能掌控的球棒击球，我们建议初学时使用塑料球棒，熟练之后再换用较重的球棒。

所有运动技能都要注意安全，尤其是使用球棒。除了使用塑料球棒，我们建议最好使用纱球、泡沫球、布球或者柔软的橡胶球。标准的垒球和棒球不适用于体育教育课程。

教学之前一定要教授并练习安全措施。年幼儿童经常会兴奋地找回自己击打出去的球，而不注意自己的运动位置。你必须时刻提醒儿童如何安全地握住球棒，挥棒之前观察周围情况，注意自己的运动位置。我们建议在击球人周围设置清晰标记的区域，防止儿童进入击球区域。通过合适的训练课程，能大幅减少儿童受伤的风险。

（一）关键要领

（1）脚的位置：找一个适合的站立位置，前脚与球座在一条线上，儿童伸展双臂，让球棒最粗的部位触到球座。儿童朝击球目标相反的方向迈出一小步。身体的一侧朝向击球区域。

（2）准备姿势：握棒时，惯用手放在另一只手的上面，与腋下平行。下巴贴在肩膀上，看向击球飞行的方向。球棒在肩膀后面，远离目标，后面手臂的手肘与地面平行。

（3）迈步和挥棒：惯用手对侧的脚向前（击球方向）一步，后脚不动，当髋部和肩膀开始旋转时，重心从后脚移至前脚。

（4）击球：伸展手臂，在身体的前方击球，前脚与球在一条线上，用球棒的前半部分击球。

（5）手部连带动作：球棒继续越过击球点，后肩移至下巴下方，双手握住球棒。

（二）诱导词

（1）准备和球棒后摆——站立，非惯用侧朝向目标方向。握棒时，惯用手放在另一只手的上面，与腋下平行。下巴贴在肩膀上，看向击球飞行的方向。球棒在肩膀后面，远离目标，后面手臂的手肘与地面平行。

（2）迈步和挥棒——惯用手对侧的脚向前迈步，后脚不动，当腕部和肩膀开始旋转时，重心从后脚转移至前脚。

（3）迈步——最靠近目标的一只脚向前迈步。

（4）挥棒——髋部和肩膀旋转时，球棒向前挥动击球。双臂完全伸展。

（5）迈步和击球——最靠近目标的一只脚向前迈步，髋部和肩膀旋转，球棒触球。

（6）击球——伸展双臂，在身体前方击球，球与前脚在一条线上，用球棒的前半部分击球。

（7）手部连带动作——球棒继续越过击球点，后肩移至下巴下方，双手握住球棒。

（8）肩膀——球棒继续越过击球点，后肩移至下巴下方，双手握住球棒。

（9）挥棒击球——最靠近目标的一只脚向前迈步，髋部和肩膀旋转，球棒击打球的中心。球棒继续越过击球点，后肩移至下巴下方，双手握住球棒。

（三）指导与帮助

1. 后面手臂的手肘没有与地面平行

【指导方法】

（1）让儿童示范准备姿势（不用球棒），如果有必要，教师或者搭档把儿童的肘部抬至正确的位置。

（2）安放一面镜子，让儿童示范准备姿势。

2. 脚没有放在与球座（或者盘子）相对应的合适位置

【指导方法】

（1）在地面上贴胶带，让儿童踩上去。

（2）放置一根跳绳与球座平行。儿童在击球之前，必须站在绳子后边。

3. 前脚没有向前迈步

【指导方法】

（1）在儿童应当向前迈步的位置设置一个脚印或者贴上胶带。

（2）让儿童练习几次挥棒动作，搭档计算脚没有迈步的次数。目标是0次。

（3）在对侧腿上系一条围巾。

（4）在地面上贴上泡沫垫。让儿童用对侧脚踩上去发出声音。

4. 髋和肩没有转动到位

【指导方法】

（1）让儿童检查皮带扣的位置。击球过后，皮带扣应当指向目标方向。

（2）击球人站在击球位置，不拿球棒，双脚双手姿势正确。击球人手持橡皮管或者弹力带的一端，搭档拿着另一端，在击球人挥棒时增加阻力。这样做能增加击球人肩膀旋转的意识。

5. 双臂没有完全伸展

【指导方法】

（1）在两根游戏立柱之间系一张网或者一根绳子，挂一个物体（小风铃、床单或餐盘）。儿童双臂向前摆动时触碰这个物体。

（2）让搭档举着一个物体（呼啦圈、沙包、塑料瓶）。儿童双臂向前摆动时拿走这个物体。

6. 在挥棒时头部没有移动，或者眼睛没有看球

【指导方法】

（1）在儿童头顶上放一个棒球或者垒球手套。儿童挥动球棒。挥棒时头不能动，手套稳定在头顶不能掉落。

（2）直径6英寸（15.24厘米）的球，半数球是一种颜色，另一半球是另一种颜色（可以使用记号笔或美术笔涂色）。击中一个投出或者抛出的球后，儿童能够告诉教师或搭档，他击中球的颜色。

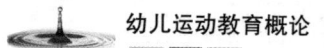

7. 没有随挥

【指导方法】

让儿童想象用球棒练习挥棒动作。儿童应当专心保持头部稳定，旋转肩膀，旋转过程为前面的肩膀处于下巴下方，转到后面的肩膀处于下巴下方。

第十一节 幼儿踢球动作技能和指导

当孩子学会走路之后，他们就开始用脚推动物品，有时候是从地上踢，有时候会把东西拿起来踢（也就是踢悬空球）。往后他们会在各种活动中用到踢球和踢悬空球的技能，比如踢易拉罐、踢皮球、橄榄球和足球。没有正确的指导，孩子往往会用错误的脚的部位来踢球，或者形成不良的动作，从而不可能形成成熟的动作模式。孩子开始踢球需要原地站立去踢静止的物品。幼儿园儿童应该能够原地站立踢出静止的球，并表现出成熟踢球模式5个关键要领中的2个要领。

一、关键要领

（1）准备姿势：站在球的后方，眼睛注视球。

（2）迈步：踢球脚向前迈步，为踢球蓄力。

（3）跳跃：非踢球脚向前跃出，落于球旁，身体前倾，踢球脚后摆离地。

（4）踢球：用脚背鞋带区域或脚内侧去踢球的后部或偏下部位。

（5）连带动作：踢球脚对侧手臂向前摆动，同时踢球脚沿踢球方向继续前摆。做随球动作时身体后倾。

二、诱导词

（1）准备——眼睛注视静止的球。

（2）迈步——踢球脚向前迈步。

（3）接近——目视球并且踢球脚向前迈步。

（4）跳跃——非踢球脚向前跳跃。

（5）落脚——非踢球脚落于球旁，同时带动踢球腿向前。

（6）跳跃落脚——非踢球脚向前跳跃并且落于球旁。

（7）腿后摆——踢球腿向后摆。

（8）踢球——用脚内侧（球会沿地面滚动）或脚背（球会飞向空中）去踢球偏下的部位。

（9）出球——踢球腿向前摆，并且用脚内侧（球会沿地面移动）或脚背（球会飞向空中）去踢球偏下的部位。

（10）连带动作或高摆——踢球脚沿踢球方向继续前摆，同时踢球脚对侧手臂向前摆以保持平衡。

三、指导与帮助

1.眼睛没有注视球

【指导方法】

（1）在球上画一个人脸或写一个单词，作为关注的焦点。

（2）将3种不同的球放在儿童面前（塑料球、泡沫球和足球）。让儿童向球接近并触球（不是踢）时喊出那个球的名称。

2.踢球脚没有向前迈步或迈步不够大

【指导方法】

（1）在儿童前面放一个物品（如脚印或彩色圆点），在儿童前面标记要迈步的位置放一个物品（如跳绳），要求脚要迈过该位置。

（2）在非踢球腿上系一条围巾。

（3）将泡沫垫贴在地板上。让儿童用对侧脚迈步时踩在上面发出声音。

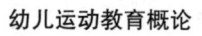

3. 非踢球脚只是向前迈步，而没有跳跃动作

【指导方法】

（1）让儿童踢球前先练习跳跃动作。

（2）在地面上平行放置两根绳子，让儿童跳过去。

4. 身体没有前倾

【指导方法】

（1）让儿童检查自己的影子看身体是否前倾。

（2）让儿童想象自己在跑步，身体前倾想要冲刺获胜。一旦儿童能够做到身体前倾，就可以练习跳跃。

5. 非踢球脚没有落在球旁或对角位置

【指导方法】

（1）将一张防滑脚印放在球旁，让儿童练习跳跃并落在脚印上。

（2）让搭档检查儿童踢球脚是否被球挡住一部分。

6. 踢球脚后摆时，膝关节伸直或没有离地

【指导方法】

（1）放置一个高6英寸（15.24厘米）的标志筒，让儿童必须跳过去，而且踢球腿的膝关节要从标志筒上方经过。儿童的脚和腿都不能碰到标志筒。

（2）让儿童观察自己的影子，检查踢球腿的姿势。

（3）让搭档检查儿童踢球腿的姿势。

7. 脚踢在球的上部

【指导方法】

（1）在球的中心部位画一条线，让儿童试着踢到线的下方。

（2）在两个高度6英寸（15.24厘米）的标志筒顶端，拉一条胶带或一根绳子。让儿童把球放到线的对面，试着用脚从线的下面踢球。

8. 踢球腿对侧手臂没有沿踢球方向继续移动

【指导方法】

（1）让儿童原地练习踢球腿前摆时，去碰向外伸展的对侧手指。

（2）拉一根绳子，高度位于儿童腰部，不带球的情况下让儿童练习踢球。儿童必须做出踢球后的随球动作，踢球脚和对侧手臂都应该碰到绳子下面。

第十二节　幼儿平衡类动作技能和指导

平衡是指身体所处的一种姿态以及在运动或受到外力作用时能自动调整并维持姿势的一种能力。平衡支撑着我们生活的方方面面，是孩子全面发展的关键。前庭系统掌管着我们内在的平衡感。儿童的平衡感，并非是与生俱来的，而是通过后期的运动习得的。运动可以提高前庭系统的稳定性，肌肉本体感觉的敏感性和大脑皮层的分析综合功能，改善身体的姿势控制能力和提高人体对身体姿态变化时的调节能力。平衡的最高境界是静止不动，静坐是前庭系统成熟的高级表现之一，前庭系统是在运动中发展的，因此，如果想让孩子学会静坐，那就让他们运动起来。

人体的平衡能力主要分为静态平衡和动态平衡。静态平衡能力是指维持人体重心与姿势相对静止的静态姿势能力。如坐位、站立位等在一定时间范围内对身体姿势平衡的维持。动态平衡能力是指在运动状态下，对人体重心和姿势的调整和控制能力。如走、跑、跳运动中维持身体的平衡。平衡能力是幼儿的基础动作能力，是走、跑、跳、攀、登动作的基础，平衡能力的先期开发直接影响到儿童以后的运动能力发展水平。

表 3-1　学龄前儿童平衡能力发展与年龄阶段划分

平衡能力发展	3岁	4岁	5岁	6岁
幼儿听觉肢体动作，被动性动作、周期性动作与精细动作协调发展的突增期				
幼儿运动平衡能力增长最快的阶段				
幼儿的静态平衡能力增长迅速				
幼儿左右上肢、姿势平衡性动作、自主性动作及操作性动作协调发展突增期				
幼儿手眼动作与上下肢动作协调发展的突增期				

参考文献

[1] Jodene Lynn Smith. Activities for Gross Motor Skills Development[M]. Garden Grove，2003：3.

[2] 洪金涛，陈思同，李博，等. 基本运动技能相关概念的发展、释义及应用[J]. 第十一届全国体育科学大会，2019：6418-6420.

[3] Greg Payne，耿培新，梁国立. 人类动作发展概论[M]. 北京：人民教育出版社，2008：22.

第四章 幼儿韵律运动

第一节 幼儿韵律运动概述

生命历程/周期理论（life-course/life-cycle theory）将个体生命历程/周期视作一个有着内在规律和节律的人生阶段的变迁过程；不同阶段具有不同的身心及社会特点，需要扮演相应的角色、实施相应的行为、应对相应的问题；重大的人生事件和经历制约、影响着人们的意识和行为。[1]著名的心理学家皮亚杰认为"儿童智力起源于动作"，幼儿在语言和行为未完全发育阶段，他们主要靠肢体动作来探索和学习外部世界，借助肢体来表达自己的情感和意图。在幼儿期进行科学合理的韵律活动，能够有效促进其身心发展。

一、韵律运动概念

韵律运动是舶来语 eurhythmics 的译文。eurhythmics 一词由希腊语蜕变而来，其中 eu 的意思是美好，rhythm 表示尺度、均衡、调整。eurhythmics 在医学上解释为脉搏的调匀，在艺术领域如绘画、诗歌、雕刻、建筑等，就意味着结构上的调和与均衡。律动也称为音乐动作，字面意义上可以理解为有节律的动作，或者是有韵律的运动。

目前针对韵律运动的界定繁多,将这些概念归纳整理可分为以下几类。

(1)综合运动。韵律运动是一门综合趣味游戏、体育、体操、音乐、舞蹈等活动的综合运动。幼儿韵律体操是一项徒手或手持轻器械在音乐伴奏下以自然性和韵律性动作为基础的体育运动项目。

(2)音乐活动。韵律活动是幼儿园音乐活动的一种方式。韵律活动是音乐的一部分,它包括律动、舞蹈、音乐游戏及歌唱表演四个部分,它们都是在音乐伴奏下让幼儿根据音乐性质,以动作姿态和表情来表现音乐形象。韵律活动是一种身体随着音乐旋律有节奏地运动的活动,富有感染力,是幼儿喜欢的音乐活动之一。

(3)身体活动。韵律活动是指在音乐的伴奏下以协调性的身体动作来表现音乐的活动。韵律性身体活动是幼儿伴随音乐或歌谣的节奏而进行的各种身体活动。幼儿集体韵律活动泛指所有伴随音乐进行的身体艺术表现活动。韵律活动是幼儿的情感用肢体动作最直接的表达。韵律活动是指随音乐而进行的各种有节奏的身体动作。韵律性身体活动是幼儿伴随音乐或歌谣的节奏而进行的各种身体活动。

以往从不同的视角将韵律运动理解为：综合运动、音乐活动、身体活动等。虽然对韵律运动的核心定义词不同,但是可以看出,韵律运动有几个必不可少的要素：首先,韵律运动是在音乐的伴奏下进行的,也就是韵律的节奏来源；其次,韵律运动是肢体动作的表达,需要肢体的参与；最后,韵律运动从事的是与体育相关的活动。

"韵律运动"从修辞上看是韵律修饰运动,是属于"运动"的概念,说明凡是具有韵律性质的运动,均属于韵律运动的范畴,是通过带有韵律特色的途径实现运动目的的含义,隐含着"韵律运动"是众多运动方式的一种。从形式和内容看,"韵律运动"隐含着通过韵律的形式实现运动的意味,更多地偏向和突出了与韵律相关的运动形式而并非其他运动形式。

依据概念界定的方法,韵律运动与运动的概念关系是种属关系。韵律运动,中心词是运动,即运动是韵律运动的属概念,而韵律运动是运动的种概念，那么只要明确韵律运动的种差，韵律运动的概念就可以建立起来，相比较田径、篮球、足球、游泳等体育活动，韵律运动的种差只能是律动，这是韵律运动区别于其他运动的本质特征。韵律运动是运动的一种形式，必须首先符合运动的条件和要求，表明其所具有的运动属性，在这个基础上要突出韵律概念及其特殊属性。因此，界定"韵律运动"一方面要符合"运动"的本质特征，另一方面要突出韵律的特性。因此，在界定韵律运动时，要考虑：第一，韵律运动是一种运动方式。第二，韵律运动的主题是律动。第三，韵律运动中的两个基本因素是音乐和动作。第四，韵律运动的功能具有运动和音乐相融合的特性。基于以上几点，对韵律运动的概念界定是：韵律运动是身体在音乐节奏中进行的有节律的动作，是音乐与肢体动作融合与协调的体育运动。

二、幼儿韵律运动的特点

幼儿律动是儿童歌舞的一种重要表现形式，但它不是简单的音乐或舞蹈训练，它与幼儿的身心发展有着重要的内在关系，是符合不同幼儿身心发育水平的一种韵律活动。律动本身就是幼儿天生自然的表现行为，舞动身体是幼儿一种本能的反应。幼儿出于好奇、喜欢模仿、热爱音乐和游戏的天性，当教师把握了不同年龄幼儿的生理、心理发展水平和幼儿律动特点，就能很好地进行幼儿韵律创编与指导，使幼儿能够通过韵律活动发展运动能力、获得快乐，促进身心健康发展。

1. 韵律动作的模仿性

人的学习大都是从模仿开始的，幼儿更是如此。受限于认知水平以及生理、心理发展状态，幼儿的思维方式更多局限于形象思维，因此幼儿主要以身体动作来模仿和表现韵律活动的内容。在幼儿韵律活动中，孩子们通过听、说、看、做，多种感官同时参与感受事物的外在形象。教师在指导幼儿韵律运动时，用形象性、启发性的语言，鼓励幼儿进行想象和创造，提高他们对模仿对象的认识与理解，达到肢体更准确、更自如地表达。一方面提升幼儿的身体活动能力，另一方面利用模仿手段培养幼儿的想象力与创造力。

2. 韵律运动的游戏性

游戏是幼儿的天性，幼儿阶段的一切学习活动都要符合他们的天性，也就是"在玩中学"，幼儿韵律活动就是幼儿身体跟随音乐进行的有节奏的运动，其是一种艺术性的认知游戏。幼儿活泼好动，集中注意力时间短，只对具体形象和生活中接触到的现象感兴趣，因此可以说游戏是幼儿的最佳学习手段。《幼儿园教育指导纲要》提出，幼儿的活动以游戏为主，在韵律活动中，通过看图谱、倾听感受音乐、模仿或创编动作，引导幼儿大胆表现情境内容。教师在组织幼儿活动时，应多以游戏的方式进行各种音乐律动活动，在快乐的氛围中提高学习兴趣，使孩子们在游戏中逐步掌握学习内容，发展相关的能力，从而达到活动的目的，因此在幼儿韵律运动中一定要强调和重视游戏性。

3. 韵律动作的重复性

动作的重复性是幼儿韵律运动的重要特点之一。幼儿认知和身体协调能力有限，结构复杂或变化较多的律动动作不利于幼儿的学习，容易导致幼儿学不会、跟不上而放弃，更重要的是打击幼儿的自信心和对自我的正向评价。从动作技能学习角度看，动作技能包括泛化、分化和自动化三个阶段，重复易学，通过不断重复单一动作或组合动作，促使幼儿形成相对固定的动作模式，强化动作记忆，使得幼儿的动作达到自动化，从而激发他们律动的兴趣和信心，也更能体会音乐的节奏和表达。因此，教师在编排韵律动作时，考虑选择合适的音乐和动作重复的频率，满足不同阶段幼儿的认知水平和学练兴趣。

4. 韵律动作与音乐节奏的配合

幼儿韵律运动又称为音乐动作，音乐是韵律运动必备的要素，韵律运动是音乐与韵律动作的有机结合，也是幼儿音乐和舞蹈的一种启蒙学习。在韵律运动中，音乐是灵魂，动作是骨架，只有两者协调配合才能达到统一和谐的效果。在开展幼儿韵律活动时应强调随着音乐节奏和情绪来做有规律的韵律动作，引导幼儿体会音乐，使他们能通过肢体动作来感受音乐、表现音乐。教师在编排和指导韵律活动时，通过拍手、跺脚、拍腿、手腕动作、步伐变化等，将音乐的风格和节奏的快慢、强弱、起伏的特点准确表现出来，从而提高幼儿对音乐和动作的敏感性和灵活性，发展幼儿肢体协调性和对艺术的感受力。

三、韵律运动的分类

在幼儿活动中，韵律运动占据重要的位置，在幼儿园每日活动中随处可见。韵律运动种类繁多，依据不同的分类标准，可以将韵律运动分为不同的种类。结合幼儿律动的特点，依据是否持器械将韵律运动分为徒手律动和器械律动。

1. 徒手韵律运动

徒手韵律运动，顾名思义就是在没有器械的情况下，仅通过肢体的动作进行的韵律活动。应该说，大部分律动动作属于徒手韵律活动。徒手韵律运动操作便捷，没有器械的需求和限制，幼儿可以随时随地在音乐的伴奏下进行律动。徒手韵律运动依据律动的形式分为原地律动、行进律动和自由律动。

（1）原地律动。一般来说，原地律动更多是活动上肢，对幼儿的上下肢协调性要求较低，活动的空间也相对有限。相对而言小班的孩子身体比较柔软，协调性、平衡性相对较弱，不适宜过于激烈的运动。同时这个年龄段的幼儿大脑发育不完全，认知能力有限，对音乐的感知水平较低，因此重复性强的单一的上肢或下肢动作更适合他们。

（2）行进律动。行进律动对上下肢的协调性、身体的控制力、方向性要求较高。经过小班阶段的学习和活动，而且随着大脑发育的不断完善，中班的孩子在灵活性和平衡感方面有所加强，此时可以选择部分大动作、有一定步伐的行进律动，增加动作变化的多样性，提高孩子的上下肢协调性，加强对身体的控制力。大班的孩子肌肉力量增强，大脑和身体技能逐渐完善，对身体的控制力明显提升，能较为协调、灵活地掌握一些复杂细致的动作。因此，在幼儿律动中可以加强行进的速度、方向、步伐的变化，增加跳跃动作等，使幼儿的各方面能力得到较大的发展。

（3）自由律动。自由律动给孩子更多充分表达的机会，也是幼儿身体活动能力、动作能力以及对音乐感知和理解的一种综合表现。各个年龄段的幼儿都可以在教师的启发下进行自由律动，教师应根据幼儿的年龄、兴趣、个性、性别的差异引导幼儿开展自由律动活动。由于孩子个性特点、生活环境、艺术感受力不尽相同，因此自由律动必定呈现出千姿百态，教师应给予鼓励和赞赏，使之更加自信和富于热情尝试各种创新活动。

2. 器械韵律运动

持器械进行的韵律活动称为器械韵律运动。幼儿注意力集中时间短，对重复一件事情的兴趣不高，即所谓的"喜新厌旧"，这是幼儿的特性。为了提高幼儿的学练兴趣，增强对事物的关注度，在进行律动活动时，适当地利用简单的生活道具或专门器械会给幼儿带来全新的体验，如利用小凳子、竹竿、积塑、积木、毛巾、书包、帽子、报纸、绳子、呼啦圈等常见的生活用品和器械，让幼儿感受到平时再熟悉不过的东西原来还有另外的功能，有利于开发幼儿的想象力、创造力，同时增加了律动的趣味性。对于器械的运用，则需要教师充分考虑安全性，进行合理的安排。

韵律运动形式主要根据幼儿的年龄特征、发育水平、活动目的、活动空间来决定，每一种形式都有其对应的作用和价值，都能达到不同的目的。随着年龄的增长，幼儿的想象力和创造力也在不断发展变化，教师应有意识地引导幼儿进行创造性的韵律运动。在律动中积累幼儿的生活经验和律动体验，帮助幼儿展开联想和想象，鼓励幼儿进行动作创造，达到培养创造性思维的目的。

第四章 幼儿韵律运动

第二节 韵律运动的价值

韵律活动具有自身的形象性和丰富性等特点，非常符合幼儿的生理和心理特点，便于感染幼儿情绪，是深受幼儿喜欢的音乐活动，也是幼儿教育的重要组成部分。在幼儿园组织幼儿参加韵律活动，不仅符合幼儿生理发展的规律，更符合幼儿心理成长规律。

一、韵律运动促进幼儿身体机能的发育

幼儿时期身体各系统机能都处于发展阶段，科学合理的刺激有助于幼儿的生长发育。韵律运动不仅需要幼儿听音乐，还要按照一定的节奏律动身体，使得幼儿的肢体和各个系统都能得到不同程度的运动。律动时的跳跃、行进、旋转等，增强了幼儿心肺功能、呼吸系统的发育和前庭器官的发展，有效地刺激大脑中枢功能的发展，增强大脑细胞的活动能力。通过韵律运动，促进了幼儿的骨骼、肌肉、关节的发育和生长，身体素质得到增强，同时开发了右脑，促进思维的发展。

二、韵律运动能够提高幼儿动作发展水平

著名心理学家皮亚杰认为："儿童的智力起源于动作"。[2]3～6岁幼儿的语言和行为能力尚处于发育阶段，主要通过肢体动作了解身边的事物，探索和学习外部世界。心理学、医学、教育学等各领域都认同动作发展是幼儿身心发展的重要组成部分，幼儿的动作发展关系到个体全面发展的质量。M.M.Schoemaker指出，动作发展水平直接影响幼儿体育活动参与的程度，从而影响幼儿体质健康。国内外大量的研究指出，动作发展不仅影响儿童的体质健康和动作能力，还会影响儿童心理方面的发展，与智力、认知、情感、情绪以及社会适应性等多个领域都息息相关。[3-5]韵律性身体活动蕴藏着许多促进儿童动作发展的因素，是提高幼儿动作发展水平的

一个重要途径。[6]

1. 提升幼儿的肢体协调性

运动协调能力是指参与者机体不同系统、不同部位、不同器官协同配合完成技术动作，并且做到迅速、合理、省力、灵敏地完成复杂且突然任务的能力。[7]运动协调能力是完成各项运动动作技术的重要基础。[8]韵律活动可促进幼儿动作的协调性，使幼儿获得愉快的情绪。幼儿期是动作发展的重要时期，幼儿在进行有节奏的身体动作时，通过模仿和学习各种动作，使大脑神经控制动作的能力和保持平衡的能力都有所发展。幼儿在进行韵律运动时，身体各关节、肌肉、韧带都得到锻炼，动作的活动性、对称性、方向性以及上下肢的配合等，有效地促进了幼儿动作的协调性。

2. 提高幼儿平衡感

平衡是人在动态或者静态条件下维持一定身体姿势的能力，特别是在较小的支撑面上控制身体重心的能力。[9]人类10岁前平衡能力迅速发展，8岁前形成基本动作技能。[10-11]国外有研究表明，4～11岁儿童能够把注意力专注于姿势的控制上，儿童自动控制姿势用以提高姿势稳定性的能力从4岁开始显著提高。[12]

平衡能力是完成动作的前提条件，已有研究表明幼儿静态平衡能力与动作发展的确存在密切联系。[13]儿童姿势控制效率不仅随着年龄的增加而提高，还依赖于与周围环境的互动和生长过程中肌肉精确调节的锻炼。[14]对这个时期的幼儿，应该尽量多地给予平衡练习的刺激，促进其平衡能力的积极发展。平衡感并非与生俱来，它是后天习得的。习得平衡感的唯一途径就是运动——用不同方式体验不同的运动。儿童姿势控制效率不仅随着年龄的增加而提高，还依赖于与周围环境的互动和生长过程中肌肉精确调节的锻炼。[15]如果儿童早期平衡能力没有得到正常发展，会对后期更复杂的动作技能，如跑、跳、攀爬等动作的学习造成影响，还可能增加儿童在体育活动中受伤的风险。[16-17]韵律性身体活动满足了幼儿喜好音乐和舞动的天性，韵律运动练习对改善幼儿神经递质对运动神经末梢的控制有促进作用，可以抑制神经末梢的兴奋，使肢体保持平衡，更好地完成运动技能的学习。因此，韵律运动对儿童静态平衡能力有积极的影响。

三、韵律活动促进幼儿节奏感与音乐感受力的发展

幼儿天生对声音敏感，对音乐韵律有着本能的体验和感悟，组织幼儿参加韵律活动，让幼儿在音乐韵律中释放个性、发挥想象、主动合作、积极响应，对幼儿的身心健康成长起着至关重要的作用。德国著名音乐教育家奥尔夫说过，音乐教育应开始于动作。达尔克罗兹提出"体态律动"学说，指出人对音乐情绪体验及人对自身情绪体验的认识、反应都是通过自己的身体和动作来进行的。音乐是幼儿韵律活动的重要组成部分，感受音乐、以身体动作表现音乐是幼儿律动的基础。而节奏是音乐的重要元素，任何音乐都离不开节奏，都是按照一定的节奏进行的，节奏的变化、速度的快慢、力度的强弱，影响着动作的幅度、力度与情绪的变化。韵律活动是在音乐的伴随下通过人体有节奏的动作、姿态、生动地反映现实生活，对幼儿身体运动能力和协调性发展以及音乐审美能力的培养起着重要作用。开展幼儿韵律活动，教师以形体动作和语言启发孩子理解和感受不同节奏的音乐特点和形式，引导幼儿对不同音乐节奏做出动作变化和反应，引导幼儿根据音乐的节拍、情绪、速度认识和了解音乐，并以动作表达和外化音乐，逐步培养孩子们对音乐的感受，增强幼儿的音乐感知力、辨别力及表现力。音乐具有非语义性，引导生活经验不太丰富的幼儿参加韵律活动，能够激发他们无限的想象力，引导他们学会创造性思维，学会表述，养成良好的形象思维习惯。

四、韵律活动能够增进幼儿情感的交流与合作意识

当今孩子在家庭生活中缺少与同伴交流的机会，在幼儿园的日常生活中，幼儿的饮食起居，包括学习活动和游戏，多以群体形式进行，幼儿韵律活动也不例外。韵律活动主要是以集体形式开展的，让幼儿在符合自己生理、心理发展的环境中活动、游戏、合作和表达，让幼儿人格的成长发

展符合科学规律，让孩子们能健康快乐地成长。幼儿老师通过设计合理的韵律活动，引导幼儿在活动中积极参与、相互配合，促进幼儿获得愉快的情绪体验，培养他们的团队协作意识和合作精神。

五、发展幼儿的想象力和创造力

瑞士心理学家皮亚杰认为："教育的主要目的是造就能创新而不是简单重复前人所做过的事的人，这种人能有所创造、发明和发现"。[18]幼儿期是一个人创造力的萌芽时期，也是形成创造力的最初时期，是人一生发展潜能的关键时期，而运用韵律活动对幼儿进行学前教育，是培养创造性人才的一个途径。在韵律活动过程中，教师给幼儿提供自由创造、充分表现的机会，不同水平层次的幼儿在韵律活动中，身心感应和肌体运动紧密结合，不仅唤起幼儿感受美、表现美的天性本能，还能激发幼儿去联想、去想象、去创造，使其萌发出的创新意念，可以用肢体表现出来，以便得到更深的发展。

六、韵律操可促进神经系统的自我控制，改善幼儿注意力

幼儿期的孩子各方面还处于发展阶段，语言能力较弱，认知水平较低，身体动作是他们认识周围世界的重要手段之一。韵律运动内容丰富、形式多样，在韵律活动中需要幼儿的脑、眼、头、手、脚等多器官协调配合完成统一的动作，而这个过程中幼儿神经系统需要反复强化注意力，使注意力完全集中到动作的完成度上。韵律动作练习会引起肌肉和器官的一系列生物反应，这些生物反应也对改善和调节大脑的结构和功能起到积极作用，可以对儿童神经抑制功能进行强化，使其在平时学习生活中能更好地注意控制自己的行为与动作。

第三节　幼儿韵律运动教学

　　3～6岁的儿童处于动作发展的敏感期,此阶段会形成人类多种基本的动作技能。大多数发达国家都十分重视动作发展的关键时期,纷纷将其设置为幼儿体育的首要目标,并专门设计相关课程来促进幼儿的动作发展。我国教育部颁布的《3～6岁儿童学习与发展指南》首次将动作发展列为健康领域的目标内容之一,这一目标的设立将对幼儿体育活动的开展和设计产生深远影响。因此,幼儿韵律运动教学要坚持以《幼儿园教育指导纲要》(以下简称《纲要》)为指导,从创造环境条件,激活培养兴趣;深入体验观察,激发幼儿情感;激励幼儿创新,引导独特个性发展三个层面入手,根据教师和幼儿的实际情况,灵活地运用各种教学方法,有效地达成幼儿园韵律活动教育的目标,塑造幼儿健康活泼的个性,促进幼儿身心全面和谐地发展。

一、韵律运动教学目标

　　幼儿韵律运动教学是幼儿园的基本活动之一,在幼儿园活动中占据重要地位。它是以幼儿身体动作为基础,以音乐节奏训练为中心的综合性艺术活动。律动是幼儿表达情绪的一个很好的途径,也是幼儿喜爱的活动。韵律运动教学的目标是为了促进幼儿的身体全面发展。训练幼儿有敏锐的感觉、清晰理智的思维、张弛有度的肌肉、灵活的动作、丰富的感情、美妙的身姿和健康的体格。具体目标包括以下几点。

　　1. 认知目标

　　幼儿能够感知、理解韵律动作所表现的内容、情感和意义,并知道如何进行具有创造性的动作表现。

　　2. 技能目标

　　幼儿能够掌握韵律运动的动作,并能跟随音乐节奏进行肢体协调性的律动。具体目标包括:身体各部分之间以及身体与头脑之间能够保持基本的协调性；身体运动时能够与音乐保持基本的协调性；身体运动时能够与他人保持基本的协调性；身体运动时能够与周边环境中的物体以及空间保持基本的协调性。

3. 情感目标

幼儿能够在韵律活动中全身心投入，学会与他人沟通交流，相互配合，团结协作。

促进幼儿身心健康发展既是幼儿教育的根本目的，也是幼儿健康教育的终极目标。《纲要》明确提出幼儿的健康总目标，其中"身体健康，在集体生活中情绪安定、愉快；喜欢参加体育活动，动作协调、灵活"这两条目标与韵律运动的价值不谋而合，韵律运动的目的就是促进幼儿运动能力发展，在参与韵律活动的过程中，幼儿在音乐的伴奏下，和小伙伴一起舞蹈、律动，幼儿在活动过程中身心愉悦，同时锻炼了身体的灵活性和协调性，培养了幼儿对体育活动的兴趣。因此，幼儿园开展韵律活动时首先要激发幼儿对音乐和律动的兴趣，在此基础上，让幼儿学习最基本的律动动作，主要培养幼儿对音乐的兴趣，增强幼儿感受律动的能力；锻炼幼儿动作的协调性，开发幼儿的潜在智能；增强幼儿的集体观念，加强团队合作意识，在人生的最初阶段接受积极向上的情趣体验，为幼儿的身心健康全面发展打下良好的基础。

二、韵律运动的教学任务

结合《幼儿园教育指导纲要》的要求，根据幼儿韵律运动教学的功能与特征，幼儿园开展韵律运动教学的任务主要有以下几点。

1. 促进身心发展，强健体魄

韵律运动是有组织、有节奏的人体动作运动，它利用头部、身体、四肢协调配合，达到全身各部位、各关节得到活动与锻炼的目的。幼儿期身体生长发育迅速，韵律活动可以为幼儿带来愉悦又实用的锻炼，通过律动，让幼儿的呼吸、心跳、肌肉、骨骼、循环系统都得到充分的锻炼，加快了新陈代谢，使他们的机体健康地发育成长，在走、跑、跳、蹲、爬、旋转等各种体能活动中，发展幼儿肢体动作能力，培养幼儿参加体育锻炼的积极性，提高其对环境的适应能力。

2. 激发认知兴趣，开阔视野

在幼儿韵律运动教学中，要结合和利用生活经验，帮助幼儿认识大自然，初步了解自然与生活的关系，可以通过大自然相关的律动教材，引导他们认识大地、山林、河流、草地等自然环境；利用动物素材的律动教材，引导幼儿认识动物，感受自然界的美妙，激发幼儿的好奇心和探究兴趣；利用科学素材的律动教材，引导幼儿注意身边常见的科学现象，感受科学给生活带来的便利，萌发对科学的兴趣等。幼儿有着丰富而奇特的想象力和创造力，在这个时期，教师应小心保护这份难得的能力。在律动教学中要结合幼儿的兴趣需求，精心挑选素材内容，开拓幼儿的思维能力，鼓励幼儿用多种方式展现自己的探索过程和结果，使其对认知产生浓厚的兴趣，从而开阔视野。

3. 赋予音乐体验，增强情感

韵律运动是通过音乐来达到动作的目的，音乐是韵律运动的灵魂。丰富的音乐带给幼儿极强的感受力，幼儿期是情感从低级向高级逐步发展的重要阶段，此阶段富有情感的音乐活动对幼儿的情感发展具有明显的促进作用，让幼儿接触各种类型的音乐作品，参加多种形式的韵律活动，可以潜移默化地影响幼儿的性情，陶冶情操，使幼儿学会与他人相处，培养合作精神，增强集体荣誉感。在韵律运动教学中，教师要引导幼儿欣赏音乐作品，了解音乐性质，激发情感。同时要注意给幼儿提供自由表现的机会，鼓励幼儿大胆想象，运用不同的艺术形式表达自己的感受和体验，指导幼儿学会利用身边的生活小道具，体验创造的乐趣。

4. 提高身体素质，启迪自我发展意识

韵律运动说到底是一种运动方式，肢体动作是它的要素，幼儿通过各种各样的韵律活动强健身体，提高身体素质。首先，在幼儿的律动活动中，关节的屈伸练习增加了韧带的韧性和关节的灵活度，一些简单而舒展的动作能够延展肢体，提高身体柔韧性。其次，幼儿韵律活动往往时间不长，动作强度不大，动作变化丰富，在各种重复性的律动动作中，幼儿肌肉得到不断的加强，肌肉力量不断提高。最后，幼儿韵律运动基本属于有氧运动，对幼儿的心肺功能起到很好的锻炼效果，在保证身体充足供氧量的同时增强心肺功能，促进心血管系统和呼吸系统的发育，进而提升肢体的耐力水平。

韵律运动在提升幼儿身体素质的同时，还蕴藏了多方面的情操价值，对于幼儿完善人格方面有着很大帮助，具体表现在以下几个方面。

（1）增强自信。一般韵律音乐主题健康、节奏明快，孩子们在欢快的音乐中尽情雀跃，这种氛围能够使孩子们放松心情，抒发自己的情绪，增强自信心。

（2）遵守秩序。韵律活动通常是以集体形式进行的，在教师口令和动作的指导下，孩子们统一进行各项律动，使其体验在集体活动中每一部分的重要性和公平性，逐渐养成遵守秩序的好习惯。

（3）学会合作。韵律活动除了个性的自由发挥外，还经常利用对象的交换、队形的变化进行合作表演，通过多种形式的配合，使幼儿律动更具有观赏性、表演性和娱乐性，同时加强了孩子之间的相互合作精神，增强了团队意识。

三、韵律运动教学方式

1. 创设游戏情境，引发学习兴趣

《幼儿园教育指导纲要》提出，幼儿的活动以游戏为主，不同的游戏情境更能调动幼儿参与活动的积极性，激发其主动探究。情境化教学直观、形象、生动，能激发幼儿的情绪，更符合其年龄特点，便于幼儿对音乐的理解。通过具体的音乐形象来表现，使幼儿从一开始就置身于游戏化的活动情境之中。所以，在韵律活动中，教师可利用生动的语言表达、形象的肢体动作来创设适宜的情境，引发幼儿的学习兴趣；通过看图谱、倾听感受音乐、模仿或创编动作，引导幼儿大胆表现情境内容。

2. 注重角色扮演，增强合作意识

在幼儿韵律教学中，角色扮演符合该年龄段孩子的身心特点，激发他们的参与热情。通过不同的角色扮演，幼儿在教师的引导下投入韵律活动。在活动中，幼儿不仅要掌握自己的角色要求，同时还需要熟悉对方角色，大家相互配合才能更好地完成韵律游戏活动。在游戏互动中，幼儿的责任感、主动性等积极的情感体验促进其在活动中体验到合作游戏的快乐。在活动中教师引导幼儿通过观察、比较、示范等方式积极主动帮助同伴，相互合作促进游戏有效进行。

3. 借助多种媒介，提升规则意识

游戏化韵律活动是以艺术活动方式进行的有规则的游戏，将音乐、动作融入游戏的形式中，因此不只是"玩耍游戏"，更能表现高度的"秩序感"。因此，教师在组织韵律活动中，无论是游戏前的交代还是幼儿在游戏中的创造，都应该发挥规则本身的教育功能。

4. 关注有效评价，培养学习态度

幼儿探究和尝试的质量，离不开教师的回应和有效评价。幼儿学习品质的培养不是一朝一夕就能完成的，更不是一次韵律活动就能奏效的，需要贯穿于幼儿的每日活动中。因此，在韵律活动中教师需注重评价的艺术性，避免千篇一律的无价值的评价。教师的评价不仅要关注幼儿的学习状态、学习效果，同时也要将个体经验通过语言描述转化为全体幼儿的学习榜样。在幼儿反复探究和尝试过程中，教师的积极评价能够激发其更加精神饱满地投入到活动中。

四、韵律运动教学组织形式

教学组织形式对教学效果产生直接影响。教学组织形式是一门艺术，尤其对于幼儿，更需要运用不同的教学方法和手段来提高幼儿的注意力，激发他们进行韵律活动的兴趣，从而圆满完成教学目标。幼儿韵律运动的

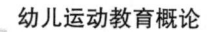

教学组织形式大体包括以下几种。

1. 集体教学

集体教学是幼儿园传统的教学组织形式，作为一种常用的教学组织形式，集体教学一方面能够提高教学效率，另一方面对培养幼儿有组织的行为、发展认知能力、学会遵守集体规则等具有良好的影响。韵律运动教学是一种可视性、操作性、参与性较强的教学活动，需要幼儿在运动中体验律动内容，达到教学目的，这些都要求教师通过集体教学形式，运用示范、讲解等手段，明确教学意图让幼儿得以直观地理解和掌握内容。

2. 分组教学

教学不是简单的知识传递，它需要教师对知识的处理和改造，以学生可接受的形式进行教授。幼儿来自不同的家庭，他们个性存在差异，具有不同的兴趣爱好，而且每个幼儿的身体机能和运动素质也不同，一刀切的教学方式不能兼顾到孩子的差异，从而影响到教学效果的呈现。分组教学则能从根本上解决这个问题，分组教学形式能提高幼儿的注意力，提升学习兴趣，活跃课堂气氛，增强幼儿独立学习能力和团结协作精神。因此，在韵律运动教学中，教师应充分了解幼儿在乐感、协调性、运动基础等方面的差异，在教学中依据这些差异选择律动内容，并运用同质或异质分组的形式开展教学，满足幼儿学习需求的同时，使其个性得到充分发挥。

3. 角色扮演

在韵律运动教学中，经常会让幼儿扮演各种各样的角色，以此来增强内容的戏剧色彩。形象化的角色表演代替语言描述，大大提高了孩子们的参与兴趣，促进幼儿认识新事物的能力，加深整个认知过程的印象，这就是教学中的"角色扮演"法。具体可依据律动素材让幼儿扮演向日葵、小树苗、小花朵、小动物等，这种角色扮演使得幼儿沉浸其中，增强了幼儿的音乐理解和肢体表达能力，强烈的戏剧化效果提升了幼儿的兴趣，从而积极有效地完成律动的学习任务。

4. 个性发挥

陶行知先生说："我们发现了儿童有创造力，认识了儿童有创造力，就须进一步把儿童的创造力解放出来"。[19]这是幼儿教育工作者必须始终坚持贯彻的真理。结合《幼儿园教育指导纲要（试行）》精神，以新的教育观潜移默化地在音乐活动中培养幼儿的创造力，真正地让幼儿走进音乐，融入音乐。教师有意识地引导孩子自由发挥、大胆想象，激发幼儿创造性思维，是韵律运动教学的重要手段之一。例如让幼儿在节奏明快的音乐中模仿一种动作，以自己想象的运动方式进行律动，通过这样的形式释放幼儿的想象力，肯定他们的创造力，充分发挥每个幼儿的个性。

5. 教学互动

在韵律运动教学中，互动教学是常见而有效的教学手段，教师在创编韵律操时，利用音乐、角色、对话、动作等与幼儿进行交流、沟通。幼儿在教师的引导下做出反应，这种互动式的教学方式使得课堂气氛活跃，幼儿参与热情极高。

总之，课堂教学组织形式多种多样，教师在教学中要依据幼儿园的场地器材条件、幼儿的身体基础条件、幼儿的学练兴趣进行选择，根据具体情况，采用不同的组织形式和方法，因势利导组织教学。

五、影响韵律运动教学的因素

1. 幼儿的运动兴趣

托尔斯泰说过："成功的教学所需要的不是强制，而是激发学生的兴趣。"[20]兴趣是幼儿对某种事物积极的认识倾向，是激发幼儿不断去实践，去探索的催化剂。兴趣是最好的老师，好的教学以激发学生的兴趣为主要目的。幼儿只有对事物产生了积极的兴趣，才能不断地去实践和探索。对幼儿来说，没有兴趣的学习是"无源之水，无根之木"。由此可见，兴趣培养是进行韵律活动教育的前提。

2. 音乐的选择

诸多实验表明，幼儿对自然界中的声音，尤其是音乐声最感兴趣，当他们还在咿呀学语时，就已经能随着音乐摇晃、嬉闹，究其原因是音乐声音有规律的振动让他们在听觉上产生愉悦感，从而促使幼儿通过动作表现出来。舞蹈是"看得到"的音乐，音乐是"听得见"的舞蹈，两者密不可分。音乐素养的培养在3～6岁幼儿阶段是非常重要的时期，在韵律教学中，要先让幼儿学习倾听。因为只有用听觉感知音乐的旋律、节奏和音乐的起止，才能随音乐合拍地跳舞。幼儿受到音乐的熏陶，就能激发对活动的兴趣。因此，恰当地、不断地提供音乐刺激，能够激起幼儿对音乐的兴趣，保持幼儿对音乐听觉的敏感性，从而为韵律活动的学习打下基础。

3. 环境的创设

环境是幼儿从事韵律活动的重要场所，也是幼儿兴趣的助推剂。环境是无声的教育，是幼儿学习韵律的重要途径，要将幼儿浅层易转移的、波动的兴趣导向内化，将表面的热情转化为主动从事韵律活动的推动力，创设良好宽松的物质环境和心理环境是十分必要的。具体地说，幼儿园的教学情境是教师为教学活动有目的、有计划地设计或设置的，能引起幼儿的积极情绪体验，使幼儿能"置身其中"的具体而生动的环境。幼儿在充满童真、童趣的优美环境中能够主动参与，并大胆想象，对韵律活动产生浓厚的兴趣。

（1）倾听环境的创设。音乐和舞蹈是密不可分的，在韵律活动中，教师首先要让幼儿学习倾听。通过感知音乐的节奏和旋律，才能跟着音乐进行舞蹈。幼儿受到音乐的感染，才能将学习的兴趣激发出来。只有提供适当的音乐，才能激发出幼儿的学习兴趣，从而为今后的韵律学习奠定基础。

（2）情境的创设。环境对人具有较强的感染力，在幼儿的韵律活动中创设良好的心理和物质环境是很重要的。创设与音乐和谐一致的环境，使音乐与环境融为一体，有助于活跃幼儿的音乐思维，培养想象力和创造力，更好地体验感受音乐的美，才能让幼儿更好地参与到活动中。情境中的"情"是学习者的情绪、情感与体验；"境"是学习者在教学活动中能"置身其中"的环境。

（3）情感的投入。情感是人对一定事物或一定现象的情绪态度，是人在认识客观事物的基础上，对客观事物能够满足自己的需要而产生的一种态度体验。情感是教育的"催化剂"。在韵律活动中，如果能充分调动幼儿的情感参与，使之与教材所反映的"语境"产生情感共鸣，那么，知识技能的训练与趣味性处于和谐统一的境界，就能把干巴巴地传授知识技能变为生动有趣、形象化的愉快教学，使幼儿容易理解和掌握。因此，在韵律活动教学中，让幼儿带着情感去感受、体验探究，能收到事半功倍的效果。

六、幼儿韵律运动教学存在的问题及对策

1. 事先编排，创新能力培养不足

传统的韵律活动的教学是由教师或专业工作者将事先编好的动作或舞蹈教给幼儿，幼儿被动学、做，幼儿在学习过程中没有自主性，参与意识不强，更谈不上创新意识。

创造性韵律活动成品都是幼儿在学习活动的过程中逐步产生出来的，目的是向幼儿提供创造性参与的机会。教师依据体育活动的规律及相应年龄阶段幼儿的基本运动能力发展目标，在观察、评估幼儿现有动作水平的基础上，对幼儿零散的动作经验进行系统、科学的编排。

2. 限制过多，缺乏趣味

目前大部分幼儿园的韵律活动都是集体形式进行的，幼儿在统一的音乐节奏下完成整齐划一的律动动作，为了追求效果，在韵律活动中教师强调的是动作的整齐划一。为了培养幼儿的规则意识和自律精神，教师在日常教学和活动中对幼儿限制过多，管得过死，缺少趣味性。

针对这种情况，建议教师建立一些必要的常规，用音乐指挥幼儿起立、坐下、取放乐器等活动，以培养幼儿自律精神。组织韵律活动形式上是自由的、生动活泼的。让幼儿成为创编的主体，教师从幼儿兴趣出发，与幼儿共同规划韵律运动的主题、器械的选择、游戏的形式、规则的制定，形成韵律运动的框架。选取与运动情境风格匹配，节奏鲜明，便于理解的音

乐贯穿始终，让幼儿在音乐中感受情境、动作的变化，提升运动兴趣，提高身体素质，增强创造力和合作能力，养成勇敢坚毅的品格。

3. 舞蹈成分偏重，缺乏体能练习

一般幼儿韵律活动的编排偏向于舞蹈动作，注重幼儿在音乐下自然律动，韵律运动中舞蹈和律动成分偏重，缺少体能运动。而且通常一首音乐大约2～5分钟左右，如果只是进行简单的身体律动或舞蹈动作，对幼儿的体能锻炼效果将大打折扣，造成运动量不足。

因此，在幼儿韵律活动编排和组织中，要根据幼儿的年龄、性别、运动基础等因素，穿插适当的体能练习内容，体能练习内容并不是像成年人那样单纯枯燥的锻炼内容，体能内容可以结合音乐的特点进行编排，在组织形式上进行变化，兼顾幼儿上下肢的锻炼，同时注意运动强度的合理控制。

4. 注重身体各部位练习，缺乏平衡能力的专门锻炼

平衡能力是完成日常生活各种动作的先决条件，平衡在基本动作技能形成过程中扮演重要角色，对于基本动作技能的学习与控制至关重要。一般性的韵律性身体活动以分节进行身体各个部位的练习为主，或纯粹为了跟随音乐节拍进行律动，例如头部运动、扩胸运动、跳跃运动等，其主要的目的在于依次锻炼身体的每个关节和肌肉，以运动量为主要标准，来促进幼儿的体质健康或节奏感，并没有对幼儿的平衡能力进行专门性的练习，在其练习中鲜见平衡类型的动作。

因此，从动作发展的角度出发设计韵律运动，在整套活动设计过程中，尤其注重平衡能力的锻炼，加入各种静态和动态平衡动作。根据不同年龄，不同音乐风格，设计出多种难度级别的平衡练习，既考虑了练习的趣味性，又关注到不同年龄阶段幼儿的平衡能力。

一次成功的韵律教学活动不在于动作的变化多、难度高，而在于是否让孩子在学习过程中获得愉快的感受，是否可以让幼儿在轻松的状态下不自觉地掌握新的知识，并在知识的基础上获得各种能力的发展。因为只有这样的活动，才能让幼儿真正感受到音乐的美、动作的美，才能使幼儿体

会到自由表达与交往的快乐，才能体现音乐活动的游戏化、趣味化、生活化特色，让幼儿充分地融入音乐，全身心地投入音乐，才能充分发挥艺术的情感教育功能，促进幼儿健康人格的形成。在韵律教学中，教师首先要树立创新目标，充分发挥创新潜力和聪明才智，满足幼儿安全的、参与的、发展的需要，使幼儿富有个性、主动地发展。还要善于发现幼儿的创新，多用语言的激励性功能对幼儿的创新给予肯定性评价，以增强幼儿的自信心，激发幼儿富有个性地愉快地参与活动。

第四节 幼儿韵律运动创编

幼儿韵律运动创编设计能够更新当前幼儿园所使用的韵律课程模版，结合幼儿好学、好问、好模仿的特点，发展幼儿的认知和想象力，培养幼儿自信、自强的气质，带给幼儿不一样的感受体验。韵律运动创编设计来源于日常生活，设计内容贴近幼儿的生活，是根据幼儿日常生活中的各种事物所创编的丰富、形象的舞蹈动作。幼儿韵律运动创编要遵循幼儿的生理、心理及年龄阶段的发展特点，结合幼儿实际的生活经验，创编出幼儿感兴趣的、易于学习的韵律动作，培养幼儿的美德。

一、幼儿韵律运动创编指导思想

韵律运动是幼儿教育活动的重要内容之一，因此，幼儿韵律运动创编要把握现代教育理念，从适应幼儿教育改革的需要出发，面向全体幼儿，推动幼儿韵律运动教育的普及。在创编幼儿韵律运动时，要正确把握学前教育发展趋势，重视结合幼儿园教学改革和日常律动教育教学活动，使所有幼儿都能参与到这项有意义的活动中来，促进幼儿身心健康发展。

幼儿韵律活动是幼儿教育活动的重要内容，也是促进幼儿身心健康的有效途径。因此，幼儿韵律运动的创编要符合幼儿身心发展的特点和规律。由于幼儿身心特点决定了幼儿韵律活动与成人律动相比更具有天真、活泼、童趣、形象、夸张和拟人化等特点，这使得幼儿韵律运动的创编必须克服"成人化、专业化"的倾向。在幼儿韵律活动创编实践中，如何从幼儿身心特点出发，探索幼儿韵律活动的发展规律是非常重要的课题。

二、幼儿韵律运动创编的原则

韵律运动作为有节律的运动，不论是哪个领域和范畴的律动训练或学习，"音乐"和"动作"始终都是最核心的两个要素。所以韵律运动创编原则的确立也要紧紧围绕这两个要素进行。一是把握音乐的节奏、强弱、高低、快慢等因素，以及旋律的起伏、音色的变化等；二是要把握动作的形象、幅度、力度等因素，在律动中唤醒人的本能，准确表达对音乐的理解和感悟，从而增强身体的灵活性、感受力和表现力。

1. 目的性原则

一般而言，韵律运动内容都有一定的针对性和训练目的，即训练对象是谁？训练的部位是哪里？训练的目标是什么？因此韵律运动创编首先要明确是在什么范畴内创编，也就是明确韵律运动创编针对的人群和对象，他们需要哪些方面的律动训练，发展哪方面的能力。不同专业、不同人群、不同学习目的所需要的韵律运动创编是不同的。因此，韵律运动创编一定要有明确的目的性。

2. 阶段性原则

幼儿阶段的孩子处于身体成长发育的重要时期，不同年龄其身体发展水平和特征不同，各方面能力也有一定的差异。学龄前儿童一般3～6岁，不同年龄的幼儿其骨骼、肌肉、关节、韧带、呼吸系统、心肺功能不同，认知程度也存在差异，接受能力和承受能力也各不相同，这些方面是一个逐步发展，不断提高的过程。因此，在创编幼儿韵律运动时必须充分考虑幼儿的年龄水平、心理特点和实际接受能力，使律动的内容、强度、力度、幅度遵循幼儿发展的规律，按照循序渐进的原则，在统筹全局的基础上，有计划、阶段性地进行，使创编的幼儿韵律运动符合幼儿身心发展规律和特点。

三、幼儿韵律运动创编的要求

1. 音乐选择的适切性

音乐是韵律运动的核心要素，在创编韵律运动时要结合幼儿的不同年龄以及韵律活动不同的运用场景选择适合的音乐伴奏。晨间律动的音乐应是节奏鲜明、热烈活泼的，有蓬勃向上的感觉。活泼的儿童歌曲、刚劲有力的武术乐曲、节奏鲜明强烈的爵士乐、热烈奔放的斗牛士舞曲以及一些轻松悠扬的轻音乐等均可作为选择对象。需要注意的是，晨间律动的音乐不同于一般的舞蹈音乐，除了音乐节奏比较明快，有较强的韵律动感外，它最好是由三、四首不同风格、不同性质的歌曲或乐曲组成，时间以 5～8 分钟为宜。这样既有利于合理安排运动量，又有利于教师根据不同的音乐编排不同节奏、风格的动作，以增强律动的科学性、丰富律动的多样性。托班、小班以选择轻松愉快且重复性较强的音乐为主，可多选择一些比较经典的音乐作品。在音乐的结构变化上，应具有较多的反复，以便于低龄幼儿的感受、记忆及动作练习。中班可逐步选择节奏变化较为丰富、强烈的中外音乐。大班除了可选择一些具有明显地域特色、民族个性、时代特征和节奏变化较为丰富、强烈的音乐外，意境清新、健康向上的中外歌曲、乐曲也可以成为律动音乐的选择对象。

2. 动作编排的科学性

如果将音乐比作晨间律动的血液，那么合理的动作编排就是它的骨骼。动作的编排要与音乐风格相吻合，注意科学性、趣味性及幼儿的年龄特点。音乐确定后，就可以引导幼儿感受、理解音乐，考虑如何根据音乐合理编排动作，让幼儿感知旋律的起伏、节奏的变化等。为了体现幼儿的自主性、创造性，在动作编排时，我们不能仅仅局限于动作，还要以节奏的变化、空间的利用等方式来体现动作的新颖性、创造性。例如，一个原地的跑跳步动作，通过启发引导，幼儿能创造出各种各样的跑跳方式：有行进跑跳、变换方向跑跳、变换节奏跑跳，或由单人跑跳变成双人跑跳、三人跑跳甚至更多人一起的跑跳。这样，就可以使很呆板的动作变得灵活、新颖，有创造性。

3. 队形设计的合理性

如果说音乐和动作是晨间律动的血液和骨骼，那么合理的队形设计就是使血液流动、骨骼活动的重要关节。如何把动作放在富有特色、合理变化的队形中表现出来，是值得反复斟酌和不断实践探索的。队形设计首先要考虑班级人数，其次要充分考虑活动场地特征，在此基础上还要特别注意队形变化的科学合理，如队形不能自始至终都不变，也不能变化过于频繁。教师要根据音乐的变化和幼儿的年龄特点来确定队形的变化。一般一首曲子设计一个队形，到了中班后期和大班可适当增加一些细节变化，以达到增强表现力、提高难度等目的。队形应明显清晰、具有新颖性，给人以自然、活泼、优美的感受。常用的队形有以小组或男女为单位的纵队、横队、单圈、双圈、斜排等，各种队形可根据活动场地、班级人数等单独使用或组合使用。总之，在设计队形时，要全面考虑音乐、动作、场地、人数等因素进行综合设计。

4. 情感激发的有效性

情感是活动成功的催化剂，它具有引发、定向、激励和强化的作用。幼儿期正是情感从低级向高级逐步发展的重要阶段，在这一时期，伴随富有情感的音乐进行晨间律动，对幼儿的情感发展具有良好的促进作用。能够有效激发幼儿的积极情感，需要教师的积极支持与引导。首先，教师要营造轻松愉快的活动氛围。其次，动作的表现要尽量做到流畅、自然、和谐、优美。最后，教师能适时、适当地鼓励幼儿，可以使幼儿萌发表演、表现的热情与冲动，以最大的热情投入到律动中去。

教师在确定主题时，应根据幼儿不同年龄特点、感性经验和心理要求，尊重幼儿意向，尽可能使韵律活动主题与幼儿动机一致。因此教师在设计韵律活动时，要采用能反映音乐形象的动作和情节来启发幼儿，指导幼儿知道和理解音乐，帮助幼儿用与音乐形象相符合的动作来表达。除了对幼儿进行基本技能训练以外，更重要的是培养孩子对音乐、对艺术美的感受力、表现力及创造力。

四、幼儿韵律运动创编存在的问题

1. 创编动作难，不符合幼儿特点

幼儿期的孩子身心发育还不完善，在认知、机能、动作水平、情感方面都处于初级阶段，需要通过各种科学有效的干预手段来促进他们的身心健康。作为幼儿园重要的活动内容，韵律活动对幼儿的健康促进效果显著。但是在幼儿韵律活动创编中还存在一些成人化的现象，习惯以成人思维和专业技能角度创编韵律操，但是成人与幼儿的能力不一样，接受能力不同，这样的创编动作不易于儿童学习与掌握，同时还忽略了幼儿的情感发展。

2. 韵律活动设计缺乏针对性

众所周知，在幼儿阶段，很小的年龄差距在身体发育、情感发展方面相差甚远。目前有些韵律活动设计为了创编而创编，创编没有针对性，创编的过程中忽略了各年龄阶段幼儿的身心发展水平、经验的积累等，未能针对某一年龄段、某一具体班别的幼儿来创编，没有根据幼儿发展水平创编，导致创编的韵律运动没有针对性。

3. 创编教师专业素养不同，质量参差不同

幼儿韵律运动创编基本依托于幼儿教师，教师专业素养水平直接影响韵律活动创编的质量。每个幼儿教师的韵律活动技能水平及专业素养水平不一，对韵律活动创编动作的提炼能力也就不同，会出现提炼动作不精准的情况，在表演时的情感态度不够突出，导致幼儿学习的进度拖延、成效不好。

4. 注重技能学习，忽略情感表达

韵律运动之所以对幼儿身心健康有明显的效果，一方面是韵律运动本身可以锻炼幼儿身体各个部位，发展幼儿运动能力；另一方面韵律运动的音乐、表演、舞蹈元素能够带给幼儿不一样的情感体验，使幼儿在锻炼的

过程中情绪得到释放，感情得以表达。某种程度上讲，韵律运动是表达思想感情的一种艺术形式，但在实践过程中却有大部分的幼儿教师为教动作而教动作，只重视技能的学习，忽略了幼儿情感的表达和培养。

五、幼儿韵律运动创编实践

1. 小班幼儿的韵律创编主要是模仿

小班主要是观察力和注意力的训练，主要的学习方式是模仿。小班幼儿的身体发展、协调能力、灵活度都相对较弱，对动作把握的准确度不高，因此，小班幼儿的韵律活动创编动作相对要简单易懂，易于幼儿学习和掌握，创编音乐要具有形象鲜明具体、节奏活泼轻快的特点，易于幼儿喜欢和发挥积极主动性学习韵律动作。

2. 中班幼儿的韵律创编主要是亲子律动

科学的亲子活动能够启发幼儿的智慧、发挥幼儿现有的能力，并能引导和发展他们新的能力。而韵律亲子活动除了能起到韵律运动本身对人的作用，发展幼儿的身体运动机能、陶冶幼儿的情操及促进幼儿观察力、注意力、思维能力和记忆力的发展，还能通过活动给家长和幼儿带来乐趣，使其拥有更多的交流和了解彼此的机会，也能够体会到亲子活动的幸福。

3. 大班幼儿自由创编舞蹈

大班幼儿身体各方面得到发展，手脚活动配合也更加协调，可以开展一些较为复杂的韵律活动，让活动更具有表演性、游戏性和挑战性，增加幼儿的成就感。大班幼儿合作意识逐渐增强，求知欲比较强烈，喜欢挑战。活动可以根据这些年龄特征，把新的韵律运动表演形式传授给幼儿，让幼儿在音乐的伴奏下开展新的学习。

4. 轻器械韵律运动创编

有道具的韵律活动更能激发幼儿的学习热情和兴趣，它比纯粹的肢体活动更能激发幼儿的创新思维。道具可以促进幼儿发挥想象力，在创作中将道具的特性充分展现。同时，幼儿的直观性思维的特征表明，颜色鲜艳的道具更能引起幼儿的兴趣。但由于幼儿的社会经验相对较少，道具选用应以常见的、贴近生活的为主。例如，水果篮、毛巾、书包、帽子、拖把，等等。

思考题：

（1）幼儿韵律运动与幼儿舞蹈之间的区别和联系？
（2）幼儿韵律运动具备哪些独特的价值？
（3）如何针对不同阶段的幼儿开展韵律运动教学？
（4）幼儿韵律创编的注意事项有哪些？

参考文献

［1］中国人民大学哲学系逻辑教研室. 形式逻辑［M］. 北京：中国人民大学出版社，1996：23.

［2］郭佳伟. 皮亚杰发生认识论研究［D］. 石家庄：河北大学，2011：5-7.

［3］Kathleen M Haywood, Mary Ann R oberton, Nancy Getchell. Advanced analysis of motor development［M］. Maryland：Human Kinetics，2011：20-25.

［4］Garza Cedillo, Gabriela. The effect of a cognitive, language, motor skills stimulation program on the cognitive, language, and motor skills of children in childcare centers［J］. Texas：University of Houston，2006：1-12.

［5］Western dorp M, Hartman E. The relationship between gross motor skills and academic achievement in children with learning disabilities［J］. Research in developmental disabilities，2011，32（6）：2773-2779.

［6］R iolama Lorenzo Lasa. Facilitating preschool learning and movement through dan［J］. Early Childhood Education Journal，2007，35（1）：

25-31.

[7] B. H. 普拉托诺夫著. 运动训练的理论与方法[M]. 张人民, 译. 北京：高等学校出版联合会总出版社，1984：78-92.

[8] 田麦久，刘大庆. 运动训练学[M]. 北京：人民体育出版社，2012：32-36.

[9] Karlsson A, Frykberg G. Correlations between force plate measures for assessment of balance [J]. Clin Biomech, 2000, 15（5）：365-369.

[10] Roncesvalles M, Woollcott MH, Jensen JL. Development of lower extremity kinetics for balance control in infants and young children [J]. Motor Behav, 2001, 33（2）：180-184.

[11] Ferdjallah M, Harris GF, Smith P, et al. Analysis of postural synergies during quiet standing in healthy children and children cerebral palsy [J]. Clin Biomech, 2002, 17（3）：203-210.

[12] Westendorp M, Hartman E. The relationship between gross motor skills and academic achievement in children with learning disabilities [J]. Res Dev Disabil, 2011, 32（6）：2773-2779.

[13] Riach CL, Hayes KC. Maturation of postural sway in young children [J]. Dev Med Child Neurol, 1987, 29（5）：650-658.

[14] Cobb SC, Tis LL, Johnson BF, et al. The effect of forefoot varus on postural stability [J]. J Orthop Sports Phys Ther, 2004, 34（2）：79-85.

[15] Raudsepp L, Paasuke M. Gender differences in fundamental movement patterns, motor performances, and strength measurements of prepubertal children [J]. Pediatric Exerc Sci, 1995, 7（2）：294-304.

[16] Mc Guine TA, Greene JJ, Best T, et al. Balance as a predictor of ankle injuries in high school basketball players [J]. Clin J Sports Med, 2000, 10（4）：239-244.

[17] Willems TM, Witvrouw E, Delbaere K, et al. Intrinsic risk factors for

inversion ankle sprains in females –a prospective studies［J］. Scand J Med Sci Sports，2005，15（5）：336-345.

［18］徐媛. 创造让课堂充满活力［J］. 儿童音乐，2013（9）：62-65.

［19］蒋培铃. 课程游戏化背景下创意美术活动的实施策略［J］. 儿童与健康，2021（10）：39-41.

［20］李曼. 让学生在这样的课堂上成长：让思维动起来［J］. 教育，2018（28）：38-39.

第五章 幼儿球类活动

第一节 幼儿球类活动概述

一、幼儿球类活动的概念

球类运动通常是指由各类大球和小球所组成的球类运动项目的总称。而幼儿球类活动则是在球类运动项目的基础上，根据幼儿身心发育特点，对场地、器材、规则、组织方法等做相应改造，并由改造后的小篮球、小足球等各种球类运动项目组成。

二、球类活动与幼儿身体素质发展的关系

（一）球类活动发展幼儿身体平衡能力

平衡能力是指人体在运动或失去平衡时能够在大脑调控下通过视觉、本体感觉调节肌肉收缩而恢复和保持平衡的能力。平衡能力可以确保人体姿势、本位改变时身体重心的稳定性，可以反映身体前庭器官、肌肉、肌腱、关节内的本体感受器功能以及经过视觉、体觉对外界刺激的协调能力。平衡技能的提高能有效避免或减轻偶发事件所引起的伤害。幼儿阶段是平

能力发展的重要时期,幼儿时期的前庭平衡能力较差,例如在快跑、转弯、急停急起、跳跃落地,以及在不平整的场地上奔跑运动时容易失去平衡而摔倒,在稍高或者不平稳的器械上活动时会产生担心、害怕、紧张且身体稳定性差,通过体育锻炼可以有效地提升幼儿的平衡能力。[1]而幼儿在参加球类活动中,需要及时判断球的速度、方向、空间位置等,长期进行球类活动可以有效提升幼儿对球的控制能力和身体的平衡能力。[2]

(二)球类活动发展幼儿身体灵敏素质与协调能力

身体的灵敏性是多种运动技能、神经反应和身体素质在运动中的综合表现,它是指人体迅速改变体位、转换动作和随机应变的能力。灵敏素质是在中枢神经系统的指挥下各种身体素质的综合表现,因为神经反应决定了反应速度的快慢,判断是否准确、应答动作是否及时,它在不同程度上体现了力量、速度、持久力、柔韧等素质。神经系统是人体发育最早、最快的系统,因此幼儿时期的动作速度、平衡能力、节奏感等方面都具有很大的发展潜力,抓住这一关键时期进行练习易于发展幼儿的灵敏素质。协调性是指机体受多个系统影响而自发组织获得并产生了功能上特殊的肌肉群或协同的能力,表现为肌肉群的发力时机、动作方向及速度恰当,平衡、稳定且有节律性,机体内部及机体与运动时外部环境之间良好的协同状态。幼儿神经系统功能不稳定,抑制过程占优势,兴奋与抑制过程在大脑皮质容易扩散,神经系统活动的集中能力较弱,动作不协调,容易出现多余动作。[1]球类活动中的控球、停球、运球、抛球、接球等动作,能够有效地提高幼儿的灵敏反应和动作的协调性,从而提升幼儿的灵敏素质与协调能力。

(三)球类活动发展幼儿身体力量与耐力素质

肌肉力量是指肌肉收缩时对抗阻力的能力,肌耐力是指肌肉持续对抗阻力所能维持的时间。肌肉力量是决定运动成绩的重要素质之一。要根据幼儿的身体状况和年龄特点合理安排力量素质练习的运动量,练习时间不宜过长，但内容可以多样。可以把跑、跳，投掷，体操等和游戏相结合进行练习，以激发幼儿的锻炼热情，养成良好的锻炼习惯。幼儿力量训练应以动力性和克服自身重量的小强度练习为主，遵循逐步增加的原则，不能操之过急。要掌握力量性练习的间隔时间与选择趣味性强的练习方式。练习时要按照先练大肌肉群、后练小肌肉群、全身不同肌肉群交替进行训练的原则。持久力指幼儿长时间运动时克服机体疲劳的能力，它是反映幼儿健康水平或体质强弱的一个重要标志。有氧持久力是指长时间进行有氧供能的工作能力；无氧持久力是指缺氧状态下，长时间对肌肉收缩供能的工作能力。根据幼儿时期的生理解剖特点，幼儿阶段尚不具备长时间持续剧烈运动的生理基础，主要是发展幼儿的有氧持久力，应避免让幼儿的体育活动强度进入无氧代谢的状态。[1] 球类活动中的各种游戏能够有效地提高幼儿的身体力量与耐力素质。

三、球类活动与幼儿心理素质发展的关系

（一）球类活动促进幼儿认知的发展

幼儿时期是大脑认知功能发展的黄金期，同时也是大脑对外界刺激感受最为敏感的阶段，而小篮球、小足球等球类活动可以作为一种有效的外界刺激，对幼儿大脑认知功能发育产生有益影响。据研究报道显示，运动对儿童大脑认知功能的正面影响程度要显著大于对成年人和老年人的影响。此外，一项针对5~8岁儿童的研究结果显示，经常参与并喜欢运动的儿童的执行力要明显强于不喜欢运动的儿童，原因在于经常参与体育运动能够使儿童在运动中学会控制自己的行为，促进幼儿大脑认知功能的发展。

（二）球类活动提升幼儿的注意力

注意力是幼儿的本能，凡是新奇的、有吸引力的事物都能引起幼儿的注意，但是幼儿的注意力维持时间比较短暂，通常不能长时间停留于某事

物上，3～6岁是幼儿注意力发展和培养的关键时期。有研究结果显示，运动能够有效提升幼儿的注意力，一方面，球类活动比较有趣，更能够引起幼儿的注意，并激发幼儿的好奇感和兴趣；另一方面，规律性的球类活动能够促进幼儿大脑机体中多巴胺和去甲肾上腺素的分泌，从而减缓注意缺陷和多动障碍。因此，球类活动能够提升幼儿的注意力。

（三）球类活动促进幼儿情绪调节能力发展

球类活动中，幼儿会面临各种各样的情绪起伏，如努力后没有获得好成绩的失落，面对比赛中的"不公平"现象时的愤怒等，而这些情感体验会让幼儿明晰并非努力就一定能获得好成绩，更不是每场比赛都有绝对的"公平"，让他们知道遇到挫折时应该如何积极地看待和面对。此外，球类活动大部分是一些团队协作的运动，在活动中可以有效锻炼幼儿的团队合作意识，培养幼儿的集体荣誉感，提升幼儿的沟通、协调能力，而这些都能够有效促进幼儿情绪调节能力的发展。

（四）球类活动利于幼儿完美人格的塑造

球类活动能够锻造幼儿坚强的意志品质，提升幼儿的自信心和意志力。幼儿在参与球类活动过程中会经历各种不同的体验，例如技能学习过程中的困难阻碍，学会技能后的愉快体验，比赛中的成功与失败，以及失败后的情绪调节与控制，等等。经过这些情感体验，幼儿的意志品质、自信心会不断得到磨炼和提升。有研究结果表明，球类活动在培养幼儿受挫后的情绪恢复，以及意志力提升等方面具有显著效果。[3]

第二节 幼儿球类活动的课程设计

一、幼儿球类活动课程的概念、目的与意义

（一）幼儿球类活动课程的概念

幼儿球类活动课程是指由小篮球、小足球等多种球类项目组成，以球类教学、户外球类区域活动、室内球类区角游戏、球操等高低结构形式开展的，促进幼儿对球类运动产生兴趣和身心健康的教育活动总和。[4]

幼儿球类活动课程重在探索形成面向全体幼儿，适合在幼儿园中开展的球类活动课程，并在课程开展过程中根据幼儿的身心发育特点对教学内容、教学方法等进行不断优化和完善，进而提升教师的创新教育能力和水平，促进幼儿身心全面健康发展。

（二）幼儿球类活动课程的目的

幼儿时期（3～6岁）是智能、心理、体能等身心素质发展的关键时期，该时期的幼儿如果能够接受科学系统的适宜的锻炼，幼儿的各项素质将得到最佳发展。幼儿球类活动具有趣味性、竞争性、集体性等特点，是全面发展幼儿身体素质、心理素质和智力的最佳运动项目之一。幼儿球类活动课程是根据幼儿年龄特征和动作发展的基本规律，对球类运动项目的场地、器材、规则、方法等进行改进，将球类运动作为一种教育手段，从中挖掘适合幼儿特征的球类运动游戏，通过多样化的球类游戏活动让幼儿感受体育运动的快乐，培养幼儿的运动兴趣，提高幼儿的体能、速度、力量、灵敏等身体素质和动作的准确性、协调性，培养幼儿顽强拼搏、团结协作、果断机智等个性品质，促进幼儿身心全面健康的发展。

（三）幼儿球类活动课程的意义

1. 培养和激发幼儿运动参与的兴趣

球类运动具有活泼性、丰富性、集体性、对抗性和竞争性等特点，而游戏又是最能激发幼儿兴趣的方法和手段，通过将球类运动创编和改造成各种符合幼儿身心发展特点的球类游戏，可以有效激发幼儿运动参与的兴趣，引导、激发、培养幼儿产生积极的心理倾向，获得心理满足感。

2. 促进幼儿身体素质和运动能力的全面发展

幼儿时期是动作学习的关键时期，也是发展动作的最佳时期。幼儿球类游戏活动不但能够激发幼儿对球类运动的喜爱和兴趣，还能有效促进幼儿体能等身体素质和动作能力的发展。幼儿在球类活动中可以根据自己的运动能力选择活动内容，在活动中逐步掌握和改进基本动作，提高基本动作质量，发展幼儿身体的基本运动能力，促进身体生长发育，同时发展力量、速度、耐力、灵敏和身体协调等身体素质，为养成良好的运动习惯奠定基础。

3. 促进幼儿认知能力的发展

幼儿对外界事物的认知能力是从感知开始的，而幼儿球类活动可以与大脑运动有机结合，形成手脑配合。例如，在篮球的运球、传球活动中，幼儿不仅要手眼协调配合，还需要手眼和大脑的协同配合，通过观察、判断、思考，来调整自己的身体位置和动作。而这种手眼和大脑的有机结合，对保持神经系统的功能具有重要的作用，能够有效促进幼儿的思维判断能力的发展，促进幼儿智力的发育，促进幼儿认知能力的发展。

4. 培养幼儿良好的个性品质

幼儿在动态、多元、趣味、竞争、合作的球类游戏活动中，不仅可以熟练掌握运球、传球、投球等基本动作，同时也有利于养成不怕困难、勇于挑战、团结协作、善于沟通等良好的个性品质。在球类游戏中，会面临各种挑战性活动，会让幼儿有更坚韧的品质；球类游戏的规则，会让幼儿养成遵守规则的意识；球类比赛中与队友的相互合作配合，会让幼儿形成良好的集体意识和团队精神，等等。

二、幼儿球类活动课程概念及内容设计原则

（一）趣味性原则

幼儿球类活动设计的趣味性是其生命力所在，具有趣味性的球类游戏更能激发幼儿的参与兴趣。因此，在进行幼儿球类活动课程设计时需体现趣味性的原则，例如在球类游戏中设置各种幼儿熟悉的生活情景和角色，安排有趣的故事情节，让幼儿能够沉浸其中感受乐趣，自觉主动地参与到游戏活动中来。

（二）锻炼性原则

球类活动课程内容设计需要体现锻炼性原则，综合考虑幼儿力量、耐力、协调性、灵敏性、柔韧性等身体素质的锻炼，来改造和创编球类活动内容。此外，还需兼顾球类活动运动负荷的适宜性，避免出现过大的运动负荷，从而对幼儿身体产生不良影响。

（三）教育性原则

球类活动课程内容设计过程中，要融合渗透各方面的教育内容，让幼儿能够在玩中学、学中做。在球类活动或游戏比赛设计时，可以制定相应的技术规范和规则要求，让幼儿在参与球类游戏过程中发展其认知能力，培养他们遵守规则、团结协作、奋勇争先等优良品质，充分体现球类课程内容的教育性原则。

（四）适宜性原则

幼儿球类活动的场地和器材等的开发与利用，需要体现适宜性原则。根据幼儿身体发育特点创造性地对各种球类运动场地器材进行开发和改造，以适合幼儿参与。例如小篮球、小足球、软网球等幼儿球类器材。

（五）安全性原则

幼儿时期的孩子天性活泼好动，如果在体育游戏过程中，组织教学设计不合理，安全保障措施考虑不到位，很可能导致幼儿在活动中出现受伤等安全问题。因此，在球类活动课程设计和教学组织等各环节，均需着重考虑安全性原则，对一些可能存在安全隐患的环节进行有效的防范处理。例如，为防止幼儿摔倒受伤，可以在水泥地铺上瑜伽垫。此外，为防止活动中幼儿间发生碰撞，合理安排器材的投放数量、活动范围和路线等。

（六）科学性原则

科学性原则是根据幼儿身心发展特点、年龄特点，对球类活动的时间、强度、内容等进行科学设计，动静交替，以满足幼儿对球类活动的兴趣。例如，由于幼儿神经系统发育尚未成熟，大脑皮层的兴奋和抑制过程发展不均衡，高级神经活动兴奋过程占优势，但抑制过程不够完善，表现为兴奋持续时间较短、专注时间不长、动作控制缺乏准确性、自我控制力较弱等特点，在进行球类活动内容设计时需要不断增加挑战性和趣味性内容，以吸引他们的注意力，调动他们的参与积极性。此外，幼儿对肌肉精细动作控制能力较弱，而对粗大动作控制能力相对较强，设计课程内容时可以多进行大肌肉群参与的粗大动作练习，如投球、抛球、传球、踢球等，后期随着幼儿身体素质的不断发育和运动能力逐渐增强，再增加精细动作的练习。[5-8]

三、幼儿球类活动课程的目标

（一）幼儿球类活动课程的总目标

通过课程学习，使幼儿在球类活动中感知不同球类活动的特性以及人与球之间的关系，并萌发对球类活动的好奇和探索欲望；掌握最简单的小篮球、小足球等幼儿球类活动的基本动作技能，使身体素质及综合运动能力得到有效发展；简单了解各种幼儿球类活动的相应规则，锻炼幼儿的球类游戏规则意识；培养幼儿团结协作、遵守规则、勇于拼搏等个性品质。[4]

按照不同维度可将幼儿球类活动课程目标分为情感态度、身体素质、运动技能、个性品质等四个方面。

1. 情感态度

通过丰富多彩的球类活动内容、组织形式等，引导幼儿体验球类运动的乐趣，激发和培养幼儿的运动兴趣，能够积极主动地与同伴一起参与各项球类游戏活动，并从中获得运动带来的成就感和愉悦体验，进而养成良好的行为和锻炼习惯。

2. 身体素质

通过课程学习，使幼儿的身体素质得到全面发展，提升幼儿的体能、力量、速度、耐力、灵敏性、协调性等身体素质水平，提高幼儿适应环境变化的能力，促进幼儿身体健康发展。

3. 运动技能

了解学习各球类活动的相关知识，初步掌握滚球、抛球、传球等幼儿球类运动的基本动作和练习方法，注重球类游戏的组织性，发展幼儿的基本运动能力，以及能够积极与同伴一起探索各种玩球的方法等。

4. 个性品质

形成遵守规则、团结合作、不怕困难、勇于拼搏、自尊、自信、自强等优良个性品质，学习自我情绪调节和控制的方法，提高与同伴沟通交往的能力和社会适应能力。

（二）各年龄阶段球类游戏课程分目标

各年龄阶段幼儿的兴趣和学习需求各有侧重，在进行不同年龄阶段课程分目标制定时，需要根据不同年龄幼儿身心发展的特征进行相应的调整。例如，幼儿在小班阶段可能更侧重于对球类运动兴趣的激发、拍球或滚球等基本动作的学习；中班阶段在前期学习的基础上更侧重于对球类运动项目知识的探索、运球和控球能力的培养;大班阶段则更侧重于与同伴的合作玩球意识和能力的提升,以及规则意识的养成等。[4]

1. 小班阶段

喜欢玩各种球,积极参与丰富多彩的球类游戏活动,培养对球类游戏活动的兴趣;乐意尝试参与各种球类活动,初步掌握滚球、抛球、拍球等基本动作;能在各种球类游戏中持续活动20分钟左右,发展平衡、灵敏、协调等身体运动素质;初步形成良好的取放球类器械、进行球类活动的常规,积极参加集体活动。

2. 中班阶段

初步了解球类运动相关的启蒙知识,并培养幼儿对篮球游戏的探索兴趣;知道并掌握各种球类活动的玩法,有良好的玩球常规,并学着运用各种辅助器材进行球类游戏;进一步熟悉球性并掌握基本动作,提高控球能力以及手眼协调能力,发展平衡、灵敏、协调等身体运动素质;形成乐观向上的积极心态,培养合作精神、集体意识、不怕困难、勇于拼搏的个性品质,促进非智力因素的发展。

3. 大班阶段

能积极主动地与同伴一起投身于球类游戏活动中,并能够感知与分享球类活动的知识与技能,主动探索不同球类的特性,对球类活动产生浓厚的兴趣;积极探索与同伴合作玩球的各种方法,形成良好的球类运动常规,学习、体验简单的比赛知识与方法,积累幼儿园球类比赛的经验;进一步掌握基本动作,具备较好的协调、灵敏等身体素质;形成遵守规则、团结合作、不怕困难、勇于拼搏等优良个性品质,与同伴的沟通交往能力得到提升,并能够进行一定的自我情绪调节和控制。

四、幼儿球类游戏活动内容

(一)幼儿园小班

小班幼儿正处于身体发育的初期阶段,体能、力量、协调和灵敏等身体素质较差，身体对动作的控制能力较弱，正处于走、跑、跳、投等基本动作的初学阶段，有许多生活中必备的动作技能仍不能熟练掌握，各项基本动作缺乏准确性和协调性，集体观念、规则意识等同样较弱。该阶段的幼儿通常喜欢各类的动作模仿、尝试新鲜动作，但注意力不集中。

因此，幼儿园小班球类活动课程应该以培养幼儿对球类运动的兴趣、增强自信心为主，学习和了解球类运动的简单知识和基本动作，发展他们的基本活动能力。游戏活动内容应该选择难度小、规则少、直观性强、易模仿的集体游戏。例如，滚球、抛球、拍球、接球等游戏活动，同时融合走、跑、跳等的基本动作的练习。

（二）幼儿园中班

中班幼儿随着大肌肉群的不断成长发育，身体肌肉力量和耐力得到一定程度的提升，动作的稳定性、协调性和灵敏性逐渐增强，能够进行一定活动量和持续一定活动时间的练习，同时具备一定的自我保护意识和能力。

因此，幼儿园中班球类活动课程内容应该选择培养幼儿对球类活动的探索兴趣，发展幼儿身体平衡、协调和速度等身体素质和控球能力的内容。例如，单双手交替拍球、行进间直线和曲线运球、头上和胸前传球、投篮、射门等。

（三）幼儿园大班

大班幼儿随着身体的不断生长发育，神经系统和身体肌肉发展更为完善，神经系统的分化抑制过程逐渐增强，力量、速度、灵敏和协调等身体素质比中班幼儿都有所提高，动作更加协调，规则意识、竞争意识和集体意识等逐渐增强。

因此，幼儿园大班球类活动课程内容应该以发展幼儿体能为主，结合球类运动的基本动作练习，提高幼儿身体的综合能力和感知觉能力，同时在幼儿初步学习和掌握各球类运动基本动作的基础上，尝试进行一些球类游戏比赛，培养幼儿的团队协作精神和自信心，锻炼坚忍不拔、奋勇争先

的意志品质。例如，花式拍球、双手交替运球、绕障碍运球、行进间变向运球、各类小型比赛游戏等。[3, 4]

五、幼儿球类活动的组织形式

幼儿球类活动主要以丰富多彩的球类游戏为主，通过幼儿的户外体育活动、集体教学活动、球操活动和主题活动等形式开展。[9]

（一）户外体育活动

户外体育活动主要是指教师在户外特定区域内组织各类体育教学活动，在组织户外体育活动时，可以依据不同幼儿园实际情况，设置球类运动专属的活动区域，例如篮球区、足球区等，在不同区域组织幼儿进行各专项基本动作的学习和游戏比赛的组织，可以是自由分散开展，也可以是多人合作进行，教师进行观察并提供相应指导和评价。

（二）集体教学活动

根据幼儿园球类活动课程目标和各阶段幼儿认知规律和身心发展的特点，合理安排各班级的球类教学活动时间，既保障球类活动项目的多样性，同时也兼顾球类教学内容的连续性。力求全面系统地整合各球类活动的知识技能，以运动为主要手段，以游戏为基本形式开展球类教学活动，使幼儿在锻炼身体、增强体质的同时，运动能力、个性品质等均得到同步全面发展。集体教学活动要求做到有目的、有计划、有步骤，同时做好教学活动的观察与评价。

（三）球操活动

球操活动是将各种球类活动的基本动作与幼儿身体各部位的动作锻炼相结合，形成相应的幼儿球操。球操活动的特征在于突显不同球类运动的动作特点，它是以各种球类运动的基本动作为基础来设计改编而成的，让幼儿在球操活动中学习相应的球类运动的基本动作技能。

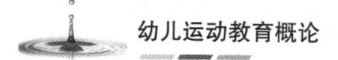

（四）主题活动

主题活动主要是指围绕各种球类运动项目知识为主题，活动内容可以是球类项目知识竞赛、球类游戏比赛等，主题活动要求教师充分挖掘主题下的材料资源，有效调动幼儿参与活动的兴趣。通过主题活动不仅可以拓宽幼儿的视野、增长知识，还可以使幼儿在自然情景中接受球类运动知识的熏陶，逐步形成对球类运动项目的系统认知和浓厚兴趣。

六、幼儿球类活动的教学方法与游戏形式

（一）幼儿球类活动的教学方法

1. 示范法

示范法是指教师通过正确的动作示范，使幼儿了解和学习动作的结构、环节、要领等。根据示范方向的不同，示范法可以分为正面示范、镜面示范、侧面示范和背面示范。教师的示范位置和方向需要根据幼儿的队形，以及不同动作的性质特点来选择，例如，当教师进行新授课内容教学时，通常采用正面示范；当教师带领幼儿进行动作练习时，通常采用镜面示范；当教师进行较为复杂的动作教学和练习时，通常采用侧面和背面等多种示范方法。此外，教师在进行动作示范时，还需注意动作示范要正确、优美，突出重点，示范与语言讲解相结合。

2. 讲解法

讲解法是指教师用语言来表达动作的方法、要领，指导幼儿进行动作练习，通常与示范法相结合，可帮助幼儿建立正确的动作概念和表象认知。幼儿球类活动教学中的讲解要求语言精练、准确，并且要使幼儿能够听懂。因此，教师在进行动作讲解时，需要注意讲解的语言表达要少而精、通俗易懂、生动形象，且具有一定的趣味性，同时讲解要突出重点、富有启发性。

3. 练习法

练习法是指教师根据教学目标和任务，有目的地带领学生反复进行某

一技术动作练习的方法，重复练习可以有效提升幼儿对动作的熟练程度。幼儿球类活动教学中常用的练习法包括完整练习法、分解练习法、重复练习法、变换练习法、口头提示法和具体帮助法等。[3]

（1）完整练习法：是指完整进行某一动作练习的方法。

（2）分解练习法：是指将完整动作分解成若干动作环节，依次完成各环节动作的练习，最后再过渡到完整动作的练习。

（3）重复练习法：是指在不改变动作结构和练习条件的基础上，反复进行某动作练习的方法。

（4）变换练习法：是指变换练习环境、练习动作、练习次序等进行的练习方法。

（5）口头提示法：是指幼儿在动作练习或游戏活动中，教师用简单、明确的语言提示和指导幼儿活动的方法。

（6）具体帮助法：是指教师直接、具体帮助幼儿掌握技术动作的方法，通常用于个别指导。

（二）幼儿球类活动的游戏形式

幼儿球类活动的教学通常以游戏的形式开展，通过丰富多彩的游戏不仅能够有效激发幼儿的运动兴趣和参与度，同时也会大大提升幼儿对各项技术动作的学习效果。幼儿球类活动中常用的游戏形式包括主题游戏法、竞赛游戏法、活动探索法、增减材料法、分组轮换法等。[9]

1. 主题游戏法

主题游戏法是指根据活动内容营造一定的故事情节或主题活动，并将其贯穿于整个游戏活动中，身体活动的内容始终围绕情节的发展或主题的深入而展开。主题游戏可以让幼儿对游戏活动有一个完整的印象，提高身体活动的连贯性，同时还能让幼儿为接下来的活动做好身心两方面的准备，能够较好地激发和调动幼儿的活动积极性。

2. 竞赛游戏法

竞赛游戏法是指在游戏活动中增加一定的竞赛内容，通过竞赛游戏来

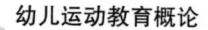

调动幼儿对活动的积极性，使幼儿在活动中更加努力和投入，培养奋勇争先、遵守规则、团结协作的精神。竞赛游戏法通常应用于较大年龄的幼儿。

3. 活动探索法

活动探索法是指在教师的引导下，让幼儿通过亲身的实践探索来发现各种球类活动的新玩法，同时与同伴之间进行相互沟通，交流自己的新发现。活动探索法可以有效激发幼儿积极性、主动性和创造性，同时也能增进幼儿同伴间的沟通交流。

4. 增减材料法

增减材料法是指当幼儿熟练掌握某一动作后，教师通过增加或改进道具来提高动作难度，从而提高幼儿的兴趣，调动幼儿活动参与的积极性。例如，在组织幼儿进行投小篮球游戏时，可以通过调整篮筐的大小、高低及形状等，来增加游戏活动的趣味性和挑战性。

5. 分组轮换法

分组轮换法是指将幼儿分为若干个小组，在教师的指导下同时开展不同的内容活动，并按照教师的要求逐次轮换进行各项活动。分组轮换法可以有效提高幼儿活动的密度，丰富活动内容。此外，通过不断变换活动内容，还能够持续调动幼儿对活动的积极性，避免长时间单一活动内容而引起厌倦。

第三节　幼儿小篮球游戏设计案例

一、幼儿园小班

幼儿园小班小篮球活动目标主要是以培养幼儿对篮球运动的兴趣、增强自信心为主，锻炼幼儿的走、跑、跳、投、平衡等基本动作技能，学习和了解篮球运动的基本动作。小篮球活动内容主要包括单双手滚球、抛接球、双手拍球、原地运球、抛投球等。[3]

（一）我的小球最听话

1. 活动目标

（1）熟悉球性，发展幼儿滚球能力和上肢力量。

（2）培养和激发幼儿对篮球运动的兴趣。

2. 活动准备

空场地、小篮球若干。

3. 活动方法

方法一：幼儿人手一个小篮球，分散站在场地上，尝试用双手或单手向各个方向滚球，一边滚球一边说儿歌："小球、小球圆又圆，滚过来滚过去，谁的小球最听话？我的小球最听话！"

方法二：幼儿在起点处站成一排，人手一球，听到口令后，将球放在地上，双手用力将球滚出去，不能让球离开地面，看谁的球滚得最远。

方法三：幼儿分成人数相等的两排，一排站在起点处，另一排站在相隔 4 米的终点处，两排幼儿一一对应，一排首先拿球，听到口令后，将球放在地上，双手用力将球滚给对面同伴，同伴间进行重复滚球动作。

4. 指导建议

（1）教师带领幼儿边说儿歌边滚球，同时参与游戏，并引导幼儿自主尝试不同的滚球方法和动作。

（2）在游戏活动中，教师可根据幼儿的实际水平适当调整幼儿的间隔距离。

（二）揉汤圆

1. 活动目标

（1）熟悉球性，学习用手掌控制球。

（2）激发幼儿参与小篮球游戏的兴趣。

2. 活动准备

空场地、小篮球若干、小呼啦圈若干。

3. 活动方法

方法一：幼儿人手一个小篮球，呈半蹲姿势。听教师口令，顺时针或逆时针用手掌轻按篮球"揉汤圆"，边揉边说儿歌："小篮球，手下揉，前后左右里和外，小手和球不分开，揉汤圆呀真好玩。"看看谁揉汤圆的姿势更好。

方法二：将小篮球放在小呼啦圈内，幼儿站在呼啦圈旁边，在方法一的基础上，教师引导幼儿弯腰用手轻按篮球，让球顺时针或逆时针沿呼啦圈内沿画圈。

4. 指导建议

（1）教师可以引导幼儿进行左右手交替进行游戏，以促进幼儿双侧肢体协调全面发展。

（2）可以变换不同的场地进行游戏，例如草地、土地、沙地、水泥地等，让幼儿感受在不同场地手控球的难度变化。

（三）送球宝宝回家

1. 活动目标

（1）熟悉球性，练习双手滚球动作，提高幼儿手眼协调能力。

（2）培养幼儿对小篮球游戏的兴趣，以及合作意识。

2. 活动准备

小篮球若干、纸箱若干、塑料瓶若干、背景音乐。

3. 活动方法

方法一：场地一端摆放"球宝宝"（小篮球）的"家"（纸箱），让幼儿在距离纸箱10米左右的另一端和"球宝宝"玩游戏（原地自主双手滚球），当教师说："天黑了"，幼儿双手滚球移动，将球滚进纸箱里。当教师说："天亮了，跟球宝宝玩耍啦"，幼儿再将球从纸箱取出，将球原路滚球移动至另一端进行原地滚球，进行重复练习。

方法二：在方法一的基础上，双手滚球改为单手滚球，并在纸箱和起点之间画出一条宽20厘米的直道，引导幼儿在直道内滚球，球不能滚出直道。

方法三：在方法二的基础上，在直道中均匀摆放塑料瓶，引导幼儿当遇到瓶子时要转弯绕过瓶子，再回到直道继续滚球，球不能碰倒瓶子。

4. 指导建议

（1）教师引导幼儿滚球时，要用手指和指根触球，用手腕和手指的力量来滚动球。

（2）单手滚球时，要求手不能离开球，同时要控制球的速度。

（四）赶小猪

1. 活动目标

（1）熟悉球性，同时发展幼儿的手眼协调能力和身体平衡能力。

（2）体验小篮球游戏的乐趣，培养对篮球运动的兴趣。

2. 活动准备

小篮球、小木棒、塑料瓶、纸箱等若干。

3. 活动方法

方法一：幼儿在起点处，人手一根小木棒和一只"小猪"（小篮球），在距离起点10米左右是"小猪的家"（纸箱），幼儿双手持小木棒，用小木棒下端拨球，让球滚起来，最后把球滚到纸箱里。

方法二：在方法一的基础上，在起点和"小猪"的家之间放置塑料瓶，让幼儿转弯绕过障碍赶"小猪"。

4. 指导建议

（1）赶"小猪"时，幼儿身体要保持平衡，球和幼儿的移动速度要一致。

（2）赶"小猪"绕过障碍时，要走S形路线，障碍物可以无规律摆放。

（五）我的球儿跳得高

1. 活动目标

（1）熟悉球性，发展幼儿双手拍球和接球的能力。

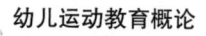

（2）提高幼儿的控球能力，增强上肢力量。

（3）激发幼儿对小篮球的兴趣。

2. 活动准备

小篮球、铃铛若干、绳子、支架。

3. 活动方法

方法一：幼儿人手一个小篮球，分散站在场地上，说儿歌："小皮球，爱跳高，看看谁的球儿跳得高。"同时，幼儿双手持球用力向地面拍一次球，看谁的球反弹得高。

方法二：在方法一的基础上，幼儿尝试用双手去接住反弹回来的球。

方法三：在方法一的基础上，在支架间拉一条绳子，绳子距离地面1.5米左右，绳子上挂上若干个铃铛，幼儿尝试让反弹球触碰到铃铛。

4. 指导建议

（1）游戏活动中，教师要保证幼儿之间有足够的空间和距离，同时确保反弹回来的球不要碰到幼儿的脸，注意安全。

（2）教师要引导幼儿集中注意力，接球时眼睛要盯着反弹回来的球。

（3）可以根据幼儿的实际水平，适当调整绳子的高度。

（六）看谁反应快

1. 活动目标

（1）学习和掌握双手拍球动作技术，发展幼儿的奔跑和快速反应能力。

（2）激发幼儿对小篮球游戏的兴趣。

2. 活动准备

小篮球若干。

3. 活动方法

方法一：幼儿呈体操队形在起点站成一排，在距离起点6米左右的终点位置对应放置若干篮球。当听到教师开始口令后，幼儿快速跑至篮球处，双手拍球5次后，再迅速抱球返回起点。

方法二：在方法一的基础上，幼儿背对球的方向，当听到开始口令后，再迅速转身跑去拿球。玩法同方法一。

方法三：在方法一的基础上，教师还可以让幼儿先坐或趴在地上，当听到开始口令后，再迅速起立跑去拿球。玩法同方法一。

4. 指导建议

（1）游戏活动中，教师要提醒幼儿注意安全，保证幼儿之间有合适的距离，避免幼儿间出现相互碰撞。

（2）可以根据幼儿的实际水平，适当调整拍球的次数和跑动的距离。

（七）小松鼠投松果

1. 活动目标

（1）学习投球的动作，发展幼儿投掷能力，以及手臂力量和身体协调性。

（2）充分激发幼儿对小篮球运动的兴趣。

2. 活动准备

小篮球、绳子、纸箱若干。

3. 活动方法

方法一：创设情景，幼儿当小松鼠，球当松果。幼儿呈体操队形站成一排，在距离 2 米左右处拉一条绳子（距离地面 1.5 米高），幼儿双手用力抛球，看谁能将"松果"投过绳子。

方法二：在方法一的基础上，在距离起点 2 米、2.5 米、3 米、3.5 米处分别拉一条绳子。幼儿人手一球，用双手抛投球，看谁抛得远。

方法三：在方法一的基础上，将绳子换成一个纸箱，看谁能将"松果"投进纸箱。

方法四：在方法三的基础上，可以要求幼儿先进行 5 次原地双手拍球动作，再将"松果"投进纸箱。

4. 指导建议

（1）教师根据幼儿的实际情况，可以引导幼儿探索投球的方式，例如双手抛球、双手胸前投球、双手头上投球等。

（2）可根据幼儿实际水平，适当调整远度、高度和拍球的次数等。

（3）教师可以限定每人投掷的次数，或者限定连续投掷的时间等。

二、幼儿园中班

幼儿园中班小篮球活动目标主要是培养幼儿对篮球的探索兴趣，学习和掌握小篮球运动的基本动作，提升幼儿的控球能力和手眼协调能力，同时培养幼儿的合作意识和探索精神等。小篮球活动内容主要包括单手拍球、单双手交替拍球、行进间直线和曲线运球、抛接球、头上传球、胸前传球、双手肩上投篮、双手胸前投篮、头上投篮等。[3, 10]

（一）小火车比赛

1. 活动目标

（1）在掌握直线运球的基础上，初步尝试曲线运球动作。

（2）体验与同伴一起玩球的乐趣，激发幼儿对小篮球的兴趣。

2. 活动准备

小篮球、标志物若干。

3. 活动方法

方法一：幼儿分成两队，分别呈纵队站于起点，人手一球，各队前方每隔2米放置一个标志物，共5个标志物。幼儿在听到教师开始的口令后，进行双手行进间拍球运球，依次按照S形路线绕过每个标志物，第一个幼儿绕过第一个标志物后，第二个幼儿再开始运球，依次进行。看哪个队伍运球又稳又快。

方法二：在方法一的基础上，每人一球改为每队一球，进行接力游戏。在听到教师开始的口令后，第一个幼儿运球依次绕过每个标志物后，迅速抱球跑回起点，将球交给第二个幼儿，依次进行接力。看哪个队伍完成的速度最快。

4.指导建议

（1）在游戏过程中，教师控制幼儿间的间距，并及时引导幼儿采用正确的运球动作练习。

（2）根据幼儿的实际水平，适当调整每个标志物间的距离和标志物的个数。

（二）趣味传接球

1.活动目标

（1）初步学习和掌握传接球的动作，发展幼儿的身体协调性。

（2）培养幼儿与同伴之间的合作意识，体验合作游戏的乐趣。

2.活动准备

小篮球若干。

3.活动方法

方法一：幼儿平均分成两排呈体操队形面对面站立，前后间隔2米左右，第一排幼儿人手一球，在听到教师开始的口令后，将球放在地面上，双手用力将球滚给对面同伴，同伴接住球后再滚回给同伴。

方法二：在方法一的基础上，由滚球改为双手抛球传球给对面同伴，对面同伴在球落地反弹后双手接住球，再传回给同伴。

方法三：在方法二的基础上，双手抛球传球改为头上抛球传球给对面同伴，对面同伴在球落地反弹后双手接住球，再传回给同伴。

4.指导建议

（1）在游戏活动过程中，教师确保幼儿间空间和距离的安全，防止球碰到幼儿的脸。

（2）可以根据幼儿的实际水平，适当调整间距，或者针对不同水平的幼儿进行分组指导练习。也可以变换练习队形，由两人一组改为三人或四人一组，呈三角形或正方形队形传接球。

（三）炮击敌营

1. 活动目标

（1）初步学习和尝试投篮动作，发展幼儿上肢力量和投篮能力。

（2）通过游戏，激发幼儿对投篮游戏的兴趣，体验投篮的乐趣。

2. 活动准备

小篮球、篮筐若干。

3. 活动方法

方法一：幼儿人手一球分成两路纵队站立，距离2米左右的地方放置一个篮筐。在听到教师开始的口令后，第一个幼儿开始进行"炮击敌营"（投篮），幼儿用双手向上抛球投篮，投篮后迅速抱球跑回队尾，依次接力进行，看哪个队伍投篮又准又快。

方法二：在方法一的基础上，双手向上抛球投篮改为双手胸前抛球投篮。

方法三：在方法一的基础上，双手向上抛球投篮改为双手头上抛球投篮。

4. 指导建议

（1）可根据幼儿的实际情况，适当增加或减小幼儿与篮筐之间的距离。

（2）在游戏活动过程中，教师要控制好幼儿间的安全距离。

（四）快乐传球

1. 活动目标

（1）学习传接球动作，提高身体动作的控制力。

（2）提高幼儿手眼协调能力和快速反应能力。

（3）培养幼儿的专注力、自信心及合作意识。

2. 活动准备

小篮球若干。

3.活动方法

方法一：幼儿排成两路纵队，两队的排头各拿一个球，当教师发出开始的口令后，排头幼儿快速从头上把球传给下一名幼儿，自己快速地站到队尾，依此类推，最先完成的一队获胜。

方法二：在方法一的基础上，改为侧身传球。

方法三：在方法一的基础上，改为胯下向后传球。

4.指导建议

（1）传接球过程中，教师需把控好幼儿间距，相邻幼儿要相互配合，避免球落地，注意力要高度集中。

（2）提示幼儿谁传丢球，谁捡回，之后继续开始。

（五）小球飞起来

1.活动目标

（1）锻炼幼儿上肢力量和空间判断能力，发展幼儿手眼协调能力。

（2）激发幼儿对小篮球游戏的兴趣。

2.活动准备

小篮球若干。

3.活动方法

方法一：幼儿人手一球，双手持球呈站立姿势，向上抛球，然后用双手接住球。

方法二：在方法一的基础上，幼儿在抛球后做快速击掌动作，然后再接球（抱球），接球前击掌次数最多的幼儿获胜。

方法三：在方法一的基础上，幼儿在抛球后做快速摸耳、摸地、转身等动作，难度逐渐增加，准确完成动作的幼儿获胜。

方法四：幼儿在起点线横向排开，用双手向前抛球，球抛得远的幼儿获胜。

4.指导建议

（1）根据幼儿的实际情况，灵活要求抛球高度。

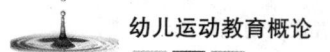

（2）根据幼儿的实际水平，及时调整难度，发展幼儿的手眼协调能力。

三、幼儿园大班

幼儿园大班小篮球活动的目标主要是进一步丰富和熟练掌握小篮球的各项基本动作技能，了解和学习小篮球游戏的比赛规则，能够进行各种篮球游戏比赛，具有良好的竞争意识和团队协作的精神。小篮球活动内容主要包括花式拍球、双手交替运球、绕障碍运球、行进间变向运球、胸前传接球、对墙传接球、正面投篮、传接球上篮、行进间运球上篮等。[3, 9]

（一）花样拍球

1. 活动目标

（1）发展幼儿拍球能力和控球能力。

（2）发展幼儿的身体协调能力。

（3）培养幼儿的创新意识和能力。

2. 活动准备

小篮球和垫子若干。

3. 活动方法

方法一：幼儿人手一球，鼓励幼儿自我探索球的多种拍法，鼓励有不同拍法的幼儿带领其他幼儿一起练习，如蹲着拍、半蹲拍、坐着拍、单脚站立拍、转圈拍等。

方法二：在方法一练习的基础上，尝试胯下拍、单手拍、双手同上同下拍、双手一上一下拍等，逐步增加拍球难度。

4. 指导建议

（1）教师应鼓励幼儿创新的意愿，可以从拍球姿势、拍球手型、移动方式等方面进行指导。

（2）鼓励幼儿思考两两合作会有什么样的拍球方法。

（二）穿越火线

1. 活动目标

（1）学习胸前传球动作，提高幼儿传球的准确性。

（2）发展幼儿手臂肌肉的力量和手眼协调能力。

（3）培养幼儿的合作能力。

2. 活动准备

小篮球、竹竿、细绳若干。

3. 活动方法

方法一：幼儿分成人数相等的两队，面对面相距2米站立。一方双手抛球给对方，对面幼儿双手接球，可以反复多次进行。

方法二：在方法一的基础上改为胸前传接球。

方法三：幼儿之间的距离调整为3米，中间拉一条高1.5米左右的细绳，用竹竿固定。幼儿用胸前传球的方式将球从线上穿越传给对方，对面幼儿双手接球。

方法四：在方法三的基础上，再拉一条高约2米的细绳，幼儿用胸前传球的方式将球从两根细绳中间穿过传给对面幼儿。

4. 指导建议

（1）根据幼儿的实际水平，适当调整幼儿之间的距离。

（2）根据幼儿的实际水平，适当调整细绳的高度及两条细绳之间的距离。

（三）抢宝擂台

1. 活动目标

（1）发展幼儿的快速反应能力和变向跑能力。

（2）发展幼儿控制身体速度的能力。

（3）培养幼儿敢于拼搏的良好意志品质。

2. 活动准备

小篮球、呼啦圈若干。

3. 活动方法

方法一：画两个直径 6～8 米的圆圈，圆圈中心放一个球，两名幼儿等距离站于圆圈线外。幼儿在听到教师开始口令后，快速跑向圆心用手抢球，然后单手拍球运球回原位。没有抢到球的幼儿退出游戏，换另一个幼儿上场继续游戏。

方法二：幼儿分成人数相等的两队，两人一组面对面站立，间距 10 米左右，每组中间放一个呼啦圈，将球放在对应的呼啦圈中。幼儿在听到教师开始的口令后，快速跑去抢球，然后单手运球回原位。

方法三：在方法一和方法二的基础上圆圈内放两个球，幼儿每人抢一个，抢到后快速单手运球回位。

4. 指导建议

（1）游戏过程中，教师要引导幼儿注意安全，避免碰撞。

（2）可以根据幼儿的实际水平，进一步增加难度，幼儿抢球后快速运球返回原位，看谁最先运球回位。

（四）闯关投篮

1. 活动目标

（1）综合练习拍球、运球和投篮动作，提高幼儿的控球能力和手眼协调能力。

（2）培养幼儿遵守规则的意识。

2. 活动准备

小篮球、小篮球架若干。

3. 活动方法

方法一：幼儿分成人数相等的两组。第一关，原地双手连续拍球 20 次；第二关，弯腰双手滚球 10 米；第三关，右手单手运球 10 米，然后将球投进篮筐（投掷点距离小篮球架 1.5 米），看哪组投进去的球最多。

方法二：在方法一的基础上，第一关，右手单手连续拍球 20 次；第二关，右手单手滚球 10 米；第三关，左手单手运球 10 米，然后在距离小篮球架 2 米处投篮。

4.指导建议

（1）游戏过程中，幼儿必须闯过一关才能继续下一关，只有一次投篮机会，途中连续拍球中断须重新开始计数。

（2）可以根据幼儿的实际水平，适当调整拍球的次数、运球的距离，以及投篮的距离等。

（五）你攻我防，看谁本领大

1.活动目标

（1）提高幼儿手控球、快速反应及躲闪协调的能力。

（2）发展幼儿的力量及动作的协调性和灵活性。

（3）培养幼儿的合作意识。

2.活动准备

小篮球若干、记分牌 1 个、小篮球架 1 个。

3.活动方法

方法一：画长 15 米、宽 6 米的篮球场地，场地的底线放置小篮球架，小篮球架前 1.5 米处画投篮线。将幼儿分成人数相等的 A、B 两组，每次各组派 4 人参赛。先由 A 组的幼儿用手滚球方式运球攻向篮筐，途中 B 组的幼儿来防守，到达投篮线后进行投篮，投中得一分，如果途中被 B 组幼儿抢断，则 B 组得一分。比完一轮后，A、B 组交换角色进行第二轮比赛，在规定时间内看哪组的得分高。

方法二：在方法一的基础上，改为传球，且球不能落地，落地或被抢断则对方得分。

方法三：在方法一的基础上，改为单手或双手运球。

4.指导建议

（1）在游戏比赛过程中，教师要提醒幼儿注意安全，不能拉拽对方。

（2）游戏前，可以先让幼儿熟悉游戏规则和方法，待熟练后再进行比赛。

第四节 幼儿小足球游戏设计案例

一、幼儿园小班

幼儿园小班足球游戏内容设计应该是规则少、难度小，简单直观的集体游戏。主要引导幼儿学习滚球、夹球、脚背运球、脚掌停球、双脚拨球、前后踩球、左右踩球、传球等，同时结合走、跑等简单的基本动作，通过丰富多彩的游戏活动，培养幼儿的球感和对足球运动的兴趣，同时发展他们的基本活动能力。[9，12]

（一）抢球大战

1.活动目标

（1）体验与同伴共同游戏的快乐。

（2）能在游戏中听吟并迅速做出反应。

（3）尝试在游戏中思考抢球的策略，提高身体的灵活性。

2.活动准备

小足球（布球）若干、空场地、背景音乐。

3.活动方法

方法一：将小足球平行摆放在两条标记线中间，标记线间距2米。幼儿分成两队，两人一组，面对面站在各自的标记线上，教师发出触摸不同身体部位的口令（如摸摸头、摸摸耳等），幼儿按要求触碰自己的身体，当听到教师说"球"的时候，快速用手抢自己和对方之间的球，抢到球的幼儿获胜，游戏可反复进行。

方法二：在方法一的基础上，两名幼儿背对背站立，当听到教师开始口令后，快速转身去抢球。

方法三：在宽敞的场地上随意摆放小足球，小足球数量为幼儿人数的一半，幼儿随音乐在场地上自由行走，音乐停止后，快速用脚掌踩球，踩到球的幼儿获胜，游戏可反复进行。

4.指导建议

（1）游戏前，教师先带领幼儿进行热身练习，避免游戏中动作幅度过大造成拉伤。游戏中，教师应提示幼儿注意适当调整幼儿间的距离，避免抢球过程中出现碰撞。

（2）根据幼儿的实际水平，教师可以适当调整抢球的方式和难度。

（二）炸弹来啦

1.活动目标

（1）练习用脚背踢球的动作，发展幼儿身体的灵活性。

（2）培养幼儿的安全意识。

2.活动准备

小足球（布球）若干。

3.活动方法

方法一：教师扮演大灰狼，幼儿扮演小动物，在场地上画一个直径6～8米的圆圈作为"小动物"的家。森林里滚来了很多"炸弹"（小足球），"小动物"们一定要躲开"炸弹"。"小动物"躲在"家"里，"大灰狼"将"炸弹"踢进"小动物"们的家，"小动物"们要注意躲闪，被击中的幼儿其角色转变为"大灰狼"。

方法二：在方法一的基础上，请2～3名幼儿扮演大灰狼，从各个方向踢"炸弹"，躲在家里的"小动物"们除了躲闪，还可以将"炸弹"踢回给"大灰狼"，击中"大灰狼"为胜。

4.指导建议

（1）游戏活动中，教师应提示幼儿注意安全，避免幼儿间的碰撞，同时引导幼儿用正确的姿势踢球。

（2）可根据幼儿的实际水平，适当增加游戏的难度和趣味性，例如增加"大灰狼"的数量等。

（三）老鹰捉小鸡

1. 活动目标

（1）发展幼儿身体的灵敏性，锻炼幼儿的控球能力。

（2）激发和培养幼儿对足球运动的兴趣。

2. 活动准备

空场地、小足球（布球）若干、老鹰头饰1个、小鸡头饰若干。

3. 活动方法

方法一：教师扮演"老鹰"，幼儿扮演"小鸡"。"小鸡"在草坪上寻找"食物"（小足球），看到"老鹰"来了，快速带着自己找到的"食物"躲进"鸡窝"（自己的球门区），并把"食物"放在"鸡窝"里。"老鹰"走后，"小鸡"继续寻找"食物"，被"老鹰"抓住的"小鸡"场外等待。

方法二：在方法一的基础上，"小鸡"用脚运球，将"食物"运回"鸡窝"，途中"老鹰"会进行抢断"食物"，"小鸡"注意控制球的速度和方向，尽可能躲避"老鹰"的抢断，如果"食物"被抢断，"小鸡"继续寻找"食物"。

4. 指导建议

（1）根据幼儿的实际水平，教师可循序渐进地增加"老鹰"的数量，也可以将抓到的"小鸡"变成"老鹰"，一块去抓"小鸡"。

（2）游戏活动中，教师要注意提醒幼儿抬头观察场上情况，避免出现碰撞。

（四）小鳄鱼去踢球

1. 活动目标

（1）练习用脚掌停球的动作，发展幼儿身体的协调性和灵敏性。

（2）激发和培养学生对足球运动的兴趣，体验足球游戏的乐趣。

2.活动准备

小足球(布球)、鳄鱼宝宝胸饰若干、画有起点和终点线的方形空场地。

3.活动方法

方法一：幼儿扮演"鳄鱼宝宝"，站在起点处，当听到教师说"'鳄鱼宝宝'去踢球"的口令后，"鳄鱼宝宝"从起点出发用脚背把球轻轻踢出去，然后快速去追球，并"咬住球"（用前脚掌轻轻踩球）保持不动，当再次听到教师说"'鳄鱼宝宝'去踢球"的口令后，重复上述动作，直到将球运至终点线。

方法二：在方法一的基础上，将幼儿分成两组，两组幼儿在中场处进行接力。

4.指导建议

（1）游戏活动前，教师需让幼儿熟悉自己的角色和游戏的规则，以及运球和停球的动作，待幼儿都熟悉后再进行正式游戏活动。此外，教师也可以采用分组比赛的形式开展。

（2）游戏活动中，教师要提醒幼儿注意脚下安全，运球时注意抬头观察，避免被球绊倒或发生碰撞。

（五）穿越小树林

1.活动目标

（1）练习带球绕杆和传球动作，发展幼儿动作的协调性和灵活性。

（2）体验合作游戏的快乐，激发对足球游戏的兴趣。

2.活动准备

小足球（布球）两个、锥形筒若干。

3.活动方法

方法一：幼儿分成两队，每人一个锥形筒，站在自己的锥形筒旁边，听到教师开始的口令后，每队第一名幼儿用脚背击球的方法带球依次绕过队友和锥形筒，绕至队尾后，用脚弓传球的方法将球传回排头，排头幼儿重复做带球绕杆与传球动作，依此类推，直到所有幼儿都完成相同动作。

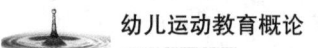

方法二：将锥形筒布置成"小树林"场景，幼儿扮演猪妈妈（或猪爸爸）站在场地一端。听到教师开始的口令后，带着"猪宝宝"（小足球）穿过"小树林"（用绕杆的形式运球），将"猪宝宝"送回"猪窝"（球门）。游戏熟练后，教师可扮演"大灰狼"，在"小树林"后方拦截"猪宝宝"（将球抢走），球被抢走的幼儿重新穿越"小树林"。

4.指导建议

（1）游戏活动开始前，教师应先带领幼儿充分热身，并熟悉运球、传球的动作，以及游戏的规则。

（2）游戏活动中，教师应提醒幼儿注意安全，避免出现绊倒或碰撞。

二、幼儿园中班

幼儿园中班足球游戏设计多以发展各方面的能力为主，培养幼儿的控球能力、脚部的灵活性，同时结合踏球、踢球、运球等足球基本动作，充分将足球的基本动作及幼儿身体素质练习内容游戏化，通过丰富多彩的足球游戏活动激发幼儿对足球运动的兴趣，发展幼儿速度、力量、平衡、协调、灵敏等身体素质，促进幼儿全面协调发展。[9, 12]

（一）老狼老狼几点了

1.活动目标

（1）尝试学习用脚背带球和脚掌停球的动作方法，发展幼儿眼脚协调配合的控球能力。

（2）体验足球游戏的乐趣，激发对足球游戏的兴趣。

2.活动准备

小足球（布球）若干、空场地。

3.活动方法

方法一：幼儿扮演小羊，每只"小羊"拿一个小足球站在起点处。教师扮演老狼，"老狼"拿一个小足球站在距离起点线2米处的中间位置。

游戏开始后,"小羊"们原地不动齐声问"老狼":"'老狼'几点钟了?""老狼"在 1 点～12 点之间选择答案回答,若答案是 1 点～11 点,则"老狼"和"小羊"一同脚背带球向前运球相应次数,如回答 6 点,则运球 6 下。运球结束后脚掌停球,重复问答和动作。当"老狼"回答 12 点时,"老狼"要快速拿球回头去捉"小羊","小羊"则快速拿球跑回起点处,"小羊"跑回起点后,"老狼"不能再追捕,被捉到的"小羊"停玩一局。

方法二:在方法一的基础上,"小羊"和"老狼"都采用脚背运球移动。

4.指导建议

(1)游戏活动前,教师应带领幼儿进行热身活动,并学习和熟悉运球动作及游戏规则。

(2)游戏活动中,教师注意提醒幼儿注意安全,避免被球绊倒或碰撞。

(二)快来救救我

1.活动目标

(1)练习传球动作方法,发展幼儿的灵敏性和身体协调性。

(2)体验足球游戏的乐趣,培养幼儿的规则意识。

2.活动准备

小足球(布球)若干、空场地。

3.活动方法

方法一:幼儿自由分散地站在场地中,游戏开始后,幼儿一边带球射击其他幼儿,一边躲避其他幼儿的足球射击,一旦被球击中,幼儿要站在原地双手高举足球,大声呼喊"救救我",其他幼儿过来轻拍他一下即为解救,该幼儿可继续参与游戏。要求幼儿在运球射击时,动作要轻,且球不能离开地面,让球滚动射击。

方法二:在方法一的基础上,幼儿可分成两组,一组幼儿站在直径6～8 米的圆圈内,另一组均匀沿圆圈外沿站立,并用一个小足球射击圈内的幼儿,圈内的幼儿及时进行躲避,被击中的幼儿出局,待圈内幼儿全

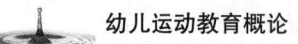

部被击中后，两组交换重复进行。

4. 指导建议

（1）游戏活动前，教师带领幼儿做好热身活动，并让幼儿熟悉游戏规则和动作要求。

（2）游戏活动中，教师要提醒幼儿注意安全，避免相互间的碰撞或被球绊倒。

（三）躲避球

1. 活动目标

（1）练习原地脚背射门动作，发展幼儿身体的协调性和灵活性。

（2）培养幼儿遵守规则和注意安全的意识。

2. 活动准备

小足球（布球）若干。

3. 活动方法

幼儿围成一个圆圈站好，选出一名或几名幼儿作为射击目标站在圆圈内。游戏开始后，幼儿用原地脚背射门动作来射击圈内目标幼儿，目标幼儿在圈内进行躲闪，谁射中了目标幼儿，两者交换角色继续游戏。

4. 指导建议

（1）游戏活动中，教师应关注幼儿动作的准确性和运动量，同时注意引导幼儿学习避让和控制踢球的力度，注意保护自己和他人。

（2）根据幼儿实际水平及对游戏的熟练程度，适当调整游戏难度和方法，例如增加球的数量或目标幼儿的数量等。

（四）看看谁更强

1. 活动目标

（1）练习发界外球的动作，发展幼儿动作协调性。

（2）体验游戏的乐趣，激发对足球运动的兴趣。

2.活动准备

红色、黄色圆形胸贴若干、小型网球网1个，哨子1个，小足球（布球）若干。

3.活动方法

幼儿分成红队和黄队，分别贴相应颜色胸贴，在中网两侧1米处分别设置一条标志线，两队幼儿分别站在两条标志线后。当哨声吹响后，幼儿立即将自己场地上的小足球举过头顶用力抛向对面场地，当哨声再次响起时，游戏停止，幼儿数一数自己场地上的球，数量少的一方获胜。

4.指导建议

（1）游戏活动开始前，教师带领幼儿两人一组，先进行抛接球和掷界外球的动作练习，待幼儿熟悉动作和游戏规则后再开始正式游戏比赛。

（2）根据幼儿实际水平和对动作的熟悉程度，适当增加游戏的难度，例如要求球必须抛过标记线才有效等，同时也可以安排能力强的幼儿担任裁判。

（五）足球接龙

1.活动目标

（1）练习脚背运球动作，发展幼儿眼脚协调配合能力。

（2）培养幼儿团队合作精神和遵守规则的意识。

2.活动准备

小足球（布球）若干。

3.活动方法

幼儿分成四组，站成纵队，每组选一名幼儿用脚踩球，面对队友站在排头前面定点处，其他幼儿与其保持一定距离，两脚分开做好准备。游戏开始后，每组站在定点处的幼儿用脚背击球的动作将球踢出，并让球从本组幼儿胯下依次通过，最后一名幼儿用脚接住球后，再用手拿球跑到定点处做踢球准备，之前踢球的幼儿站到队伍排头，其他幼儿整体后退一步，游戏继续。最先完成全部轮换的一组获胜。如果球没有顺利通过本组幼儿

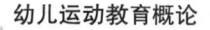

胯下，则需重新踢球，且除首尾两名幼儿，其他幼儿不得用手触球。

4. 指导建议

（1）游戏活动开始前，教师带领幼儿尝试练习脚背踢球的动作，并熟悉游戏的规则，引导幼儿学习控制球的方向和力度，并注意安全。

（2）根据幼儿实际水平，可适当增加游戏难度，例如增加纵队幼儿之间的距离等。

三、幼儿园大班

幼儿园大班应以发展幼儿的体能为主，同时结合足球基本动作，例如传球、射门、运球等游戏，提高幼儿的身体综合能力，提升幼儿的感知能力，并使幼儿在足球游戏中体验到乐趣。在幼儿初步学习和掌握足球基本动作的基础上，可以尝试进行简单的小型足球游戏比赛，充分发展幼儿的团队协作精神，培养幼儿坚忍不拔、奋勇争先的意志品质，培养幼儿的规则意识和集体荣誉感，增强幼儿的自信心。[9,12]

（一）九宫格

1. 活动目标

（1）练习带球和停球的动作，发展动作的协调性和身体的灵活性。

（2）体验与同伴协作获得成功的快乐，激发对足球游戏的兴趣。

2. 活动准备

小足球（布球）若干，画有九宫格图案的空场地。

3. 活动方法

幼儿分成两队站在起始线处，听到教师开始的口令后，各队迅速派出3名队员带球快速占领九宫格中的任意3个位置，最快连成一条直线的队获胜。

4. 指导建议

（1）游戏活动开始前，教师讲解游戏规则和动作要领，待幼儿熟悉游戏规则和运球等动作要领后再开始游戏。

（2）根据幼儿实际水平，适当调整游戏的难度，例如让幼儿将对方队员的球移除，在规定时间内最快连成一条直线的队获胜，锻炼幼儿的应变能力。

（二）趣味射门

1. 活动目标

（1）练习定点射门的动作，发展幼儿动作的协调性和控球能力。

（2）感受射门得分的快乐，激发参与游戏的兴趣。

2. 活动准备

小足球（布球）若干、哨子1个、标记线1条、将9个圆圈竖立悬挂在球门高低不同的位置。

3. 活动方法

幼儿分成前后两排，站在标记线外，标记线距离球门5米左右。当哨声响起后，前排幼儿用定点射门动作对准球门上悬挂的圆圈，连续射门两次，后排幼儿来计数，击中一次得一分，两次得分相加算出总分。然后两组交换位置再次射门。总分高的一队获胜。

4. 指导建议

（1）游戏活动前，教师带领幼儿进行射门动作的练习，并讲解游戏的规则，待幼儿熟悉射门动作和游戏规则后再开始比赛。

（2）根据幼儿实际水平，适当调整游戏难度，例如增加标记线与球门的距离等。

（三）运西瓜

1. 活动目标

（1）练习抛接球的动作，发展幼儿动作的协调性和灵活性。

（2）体验与同伴协作游戏的快乐，激发参与足球游戏的兴趣。

2. 活动准备

小足球（布球）两人一个。

3. 活动方法

方法一：幼儿两人一组，两名幼儿相距 2 米一前一后面对面站好。游戏开始后，甲幼儿用手抛球的动作把球抛给乙幼儿，乙幼儿后退接球，并向后倒退跑，甲幼儿边向前跑边接住乙幼儿抛回来的球。依此类推，先到达终点的一组获胜。

方法二：在方法一的基础上，乙幼儿在接住甲幼儿抛来的球后，迅速跑到甲幼儿的身后，甲幼儿快速再转身将球抛给乙幼儿，依此类推，先到达终点的一组获胜。

4. 指导建议

（1）由于该游戏需要两名幼儿密切配合才能完成，因此，教师可以在地面上标记不同颜色的点，让幼儿在各点位上进行抛接球。教师可先带领幼儿进行游戏相关动作的讲解和练习，待幼儿熟悉动作后再开始游戏比赛。

（2）根据幼儿实际水平，可适当调整游戏难度，例如增加各抛接点间的距离，或将手抛球改为脚传球等。

（四）乘胜追击

1. 活动目标

（1）练习脚背带球的动作，发展幼儿动作协调性。

（2）培养幼儿协作配合的意识。

2. 活动准备

小足球（布球）若干、锥形筒若干。

3. 活动方法

幼儿自由分散地站在足球场的半场内。选出一名幼儿双手高举足球，作为被追击的目标。游戏开始后，所有幼儿用脚背带球的动作向举球的幼儿追击，并用脚背击球的动作来"射击"举球幼儿。谁"射中"了举球幼儿，便与之交换位置继续游戏。

4.指导建议

（1）游戏活动开始前，教师用锥形筒设定一个活动范围，并带领幼儿进行相关动作的学习和练习，待熟悉动作和规则后再进行正式游戏。

（2）游戏活动过程中，教师要引导学生注意安全，带领幼儿学习如何控制球速和力量，并要求踢球的幼儿踢地滚球进行"射击"。

（五）抢珍珠

1.活动目标

（1）练习正脚背运球的动作，发展幼儿动作的协调性。

（2）培养幼儿团队合作意识，激发幼儿参与游戏的兴趣。

2.活动准备

小足球（布球）若干、空场地。

3.活动方法

将全部球放置在场地中心位置。幼儿分成四组，在场地四角各画出一个区域作为每组的基地。游戏开始后，每组第一名幼儿快速跑到场地中心，用正脚背运球的动作将球带到自己的基地，并与下一名队友击掌接力，下一名幼儿继续到场地中心抢"珍珠"（小足球），并运回基地。依此类推，直至场地中心所有"珍珠"被抢完，抢得"珍珠"多的一队获胜。

4.指导建议

（1）游戏活动开始前，教师带领幼儿先练习带球的动作，并讲解游戏规则，待幼儿熟悉运球动作和游戏规则后再进行正式游戏比赛。

（2）游戏活动过程中，教师要提醒幼儿遵守游戏规则，并引导幼儿相互配合完成游戏。

参考文献

[1]庄弼.幼儿园体育活动大纲[M].广州：广东高等教育出版社，

2016：4-50.

[2] 蔡晓冰，史立玲. 幼儿园足球活动指导用书［M］. 广州：广东高等教育出版社，2021：3-7.

[3] 中国篮球协会，中国中学生体育协会. 小篮球教练员指导手册［M］. 北京：北京体育大学出版社，2020：1-55.

[4] 洪静祥. 幼儿园球类活动理论及设计集锦［M］. 南京：南京师范大学出版社，2010：3-5.

[5] 谷长伟. 新视野下幼儿体育游戏创编的原则和方法［J］. 运动，2018，（11）：103-104.

[6] 陈金鼠. 浅谈幼儿体育游戏六原则［J］. 科学大众（科学教育），2014，（12）：103.

[7] 马伯宁. 浅析幼儿体育游戏创编的原则和方法研究［J］. 当代体育科技，2019，9（18）：185，187.

[8] 王连营，龚发超，吴键. 幼儿健康体能游戏设计（一）——游戏设计原则与步骤［J］. 中国学校体育，2021，40（2）：65-66.

[9] 张首文. 幼儿创意篮球游戏［M］. 北京：化学工业出版社，2019：8-17.

[10] 陈晓燕，严佳妮. 玩转小篮球——幼儿园趣味小篮球教学探索［M］. 浙江：浙江工商大学出版社，2021：102-115.

[11] 张首文. 幼儿创意足球游戏［M］. 北京：化学工业出版社，2019：40-66.

[12] 龚平. 幼儿足球全域课程［M］. 辽宁：辽宁师范大学出版社，2019：55-99.

第六章 幼儿运动能力观察评价

寄语：

"人生一切的活动，都要在儿童期内发展的。还有一个意思，我们要明白的，就是儿童期是发展个人的最好的机会。什么言语、什么习惯、什么道德、什么能力，在儿童的时候，学习最速，养成最易，发展最快。"

——陈鹤琴

学习目标：经过本章的学习，可以掌握幼儿运动能力的发展规律、幼儿行为观察的必要性与现实意义、方法，以及常用观察幼儿行为观察的分类和幼儿运动能力发展观察评价的实操。

本章主要内容的思维导图如图 6-1 所示。

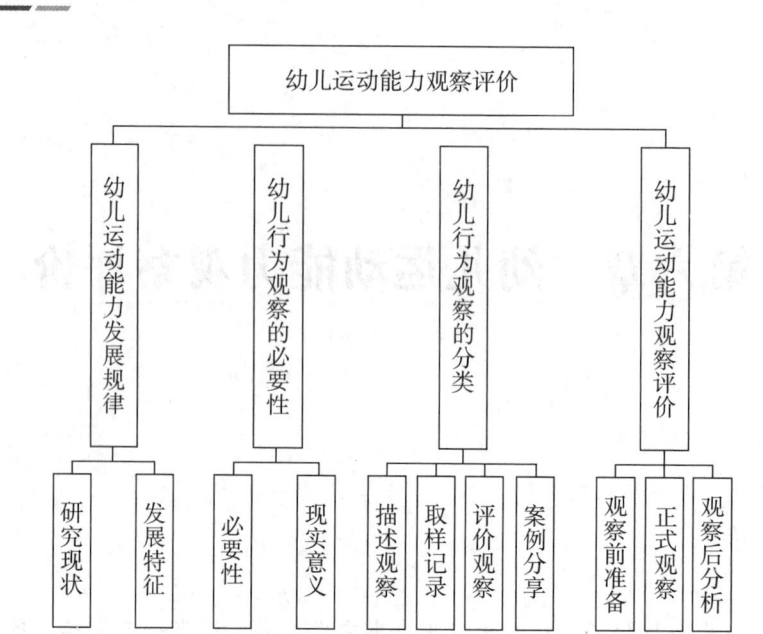

图 6-1 幼儿运动能力观察评价思维导图

第一节 幼儿运动能力发展规律

一、儿童基本动作技能发展的特征

人类动作的发展具有序列性和一定的方向性，动作发展本身有着严密的内在规律，是一个复杂多变又有规律可循的动态发展系统。目前针对我国儿童基本动作技能发展特征的系统研究较少，主要集中在儿童生长发育及动作发展规律、动作发展水平及内部结构、不同年龄阶段儿童动作技能得分情况、儿童动作发展提升的实证研究等方面。

在对儿童的生长发育状况及基本动作发展的连续性进行研究后发现，儿童基本动作的发展水平随着年龄的增长逐步提高，增长速度逐步降低，男童比女童的发展速度要更快些。[1]对此，有研究运用即时行为的实验方法，对40名4～6岁幼儿的动作发展水平、动作发展的内部结构、动作抑制的发展趋势和动作抑制与动作一般发展水平之间的关系进行了详细探讨，结果发现：在动作发展的特定条件下，男孩和女孩动作发展水平存在差异，幼儿的动作反应抑制能力存在明显的年龄发展趋势，而动作反应抑制能力与一般动作发展水平之间存在显著相关。[2]

采用TGMD-2对260名男童和251名女童（3～10岁）的测试动作得分情况进行分析，结果发现：各个动作的得分均随年龄有所提高，只是动作发展的幅度和速率存在差别，呈波浪式增长。3岁时，原地拍球和单脚跳动作得分最低，踢球动作得分最高，说明在3岁这个阶段，儿童对拍球和单脚跳动作还比较陌生，对踢球动作的掌握比较好。到6岁时，单脚跳和拍球动作有了很大的进展，随着腿部力量和协调能力的提高，动作开始变得稳定。在踢球、击固定球、上手投球等操作器材的动作上存在性别差异，男生得分比女生高。总体来说，在位移分测验中不存在性别上的差异，在物体控制分测验中存在性别差异，男生优于女生。从测验的总分来看，不存在性别差异。[3]采用TGMD-2对1 046名3～10岁儿童大肌肉动作进行测查，结果显示我国3～10岁儿童的物体控制能力和位移能力存在年龄特征，同时，物体控制能力的发展明显差于移动能力的发展，大部分儿童物体控制能力处于平均及以下的水平，其中发展迟缓的儿童比例约占60%。此外，将测试结果与美国儿童的测试结果相比可以发现，我国儿童的物体控制能力发展较为滞后。[4]柳倩采用《亚太地区早期儿童发展量表》对3～5岁儿童展开的动作发展测查研究中也得出了相同结论。[5]

此外，有研究采用文献资料法对幼儿期大肌肉动作发展的重要基本动作进行一般特征描述，主要包括跑、跳、滑步、蹦跳、单脚跳5个移动性动作和投掷、脚踢球、接球、击打球、拍球5个操作性动作。并采用TGMD-3对553名大中小班幼儿的大肌肉动作进行测试，结果发现：不同年龄段儿童的动作技能存在显著差异，同时，相同年龄段儿童的动作技能（前滑步、单脚跳、蹦跳、双手挥棒击打固定球、单手击打固定球、双手接球、下手投球）存在性别差异。[6]

采用TGMD-2对北京市930名3~6岁儿童粗大动作的发展现状进行测评，发现3~6岁儿童的位移技能发展优于操控能力，且两项粗大动作水平均随着年龄增长而提高。[7]采用TGMD-3运动测评工具探究3~6岁儿童的器械操控能力的结果性水平状况，同时对儿童完成操控动作的过程进行录像，运用观察法归纳3~6岁儿童各项器械操控动作特征。研究发现：3~6岁儿童的整体器械操控能力以及各项器械操控动作均随着年龄增长而提高。在性别特点上，小、中班儿童整体器械操控能力和各项器械操控动作发展无明显性别差异，大班男童整体器械操控能力、单手持拍击球和下手抛球动作显著高于女童。3~6岁儿童器械操控能力存在发展优势与劣势项目。其中，踢球和下手抛球动作是儿童最早发展且掌握较好的器械操控动作，双手接球和单手持拍击球动作属于中等难度项目，上手投球与双手持棒击球动作则一直是3~6岁儿童的发展劣势项目，原地拍球发展较为滞后，至大班才逐渐掌握。[8]

综上所述，目前针对3~6岁儿童动作技能发展特征的系统研究有待加深，目前关于我国儿童动作技能发展的系统研究较少，而且主要集中在儿童动作技能总体得分的变化规律及某几个动作的变化规律，将儿童大肌肉动作（操控动作+位移动作）作为内容的研究较少，仅有五项研究（马红霞、宁科、李静、黄嘉琪、苏亚斌）针对儿童大肌肉动作发展特征进行较为系统的研究，其中李静的研究重点集中在中美儿童动作发展水平的对比方面，宁科的研究重点则聚焦于教学指导策略的实证研究。

二、儿童不同类别基本动作技能发展特征

（一）位移动作技能发展特征

目前，有研究从运动学的角度采用三维摄像系统对北京市某一幼儿园大、中、小班113名儿童进行自然走和跨越障碍动作的基本发展特征进行

深入研究，探寻幼儿下肢基本动作发展的年龄变化特点，为幼儿运动能力测试方法的修订与完善提供理论依据。[9]研究发现：男生随年龄的增长，自然走时速度加快，频率降低；在4.5岁以后动作逐渐表现出充分伸肘、伸膝、足背屈、以髋关节带动下肢关节运动的模式。女生则因为随年龄增长，自然走时速度和频率均增加；下肢关节的运动模式则为膝、踝关节运动幅度大于髋关节。男、女生自然走动作的差异表现在躯干前倾程度和上肢摆动幅度等方面。女生动作发展的重点时期稍晚于男生。随年龄的增长跨越障碍时幼儿下肢膝、踝关节的运动幅度增加。

有人通过录像分析法对济南市428名3~10岁儿童的前滑步动作特征进行研究，发现不同年龄阶段儿童的前滑步动作特征各不相同，随着年龄的增长，动作特征会向更高一级的阶段发展，各肢段发展的年龄区间和动作特征各不相同，不同性别的儿童在发展前滑步动作技能时也具有差异。[10]

同时，有研究通过录像分析法对山东省济南市四所幼儿园和小学抽取的460名3~10岁的儿童进行单脚跳动作测试，研究发现：儿童于3.5~4岁形成"摆动脚在体前"的动作特征；儿童于4.5~5岁形成"摆动脚支撑腿的侧面"的动作特征；儿童于6~6.5岁形成"摆动脚落后于支撑腿"的动作特征；儿童于9.5~10岁形成"摆动腿自由协调摆动"的动作特征。3~10岁儿童单脚跳动作特征的存在性别差异，且女孩单脚跳动作的发育比男孩早。[11]

郭蓉采用录像分析法对济南市587名3~10岁儿童的立定跳远的整体动作和各阶段动作进行研究，研究发现：3~4.5岁儿童的动作特征处在整体动作的第一序列，4.5岁年龄段是第一序列向第二序列的逐渐过渡阶段；5~8岁儿童的动作特征处在整体动作的第二序列。3~8岁儿童在立定跳远动作起跳阶段整体动作发展不存在性别差异，8.5岁时男孩的整体动作发展比女孩稍快，提前进入第三序列。[12]

罗金良通过录像分析法对济南市640名3~10岁儿童的跨步跳的整体动作和各阶段的动作进行分析研究，研究发现：儿童各年龄段的跨步跳动作特征表现各有差异，随着年龄的增长动作向着更高一级的阶段发展。

儿童的跨步跳整体动作的发展表现为：3～4岁年龄段的儿童仅仅具备了跨步跳的勉强的动作，处在跨步跳整体动作发展的第一阶段；4～5.5岁年龄段的儿童的跨步跳动作都处在整体动作发展的第二阶段；5.5～7岁这一年龄段的儿童的跨步跳动作特征处在一个过渡时期，动作特征开始慢慢地接近第三阶段。不同的年龄之间存在差异性，而相同年龄不同性别之间不存在差异。[13]

（二）操控动作技能发展特征

3～6岁儿童的操控能力存在随着年龄增长而增长的发展规律，并且不同性别儿童之间操控能力发展存在差异，男童优于女童。同时，多数研究采用了以动作发展过程为导向的测评工具（TGMD-2），采用TGMD-3的较少，对于3～6岁儿童动作技能的测量与评价方法由定性到定量与定性结合的方向发展。大量研究显示，学前儿童器械操控能力发展整体慢于其他基本动作技能的发展，且我国学前儿童器械操控能力发展水平在国际上处于靠后位置。

研究表明：我国3～6岁幼儿的投掷动作可归纳为10种类型，分别为类型一至十，各种类型在上肢、下肢、躯干等方面表现出不同的特点，具有不同的效率水平。3～4岁和4～5岁年龄段幼儿投掷动作主要表现为类型二和类型五；5～6岁年龄段主要表现为类型六和类型九。从动作类型来看，3～5岁年龄段男女幼儿的投掷动作未发现有显著性差异，5～6岁男女幼儿投掷动作存在一定的性别差异；从投掷距离来看，各年龄段均未表现出明显的性别差异。男童优于女童的原因可能是社会角色的期许以及运动参与，实地考察结果发现，男童较女童更偏爱投掷类操作性游戏。[14]

学前儿童操控技能发展慢于位移技能，这与儿童的运动发展规律有关。相比于位移技能，操控技能对儿童有更高的身体协调性和注意力的要求。儿童在完成对物体的操控动作过程中，不仅要达到身体动作上的协调，还需注意外界环境的变化，达到手—眼协调或脚—眼协调。因此，儿童需对基本的身体动作掌握较好的基础上逐渐完善操控动作。此外，研究显示儿童器械操控能力的发展呈现出显著的年龄差异与性别差异。随着年龄增长，儿童物体控制水平逐渐提高，且男生物体控制水平高于女生的物体控制水平。[15]

有人采用录像分析法对600名3~10岁儿童双手接球动作发展特征的研究，研究发现：不同年龄阶段儿童双手接球动作的整体特征各不相同，各肢段动作的发展特征也不相同，不同性别儿童在双手接球动作发展中存在差异性。3~10岁儿童双手接球整体动作特征分为五个动作特征："直臂接球、反应延迟"动作特征在3.5~4岁形成，"抱球"动作特征在5~5.5岁形成，"捞球"动作特征在6岁形成，"双手接球"动作特征在6.5~8岁形成，"适宜调整身体和手臂位置"动作特征在8.5~10岁形成。[16]

此外，有研究对济南市的560名3~10岁儿童踢静止球动作（以下均简称为踢球动作）的整体动作和各阶段的动作进行研究与分析，研究发现：在同一年龄阶段不同性别儿童的踢球动作技能的发展水平存在着差异性，主要表现为男童比女童踢球的距离要更远、击球力量更大等。而且随着年龄的增长差异性越来越明显；不同的年龄层相同性别儿童的踢球动作也存在着差异性。从整体动作发展的水平来看，同一性别儿童踢球动作的发展随着年龄的增长，会呈现出助跑步幅增大、踢球腿向后摆动的幅度增大、踢球力度增大、身体倾斜度增大及踢球结束后更加顺畅的缓冲等特征。[17]

同时，有研究采用录像分析法对石家庄363名3~11岁儿童进行击打高远球分析结果显示，"肩关节外展，屈臂""快速挥臂"动作模式在3岁时发展较快；"球拍置于头侧"和"球拍置于体前"分别是3~8岁和9~11岁两个阶段的特点；"球拍置于脑后"动作特征在4岁和6岁阶段的发展较快；"面对来球方向""躯干转动"意向的动作特点发生在5岁阶段，6岁开始儿童已经形成了击球阶段的双脚起跳动作特征。[18]

三、儿童基本动作技能发展小结

已有研究主要涉及位移动作与《3～6岁儿童学习与发展指南》中所涉及的儿童动作技能还有一定的差距,并不能完全覆盖《3～6岁儿童学习与发展指南》中要求的所有动作技能。目前的研究主要集中在位移动作和操控动作两方面,稳定性动作技能的研究尚未涉及。已有儿童动作发展的相关研究中,儿童动作技能存在年龄特征基本已经达成共识,不同年龄段儿童的动作技能水平存在显著性差异。但是不同性别之间是否存在差异尚未达成一致性。

通过对国内儿童基本动作技能发展的相关研究进行总结与梳理发现,序列理论是研究动作发展较常用的一种定性研究方法,在教学中给教师提供一种清晰的动作发展模式。但整体序列法把动作看成呈线性发展的,忽略了个体发展的差异性以及动作螺旋式发展的特点,这也是整体序列法在解释动作发展过程存在的局限性。部分序列法能够从整体上把握动作发展的方向,又能了解动作在各肢体间的协调组合。但是,过多对动作进行不同阶段的划分容易把动作复杂化,不利于教育人员快速了解动作的发展。

基于此,我们需要通过观察和记录幼儿在真实情景下的能力表现,了解幼儿当前达到了什么发展阶段,在日常教学过程中,关注发展超前或落后的幼儿的根本需求,才能在必要时给予孩子适当的专业帮助。

第二节　幼儿行为观察评价的必要性与现实意义

近些年来,观察与评价儿童群体的学习与发展方面的话题引起了世界各国的广泛关注,对于幼儿教师来讲,善于观察幼儿运动能力是了解幼儿运动能力发展的真实状况的手段之一。正如意大利的幼儿教育家玛利亚·蒙台梭利的经验积累,她的教育方法均源自其在儿童工作过程中所观察到的儿童自发性学习行为总结而成。玛利亚·蒙台梭利倡导学校唯有通过观察和分析才能真正地了解儿童内心的需求和个体差异，从而决定我们该如何协调环境，更好地为儿童设计量身定做的专属环境，并采取积极有效的措施来满足儿童成长的需求。

一、幼儿观察评价的必要性

（一）国外对儿童学习与发展观察评价的重视

1993年，全美幼儿教育协会出版了《早期教育专业化发展的概念体系》，其中强调善于观察和评价体现了幼儿教师的专业性。

自21世纪以来，英国政府对于学前教育的重视程度逐渐提高，制定了一系列的措施来促进英国的学前教育快速发展。2008年9月英国政府颁布了《早期奠基阶段教育指导纲要》（*Early Years Foundation Stage*），以期确保英国儿童在早期奠基阶段的安全健康以及学习发展。《早期奠基阶段教育指导纲要》在儿童发展评价部分提出了要求："当儿童年满5周岁以后，教师必须在当年6月30日前为其完成一份《早期奠基阶段儿童成长档案》，其中包括教师对儿童的跟踪观察、园所针对儿童的相关记录、家园保教讨论、儿童是否达到或超越发展目标等内容，根据多元化评级方法来评价儿童各方面的发展水平。幼教机构必须将《早期奠基阶段儿童成长档案》向地方教育部门报备，并为儿童随后就读小学一年级的教师提供《早期奠基阶段儿童成长档案》的副本，为小学教师为其制订小学教育计划提供参考。"[19]

澳大利亚政府素来重视早期儿童教育。2004年意大利政府改编了加拿大颁布的《儿童早期发展评价工具》（early development instrument，EDI），形成了具有澳大利亚自身特色的评价工具——澳大利亚儿童早期发展指数（AEDI），该评价工具主要包括身体健康、社交能力、情绪成熟度、语言和认知功能、沟通技能和常识五个方面对儿童进行观察与测量，反应学前一年儿童的发展水平。

（二）我国对儿童学习与发展观察与评价的重视

一直以来，我国也非常重视学前儿童学习与发展的观察与评价。《3～6岁儿童学习与发展指南》强调对保教质量我们要实施动态性监管、对儿童的学习与发展情况进行持续性的观察与评价，继而避免幼儿园出现"小学化"的现象。《幼儿园教师专业标准（试行）》中明确要求："有效运用观察、谈话、家园联系、作品分析等多种方法，客观地、全面地了解和评价幼儿；有效运用评价结果，指导下一步教育活动的开展。[20]"幼儿在运动中的各种运动能力表现往往是稍纵即逝，却又非常可贵，可以真实反映幼儿运动能力的信息。截至目前，我国还没有正式的有关儿童动作技能方面的观察、评价与记录工具，基于此，梳理出国内外有关儿童动作技能观察与评价的工具和方法显得至关重要。

二、幼儿观察评价的现实意义

（一）真正了解儿童

观察是帮助家长与教师以及研究者评价儿童学习与发展的最直观、最真实的方法之一。在观察过程中，教师看到的是儿童最真实的表现，教师通过对儿童运动能力中某一动作的深入、持续性的观察、记录，才能真正地了解儿童在游戏、运动环节中的真实表现，进而真实地评价儿童动作技能发展的真实水平。

当教师、家长或研究者在作为观察者进行儿童运动能力观察时，同时要充分考虑到观察时儿童所处的真实情境。当儿童的运动能力存在"较大偏差"时，观察者要时刻谨记，此时此刻所观察到的儿童运动能力表现是在特定情境中出现的，还是在日常教学过程中也存在，即被观察儿童的运动能力表现是偶然发生还是时常发生？观察者不仅仅要观察儿童运动能力的本身，还要观察儿童运动能力发生的情境。

（二）设计学习计划

教师观察和评价儿童运动能力的学习与发展水平的目的，不是"纠错"、更不是"责怪"，而是根据观察得到的资料和信息，教师可以分析儿童运动能力的发展水平（"不足""一般""优秀"）以及兴趣爱好，并分析其背后的具体原因，进而进一步鉴别具体问题。正向引导幼儿从日常学习和活动中，循序渐进地进行学习，进而，教师可以更有效地帮助儿童成长发育。

观察是教师提升教学有效性的有效方法，教师可以通过观察儿童的表现，由此作为依据，来反思自身的教学方法和计划，判断自身教学方法和计划是否具有适宜性，并根据观察结果来判断自身的教学方法应该如何调整。

（三）教育有效衔接

观察者了解儿童的生长发育规律，通过针对性的观察，就可以评价儿童学习与发展的水平，进而进行针对性的指导和不同教育阶段之间的有效衔接。例如，教师深度了解学前儿童运动能力的发展规律，通过观察儿童在真实情景中表现出来的运动能力，以此为依据，科学、合理地设计幼儿园的教学计划，为学前儿童的终身学习奠定良好的基础，帮助学前儿童做好入学准备，防止幼儿园"小学化"的教学内容和教学环境。

第三节 幼儿行为观察的分类

一、描述观察法

描述观察法是指观察者通过对被观察对象的行为或活动发生的时间、发生发展过程进行详细观察，并针对性描述的一种方法。具体又可以分为实况详录法、日记描述法、轶事记录法和班级儿童日志四种。

表 6-1　描述性观察法的具体分类

描述观察法	优点	缺点
实况详录法	简单、方便、灵活	耗费时间和精力
	内容翔实，具有永久保存性	需要借助现代化观察设备（摄像、录音）
	观察人数不受限制	对所收集到的资料处理难度较大
	可用于对儿童本身的评价或幼儿园课程的评价	要求观察者具有较高的观察水平和快速记录能力
日记描述法	简单、方便、灵活	观察时间较长、观察者为儿童最为亲近的人
		观察者的主观倾向会影响观察结果的客观性
	内容翔实，具有永久保存性	会议式记录，内容可能与事实存在出入
		观察的结果缺乏普遍性和代表性
轶事记录法[21]	简单、方便、灵活	可能干扰师生互动
		观察者的主观倾向会影响观察结果的客观性
	内容翔实，具有永久保存性	会议式记录，内容可能与事实存在出入
		观察的结果缺乏普遍性和代表性
班级儿童	记录每一位儿童的具体情况	观察表需要根据班级人数进行及时更新、调整
	记录迅速、使用方便	能够记录的资料和数据比较有限
	方便与日后的观察资料对比	只有重复记录、对照比较，才能发挥效果

（一）实况详录法

实况详录法，又称连续记录法，是指在一段时间内（例如半小时、一小时或半天、甚至更长时间）持续地、尽可能详细地、完整地记录被观察对象在自然状态下发生的所有行为表现（包括与环境及他人的相互作用和互动），然后对所收集到的原始资料进行记录、分析的方法。[22]实况详录法通过记录被观察对象一切行为或活动的所有细节，获得对这些行为或活动的详细的、客观的描述。其目的是尽量完整、客观、长久地保留对所发生的行为或活动进行描述性的记录。

实况详录法的观察范围可以是某一个特定的儿童，也可以是某活动中的一个团体。在记录的过程中，记录人员要无选择地记录下所有的细节，包括背景资料，而且要尽量客观，不必进行主观推断、解释及评价[23,24]观察记录的内容，不仅只针对观察对象本身，还要包括观察对象与外界互动过程中所说的每一句话、做的每一个动作以及学做这些动作时观察对象所处的情境。实况详录法的优点在于能够提供详细的有关被观察对象行为或活动及发生时的环境背景等资料,从而为日后多角度、多层面的分析打下良好的基础。其不足在于记录技术要求高,传统的手工记录容易顾此失彼,需要花费较多的时间和人力记录与处理资料。

(二)日记描述法

日记描述法又称"日记式记录法",是指对同一个或同一组观察对象进行长期跟踪与反复观察,运用日记的形式,频繁且有规律性地描述性地记录下观察对象的行为表现从而进行研究的一种方法。

日记描述法的特点是观察者对观察对象要进行长期的跟踪观察,主要强调的是在观察过程中观察对象的能力发展性的变化。并以日记的形式记录儿童成长过程中的纵向改变以及重要事件,例如:第一次独立爬、第一次独立行走、第一次独立跳跃等。根据观察的主题,我们可以将日记描述法分为两类:主题日记描述法和综合日记描述法。主题日记描述法是指,观察者只对儿童某一或某几种特定能力的发展进行观察和记录,而除此之外的其他能力表现得再突出也不进行记录。例如,观察者需要对儿童的动作技能发展领域情况进行记录,那么就仅仅对儿童一系列的动作技能进行持续性、有规律的观察与记录,在观察过程中,儿童在其他发展领域表现再突出也不进行记录。而综合日记描述法是指观察者对儿童发展过程中各个领域的表现都进行持续性、有规律的观察和记录,例如,观察儿童的动作发展时,儿童的语言发展或社会性发展有重大进步,观察者也可以进行记录。

在教育研究领域较早使用日记描述法研究儿童的是瑞士教育家裴斯泰洛齐。他采用日记描述法跟踪观察其子3年,在此基础上写成《一个父亲的日记》一书并于1774年出版。德国心理学家普莱尔也采用此方法对自己的孩子从出生到3岁的发展过程进行了长期观察,写成儿童心理学名著《儿童心理》。我国著名幼儿教育专家陈鹤琴采用日记的方式对其子陈一鸣进行了808天的观察与记录,写成《儿童心理之研究》一书。该书于

1925年正式出版。《儿童心理之研究》有30多万字，内容涉及儿童心理发展的各个领域，在研究方法和研究论点上都具有先进性。这是现代中国学者以中国儿童为对象，系统研究中国儿童心理发展的开端。该书也是我国学者最早的一部儿童心理研究著作，奠定了陈鹤琴在我国儿童心理学研究方面开拓者的地位，也是其日后儿童教育理论与实践的思想源泉。

（三）轶事记录法

轶事记录法是指观察者在实施观察的过程中，对事件或行为从发生到结束的全过程按照其发生发展的顺序进行连续、详细的记录的方法。这里的事件可以是观察者感兴趣的或自认为有意义的事件。轶事记录法重点强调的是记录的真实性和客观性，详细记录观察的时间、地点、发生的事件（儿童的行为）、事件发生的方式以及特定的情境。

根据观察的内容是否有主题和系统性，可以将轶事记录法分为两类：有主题轶事记录法和无主题轶事记录法。有主题轶事记录是指观察者对儿童某一能力感兴趣，只记录相关方面的表现。无主题轶事记录是指教师观察并记录儿童在某一段时间内发生的事件，没有特定的聚焦点，只要观察者自认为有意义的事件都可以进行观察记录。

轶事记录法与实况详录法的不同在于实况详录法所记载的事件或现象一般是事先确定好的，而轶事记录法所记载的一般是在观察过程中观察者认为有价值的、有意义的、有某种典型性的事件或现象。它与日记记录法的不同在于日记记录法的目的性更明确、系统性更强、连续性更高。轶事记录法可以是有主题的，也可以是没有主题的，它不受时间的限制，不需要特殊的情景，不需要遵循严格的步骤，因此简单易行。轶事记录法更像一种日常观察的记录方法，它在观察记录的时候并没有明确的目的，更多的是积累资料，为日后的研究打下基础。在运用轶事记录法进行观察记录的时候，一定要客观、真实地如实记录。但由于在确定这些事件或现象的时候本身就带有了观察者的主观价值判断，因此这种观察记录资料的主观性是不可避免的。

（四）班级儿童日志

班级儿童日志是指一种能够观察并记录班级中每一位儿童在幼儿园的表现或选取几个重要事件进行记录的方法。

与实况详录法、日记描述法和轶事记录法相比，班级儿童日志法最大的特点就是观察者要对观察过程中每一位儿童的行为表现进行观察和记录，记录的内容不需要太具体、太翔实，可以用总结性词语进行简单记录。但是在班级儿童日志表里必须标明观察日期、观察者、观察目的以及每一位儿童的姓名，观察者要对每一位儿童进行观察、记录和总结。

表 6-2　班级儿童日志

观察日期：	年　月　日		
观察目的		观察者	
学生 1			
学生 2			
学生 3			
学生 4			
学生 5			
……			

二、取样记录法

取样记录法就是并非准备对观察对象所有的行为或活动进行完整的记录，而是通过以某种标准对准备观察对象的行为或活动进行取样，仅对观察对象被取样的行为或活动进行记录的一种方法。取样记录法既可保证获得可靠的资料，又能节省人力、物力与财力，节省记录时间。根据取样的标准不同，一般可分为时间取样法、事件取样法、个人取样法及场所取样法。

1.时间取样法

时间取样法是指观察者以一定的时间间隔为取样标准，观察并记录被观察对象在这个预先设定的时间间隔内或活动情景的行为表现，从而进行研究的一种方法。[22]

时间取样法的一个基本假设是：被观察对象在每一时间段内的行为是

一个样本，通过抽取足够多次数的时间段，通过观察这些时间段内被观察对象的行为，便可以得出规律性的结果。时间取样法的运用一般应满足两个条件：一是被观察对象的行为必须是经常出现的，行为出现的频率一般不应低于每 15 分钟 1 次；二是被观察的行为必须是外显的、容易被观察到的行为。这就要求我们采用时间取样法对儿童进行观察记录之前，就要确定儿童的姓名、性别、年龄、观察日期和观察目标，明确我们的观察目标，有针对性地进行观察和记录儿童某一行为出现的频率和时间。

时间取样记录法首先要确定目标行为，即准备观察记录的行为。一般通过下操作定义的方式对准备观察记录的行为或活动做具体详细的规定与说明，以增强观察记录的客观性，减少主观性。其次是要确定观察的时间结构及记录的形式。帕顿（Parton）在关于儿童游戏的研究中的观察记录就运用了时间取样记录法。她在规定的游戏时间内，以 1 分钟为时长，对学前儿童社会参与性活动进行观察记录，目的是研究学前儿童在游戏中的社会参与状况。

表 6-3　时间取样法观察记录表

儿童姓名：　　性别：　　年龄：　　编号：
观察日期：　　年　　月　　日
观察地点：（具体区域，如：游戏区、活动区等）
观察目标行为：
观察者：

时间	无所事事	旁观	独自游戏	平行游戏	联合游戏	合作游戏
9:00 ~ 9:01						
9:01 ~ 9:02						
9:02 ~ 9:03						
9:03 ~ 9:04						
9:04 ~ 9:05						
9:05 ~ 9:06						
9:06 ~ 9:07						
9:07 ~ 9:08						
9:08 ~ 9:09						
9:09 ~ 9:10						
合计（分秒）						

一般来说，当观察者对儿童的行为比较陌生或者所观察的目标行为变化较大时，观察次数需要适当的增加；反之，当观察者对儿童的行为比较了解或者所观察的目标行为变化较小时，观察的次数可以适当地减少。[25]

2.事件取样法

事件取样法就是根据一定的研究目的，以特定的行为或事件的发生作为取样的标准，对目标行为（特定的行为或事件）进行观察记录，获取研究资料进行研究的一种方法。

与时间取样法不同，事件取样不受时间间隔与时段长短等规定的影响，事件取样法的核心是"事件"，观察者只需对自己选择的特定事件发生的完整过程进行观察和记录即可，而对事件所发生的时间不做要求；时间取样法的核心是"时间"，与事件取样法恰恰相反，时间取样要求观察者要在特定的时间段中观察事件发生的规律和频次。时间取样记录法关注的是特定的时间，而不是某一限定时段内被观察对象的行为表现或活动，只要是特定事件一出现就可以开始观察记录，事件结束，观察记录也就告一段落。

根据记录的方法异同，我们可以将事件记录法继续分为两类：符号系统记录法和叙事描述记录法。符号系统记录法是指观察者在进行观察之前，将目标行为设计为一系列的符号，在观察过程中，只对目标行为进行观察和记录，不关注目标行为以外的"事件"的观察方法。而叙事描述记录法是指观察者用文字描述的方式，记录观察对象的目标行为，以及事件发生的前因后果的观察方法。

表6-4 时间取样观察记录表

儿童姓名：		性别：		年龄：		编号：	
观察日期：				观察地点：		观察者：	
观察目标：							
开始时间：				结束时间：			
序号		时间		互动对象		互动过程	
1							
2							
3							
4							
5							
6							

美国科学家霍尔·戴维在1934年采用事件取样记录法对幼儿的争执行为进行了观察记录。该研究以保育学校中幼儿的争执事件为观察目标，在儿童自由活动时间内观察自发的争执事件，进行描述与记录。该研究事先制订好观察记录表，前后进行了58.75小时的观察，共记录了200例争执事件。具体在记录的时候，可将行为分类记录、系统记录与对事件前因后果及环境背景等的描述性记录结合起来。它既可做预先的计划、安排与准备，获取较有代表性的行为样本，又能够在一定程度上保留行为的连续性与完整性，还可得到关于事件的环境与背景的资料，因此可用于对比较广泛行为事件的观察。其主要局限性在于不同时间和场合发生的同类行为，有时可能具有不同的内在含义，结果可能缺乏测量的稳定性。因此，运用事件取样法应特别注意记录与分析行为事件发生的情境与背景。

3. 个人取样法

个人取样法是指通过对单个观察对象连续取样，以单个观察对象为单位，在规定时间内，记录关于这个观察对象的所有行为及发生在这个观察对象身上的全部事件，然后再选择另一观察对象进行观察，如此反复进行，最终获得多个观察对象组成的样本。

在个人取样中，有一点特别值得注意，即在选择观察对象时，一定要保证随机选择观察对象，否则所选的观察对象不具有代表性，且搜集到的相关资料也会缺乏其应有的价值。比如，如果要选择一个中班的儿童进行观察并记录其运动能力发展的情况，那么，在每次观察前的20分钟，观察者就应该首先随机选择一个不同的观察对象，之后对观察对象在课堂上的相关行为和事件进行观察，以该观察对象的观察结果作为反映这个班全体学生的情况。观察者通过对这个班多个不同儿童进行观察之后，便可获得有关这个班全体学生在运动能力发展方面的相关行为和事件的资料。

4. 场所取样法

所谓场所取样法，是指选取某一场所作为观察的对象，从而获取相关资料的一种观察方法。比如，通过观察学生在游戏区、活动区、休息区或户外活动等场所的行为表现，从而获取学生在这些场所的相关行为表现的信息资料。

三、评价观察法

评价观察法是一种量化的观察方法，它使用起来简单、方便，能够直接反映儿童在日常生活中的行为表现。观察者可以通过使用评价观察法，将儿童的行为与发展常规模式进行比较，全面了解儿童身心发展规律的特点，从而进一步指导教学实践[22]。根据方式的不同，可以将评价观察法分为：等级评定法、行为检核表法、频次记录法和持续时间记录法。关于儿童运动能力的评价观察法使用较多的主要是等级评定法、行为检核表法，下面主要围绕这两大类评价观察法进行阐述。

（一）等级评定法（标准化观察）

等级评定法是指观察者在对幼儿进行观察后，对其行为表现所达到的水平进行评定，并对其行为水平的高低进行量化判断的一种观察方法。根据量表情况可以继续将等级评定法分为：数字等级量表、图形量表、标准化量表、累计点数量表和强迫选择量表等。对于儿童动作技能的观察评价的等级评定法主要集中在数字等级量表和标准化量表两类。

在进行儿童运动能力观察评价时，我们可以借助一些相对成熟、稳定和权威的量表来应用于我们的观察过程中，这样，不仅可以帮我们科学有效地进行观察评价，也能减少我们的工作量，又确保了我们观察的科学性。下面，我们介绍几种适合我们观察儿童运动能力等级评定法的量表、工具。

1.《学前儿童观察评价系统》（高瞻课程）

由美国高瞻教育研究基金会于 1992 年研发、2003 年和 2014 年再版的《学前儿童观察评价系统》（*Preschool Child Observation Record*，COR Advantage），作为高瞻课程中极其富有特色和影响力的部分，成功掀起了儿童观察与评价研究的巨大思潮。《学前儿童观察评价系统》是高瞻课程

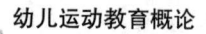

模式的最新儿童观察评价工具,具有发展适宜性、高信度、高效度等特点。《学前儿童观察评价系统》整个框架内容分为三大部分:《使用指南》《评分指南》和《配套材料》。其中,《使用指南》对该评价系统评价内容、操作方法以及结果使用等进行了概述。

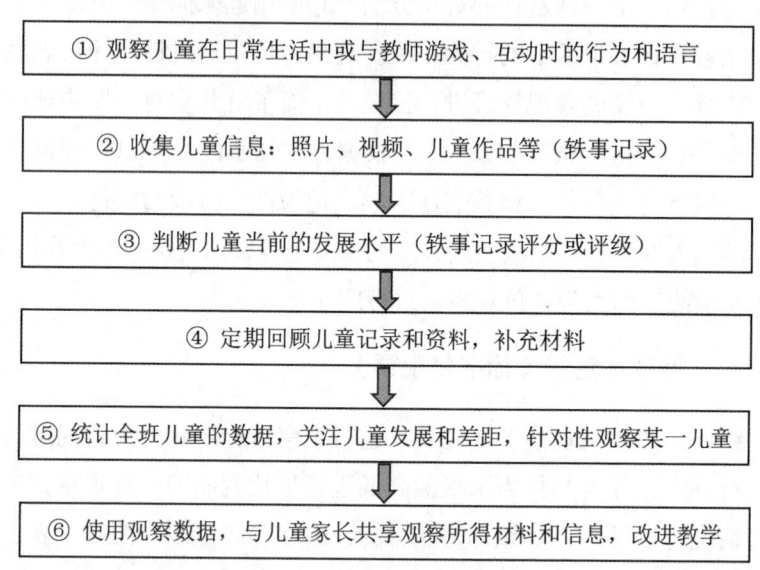

① 观察儿童在日常生活中或与教师游戏、互动时的行为和语言

↓

② 收集儿童信息:照片、视频、儿童作品等(轶事记录)

↓

③ 判断儿童当前的发展水平(轶事记录评分或评级)

↓

④ 定期回顾儿童记录和资料,补充材料

↓

⑤ 统计全班儿童的数据,关注儿童发展和差距,针对性观察某一儿童

↓

⑥ 使用观察数据,与儿童家长共享观察所得材料和信息,改进教学

图 6-2 《学前儿童观察评价系统》(COR Advantage)的使用流程图

在《评分指南》章节作者详细阐述 9 个评价领域(学习品质,社会性和情感发展,身体发展和健康,语言、读写和交流,数学,创造性艺术,科学和技术,社会学习,英语语言学习领域)一共 36 个评价项,详细介绍了上述每个领域的观察评价方法,提供了 8 个持续发展的水平层级,《学前儿童观察评价系统》可以供教师用来观察评价不同发展水平的儿童。同时,分水平(从水平 0~7)提供了定义和轶事记录举例,同时,《学前儿童观察评价系统》在《配套材料》部分列出了评价过程中要用到的《轶事手册》《幼儿总结表》《班级总结表》等,帮助教师客观有效地观察和评价儿童。

表 6-5 《学前儿童观察评价系统》（COR Advantage）的结构[22]

领域	具体条目	领域	具体条目
学习品质	主动性和计划性	数学	数字和点数
	使用材料解决问题		几何、形状和空间意识
	反思		测量
社会性和情感发展	情感		模式
	与成人建立关系		数据分析
	与其他幼儿建立关系	创造性艺术	视觉艺术
	集体		音乐
	冲突解决		律动
身体发展和健康	大肌肉运动技能		假装游戏
	小肌肉运动技能	科学与技术	观察与分类
	自我照顾和健康行为		实验、预测和得出结论
语言、书写和交流	表达		自然和物质世界
	倾听与理解		工具和技术
	语音意识	社会学习	对自我和他人的认知
	字母知识		地理
	阅读		历史
	图书知识与乐趣	英语语言学习（假如适用）	英语口语与理解
	书写		英语口语

《学前儿童观察评价系统》（COR Advantage）中大肌肉运动技能主要针对儿童在爬、走、跑等方式方面进行观察、评价和记录，详情见表 6-6。

表 6-6 《学前儿童观察评价系统》（COR Advantage）之大肌肉运动技能[26]

水平	动作具体描述
水平 0	幼儿的活动是全身性的
解释	幼儿的运动是全身性的，不论是躺着还是趴着时（如把脚放在脸上，从一边滚到另一边，坐起），还是运动时（如爬或坐）
举例 1	1 月 16 日：换完尿布后，布莱恩特把脚放进嘴里
举例 2	7 月 11 日：在选择时间，泰拉从摇椅旁边爬到了书架旁
水平 1	幼儿行走
解释	幼儿在没有成人的帮助时可以独立行走，尽管有时候需要扶家具或其他物体来保持平衡，也不是一直都能站得很稳
举例 1	4 月 27 日：在户外运动时，朱迪走在推车后面，把它推到一个大轮胎的旁边
举例 2	11 月 16 日：在选择时间，贝斯娜摇摇晃晃地从沙发走到豆袋椅旁边。在这个过程中，她扶着桌子用来保持平衡
水平 2	幼儿上下楼梯，可以绕着人或物体走或跑
解释	幼儿可以自由上下楼梯台阶，但是不能交替使用双脚。在跑的时候，幼儿可以做到不碰撞其他人或物体
举例 1	3 月 12 日：在选择时间，凯瑟琳爬了 6 级台阶到阁楼上去拿枕头

续表

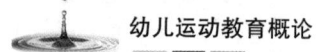

水平	动作具体描述
举例2	8月16日：在户外活动时间，卡蒂姆穿过草地跑到沙地。他穿过草地的时候，有几名幼儿在草地上打滚
水平3	幼儿交替使用双脚爬楼梯，能双脚离地地跳或跑
解释	幼儿交替使用双脚爬楼梯，但需要借助栏杆保持平衡。跑的时候，幼儿的双脚可以离地，跑时姿态还不太稳定。使用轮椅的幼儿可以自己控制开始和停止
举例1	6月28日：在大组活动时，缇娜一次次地起跳、落下
举例2	9月16日：在户外活动时间，克瑞斯多夫绕着小路跑了3圈
水平4	幼儿用手或脚击打一个大的移动物体
解释	幼儿可以击打一个朝向自己的物体，比如皮球或足球（直径在25厘米以上）
举例1	10月2日：在小组活动时间，琳达把一个气球扔到空中，然后用双手拍气球
举例2	5月6日：在户外活动时间，马修踢开了一个足球，那个足球是老师传给他的
水平5	幼儿连续跳跃8次及以上
解释	这里的跳跃涉及跑跳步（先一只脚接着另一只脚）和单脚跳（同一只脚）。标记为这一水平的幼儿至少要连续跳8次
举例1	4月19日：在户外活动时间，李兰德跳上了一座小山（至少跳了10次以上）
举例2	1月16日：问候时间过后，迪娜说要跳到桌子旁边做计划。说完，她就朝着计划桌跳过去了（跳了至少8次）
水平6	幼儿用乒乓球拍、网球拍或棒球拍击打正在移动过程中的球
解释	幼儿用乒乓球拍、网球拍或棒球拍击打正在移动过程中的球（直径不大于12厘米）
举例1	5月2日：在休息时间，吉安娜用网球拍击中了萨维奇女士扔给她的垒球，她说："打中了！"
举例2	9月2日：在体育活动时间，罗伊向上抛起一个网球，并用网球拍击中了正在下落的网球
水平7	幼儿流畅有序地完成一系列动作
解释	幼儿平稳且协调地完成了一系列动作，这些动作要求身体上下部的力量（如翻跟头、跳绳、行进间运球）。注：随着音乐完成一系列动作不属于该水平
举例1	4月17日：在休息时间，马库斯双手交替爬过了攀爬架。他连续爬了3次
举例2	5月20日：在体育活动时间，克拉向大家展示了侧手翻

值得一提的是，在《学前儿童观察评价系统》（COR Advantage）之大肌肉运动技能的水平划分中，特意注明："随着音乐完成一系列动作不属于该水平。"这与其他观察评价工具中的内容和水平划分存在一定的差异。

而《学前儿童观察评价系统》（COR Advantage）中小肌肉运动技能主要针对儿童使用双手和手指完成特定任务方面进行观察、评价和记录，详情见表6-7。

表 6–7　《学前儿童观察评价系统》（COR Advantage）之小肌肉运动技能[26]

水平	动作具体描述
水平 0	幼儿打开或合上手
解释	在这一水平的早期，幼儿能打开或合上手；在后期，幼儿可以暂时抓住一个即将从手中掉落的物体，或者使用整个手掌（手掌和大拇指）去捡或握住物体
举例 1	1 月 10 日：用奶瓶吃奶时，卡兰把手打开又合上了好几次
举例 2	7 月 20 日：在选择时间，朱迪用整个手掌捡起并握住一个大金属盖子，然后把盖子放进了嘴里
水平 1	幼儿运用小肌肉抓握或捡起物体
解释	幼儿用大拇指和其他手指抓握一些材料，如捡起桌子上的麦片或橡皮泥
举例 1	9 月 4 日：在小组活动时间，特尔捡起木塞，然后又丢掉了
举例 2	1 月 17 日：在户外活动时间，乔瑟琳捡起一些树叶，然后用手捏碎了
水平 2	幼儿组合或拆分材料
解释	在这一水平，幼儿小肌肉力量增强了，对小肌肉的控制力也有进一步的发展。他们可以搭积木、拆积木，可以把大钉子弄进钉板中再拔出来，也能完成简单的平涂。注：倒出材料不属于这一水平
举例 1	9 月 4 日：选择时间，在玩具区，凯瑟把木钉钉在钉板上，然后再拔出来
举例 2	2 月 16 日：在集体活动时间，勒瓦独立完成了一个有 5 块小图组成的拼图
水平 3	幼儿可以适当地控制小肌肉
解释	幼儿利用手上小肌肉进行一些活动，如剪纸、做泥塑。幼儿对手部动作有一定的控制，但并不是特别精确（比如：能用剪刀沿着纸的边缘剪，而不能沿着直线剪）
举例 1	5 月 15 日：在小组活动时间，哈拉把掉在地上的纽扣捡起来放回瓶子里
举例 2	4 月 1 日：在工作时间，朱安在玩具区摆弄乐高积木
水平 4	幼儿可以灵活且精准地操作小物体
解释	这一水平的幼儿的小肌肉的力量进一步增加，也能更加灵活地完成一些活动，比如把一些小珠子串起来或者会使用小镊子。注：如果幼儿使用两只手，但一只手不动，另一只手活动，或者幼儿的两只手做不同的工作，请参照水平 6
举例 1	2 月 16 日：在工作时间，艺术区的马森尝试使用厚纸板和打孔机设计东西。他用一根纱线穿过这些洞
举例 2	11 月 6 日：在工作时间，在娃娃之家，塔莎把小珠子穿在娃娃的头发上，说："现在娃娃的头发跟我的很像。"
水平 5	**幼儿能用 3 根手指（3 根手指分别是：大拇指、无名指和中指）写写画画，例如：写一些字母和数字以及会画一些封闭的图形**
解释	幼儿用 3 根手指（大拇指、无名指和中指）握住书写工具（铅笔、记号笔）进行写和画（例如写一些字母和数字以及会画一些封闭的图形）。注：如果幼儿使用两个手指（大拇指和无名指，或大拇指和中指）捡东西或涂鸦都不属于这一水平
举例 1	2 月 1 日：在选择时间，奥玛把他的名字写在了电脑使用登记表上。他 3 根手指握笔，写下了自己的名字
举例 2	4 月 9 日：在工作坊时间，凯伊琳 3 根手指握笔，给家人画了一幅画

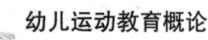

续表

水平	动作具体描述
水平6	幼儿双手合作完成精准动作
解释	在这一水平,幼儿可以更好地控制双手,并可以双手同时做不同的事,也就是说,两只手分别承担同一任务中的不同分工(例如剪一个图片时,一只手沿着线剪纸,另一只手可以慢慢转动纸片;或者一只手固定拉链,另一只手往上拉拉链等)
举例1	3月5日:在回顾时间,亚丽安德拉画了一颗心,并用剪刀剪了下来,表明她想和汉斯玩(心形代表了汉斯)。他一只手拿着纸,并不断地转动,另一只手沿着她画好的线用剪刀慢慢剪下来
举例2	10月25日:在户外活动时间,孙基自己拉拉链,他一边拉毛衣的拉链一边说他觉得冷
水平7	幼儿手指灵活、有力,可以完成多步骤的任务
解释	幼儿有足够的技能协调手指去完成复杂、多步骤的任务,比如系鞋带
举例1	1月15日:休息后,基顿自己独立脱掉了靴子换上了网球鞋,他向萨尔(助教老师)展示他现在可以自己独立完成系鞋带了
举例2	5月20日:在休息时间,安娜和嘉德用一根绳子在玩跳绳的游戏

高瞻课程模式《学前儿童观察评价系统》属于是目前较为完善的儿童观察评价系统,不仅有扎实的理论基础作为支撑,还经过了较长时间的检验,操作性和信效度都具有较高水平。

2.The Test of Gross Motor Development–Third Edition(TGMD–3)

TGMD–3(The Test of Gross Motor Development–Third Edition)是由美国密歇根大学 Dale A.Ulrich 教授于 2013 年在第二版 TGMD–2 的基础上修订完成,主要用于测评 3~10 岁儿童在大肌肉动作带动下产生的躯干、手臂及腿部肌肉在内的基本运动能力,测试主要包含移动式运动技能和球类操控技能测试。其中移动式运动技能包括"跑""马步跑""单脚跳""跑跳步""立定跳远"和"侧滑步"6 个动作,主要测试儿童走、跑、跳、滑动等基本运动能力;球类运动技能评估主要为"双手击固定球""正手击抛落球""双手接球""踢固定球""原地单手拍球""上手投球"和"低手抛球"7 个动作,主要测试儿童的抓握、挥击、投掷、拍击、踢等基本运动能力。[27]

表 6-8 基本动作技能发展测试——第三版（TGMD-3）测试记录表

技能	器材	说明	动作标准	测试1	测试2	得分
1. 跑步	跑步场地 20 米；2 个标志筒或其他标志物	摆放 2 个标志筒，间距 15 米。标志筒外有 2.5～3 米的空地，用于减速、停止跑步。测试者喊："跑！"，受试者从一个标志筒跑向另一个标志筒。第二次测试同上	1. 双臂弯曲，手臂摆动方向与腿的动作方向相反 2. 双脚短时间内同时离地 3. 前脚掌或者后脚跟着地（非整个脚掌） 4. 非支撑腿弯曲 90 度，脚靠近臀部			
			技能得分			
2. 马步跑	场地 8 米；2 个标志筒或其他标志物	摆放 2 个标志筒，间距 8 米。受试者从一个标志筒马步跑至另一个标志筒。第二次测试同上	1. 双臂弯曲，朝前摆动 2. 前脚向前迈出一步，后脚紧随着向前迈一步至前脚边或脚后（不能在前脚前） 3. 双脚短时间内同时离地 4. 连续有节奏地做马步跑 4 次			
			技能得分			
3. 单脚跳	场地至少 5 米；2 个标志筒或其他标志物	摆放 2 个标志筒，间距 5 米。受试者惯用脚单脚连续跳 4 次。第二次测试同上	1. 摆动腿用力向前摆动 2. 摆动腿的脚始终在起跳腿之后 3. 双臂弯曲朝前摆动，产生带动力 4. 单脚连续跳 4 次			
			技能得分			
4. 跑步跳	场地至少 10 米；2 个标志筒或其他标志物	摆放 2 个标志筒，间距 10 米。使用标志筒或标志物标记两条线，间距至少 10 米。受试者从一个标志筒马步跑至另一个标志筒。第二次测试同上	1. 一脚向前垫步跳起 2. 双臂弯曲，手臂摆动方向与腿的动作方向相反 3. 连续有节奏地做交替跑跳 4 次			
			技能得分			

续表

技能	器材	说明	动作标准	测试1	测试2	得分
5.立定跳远	场地至少3米，胶带或其他标志物	标记起跳线。受试者站在起跳线后。受试者尽力跳到最远。第二次测试同上	1.两腿屈膝，两手尽量往后摆			
			2.两臂稍曲，往前上方用力摆动，超过头部			
			3.两脚同时起跳同时落地			
			4.落地时两臂自然下摆			
			技能得分			
6.侧滑步	场地至少8米；画一条直线；2个标志筒或其他标志物	摆放2个标志筒，间距8米。受试者从一个标志筒滑步至另一个标志筒。受试者决定侧滑步起点位置。受试者需侧滑步至起点位置。第二次测试同上	1.侧身，双肩与标志线平行			
			2.惯用脚滑步，非惯用脚迅速跟进，期间双脚同时离地			
			3.向左连续滑行4次			
			4.需向右连续滑行4次			
			技能得分			
移动运动技能测试总分						

表6-9　球类技能测试表

技能	器材	说明	动作标准	测试1	测试2	得分
1.双手击固定球	1个10厘米塑料球，塑料拍，击球座或其他固定球的器材	将球放置于击球座，等高于受试者腰部。受试者用力朝前击球，手臂伸直。第二次测试同上	1.惯用手在非惯用手上方，抓住球棒			
			2.非惯用手一侧朝前			
			3.击球时交替转动双肩双臂			
			4.非惯用脚向前跨一步			
			5.前挥击球			
			技能得分			
2.正手击抛落球	一颗网球，轻塑料球拍，一面墙	受试者领取塑料球拍和球。受试者将球举起，让球自然下落，球落地反弹回腰部时朝墙面击球。第二次测试同上	1.球落地反弹，向后引拍			
			2.非惯用脚向前跨一步			
			3.朝墙面击球			
			4.挥拍过肩（非惯用脚一侧的肩膀）			
			技能得分			

续表

技能	器材	说明	动作标准	测试1	测试2	得分
3. 原地单手拍球	1个适用于3~5岁儿童的20~25厘米软球,1个适用于6~10岁儿童的篮球,一块平地	双脚原地不动,连续单手拍球至少4次。持球停止拍球。第二次测试同上	1. 单手于腰部触球			
			2. 五指触球（手掌不要拍球）			
			3. 原地不动,连续运球4次			
			技能得分			
4. 双手接球	1个10厘米的塑料球,5米空地,2个标志筒或其他标志物	标记两条线,间距5米。受试者站立于一条线前。抛球者站于另一条线前,低手朝胸前抛球。受试者双手接球。球抛至受试者胸前为一次测试。第二次测试同上	1. 两臂弯曲于胸腹前			
			2. 两臂张开伸臂迎球			
			3. 仅用双手接球			
			技能得分			
5. 原地踢球	1个20~25厘米塑料球,操场球或足球；胶带或其他标志物；一面墙；一块空地	距墙面6米,标记第一条线,距第一条线后方2.5米处标记另一条线。将球放置在第一条线上。受试者从第二条线助跑过去朝墙面用力踢球。第二次测试同上	1. 快速、不间断地跑向球			
			2. 踢球前提腿跨步			
			3. 支撑脚站在球侧			
			4. 非脚趾部位踢球			
6. 上手投球	一颗网球,一面墙,6米场地	距墙面6米贴一条胶带。受试者朝墙站立在胶带外侧,用力朝墙投球。第二次测试同上	1. 手臂向下挥动,准备投球			
			2. 转动臀部和双肩,让非投掷侧朝墙			
			3. 非惯用脚向前跨步			
			4. 投球后,投球手绕至异侧臀部			
			技能得分			

续表

技能	器材	说明	动作标准	测试1	测试2	得分
7. 低手抛球	一颗网球，胶带，一面墙，4.5米场地	距墙面4.5米贴一条胶带。受试者朝墙站立在胶带外侧，低手用力朝墙抛球，球触及墙面。第二次测试同上	1.惯用手向下摆动，并摆至体后 2.非惯用脚向前跨一步 3.朝墙抛球，触墙前球不能触地反弹 4.抛球后手臂随挥至胸部			
			技能得分			
球类技能测试总分						
基本动作技能发展测试总分						

注：1.测试之前，测试者须向受试者示范全部动作技能，包括所有表现标准；受试者有一次练习机会，两次测试机会，然后测试者计分。2.动作评分标准：1分＝动作标准；0分＝动作不标准。3.测试总分：两次测试得分之和。技能得分：各项技能测试得分之和。移动技能得分：六项移动运动技能测试得分之和。球类技能得分：七项球类技能测试得分之和。基本动作能力发展测试成绩：移动运动技能测试和球类技能测试得分之和。4.如果测试者无法确定如何给某个动作记分，可再测验一次，根据评分说明记分。5.如果受试者身体有缺陷或年龄太小而注意力不集中，建议受试者站在垫子或其他标志物上观看动作示范。测试移动运动技能也可使用垫子或其他标志物。

3. 克拉蒂感知运动行为评定量表（Cratty's Perceptual-Motor Behaviors Checklist）

克拉蒂感知运动行为评定量表是针对儿童动作技能的标准化测试方法，该量表可以用来测定儿童特定动作任务的能力发展水平。起初，克拉蒂测试主要用于中产阶层白人儿童的动作技能评定，因此，其常模也是基于中产阶层白人儿童的动作技能发展水平而建立的。

表6-10 克拉蒂感知运动行为评定量表（1970年）

年龄范围	特定动作的具体要求
2～3岁	可以有节奏地匀速行走
	可以一步一步走下低矮物体
	可以沿3米长，5厘米宽的道路行走
4～4.5岁	可以双脚并拢向前跳跃
	可以单脚跳2～3次，无精确度或节奏要求

续表

年龄范围	特定动作的具体要求
4～4.5岁	行走、跑步时手臂与腿部动作协调一致
	可以短距离地行走一段环形线
5～5.5岁	可以在8秒内跑30米
	单腿平衡，女孩维持6～8秒，男孩维持4～6秒
	可以接住从4米多高的地方弹跳到胸口高度的大型游戏球，5次中可以接住4～5次
	可以双脚同时离地跳20厘米及以上
	可以用单手或双手将游戏球弹到1米外
6～6.5岁	在允许的情况下，可以飞奔
	在握力测试中可达3千克及以上
	可以在5厘米宽，15厘米高，3米多长的平衡木上行走
	可以在5秒左右跑完15米
	可以在2秒或更短的时间内从地面爬起来

根据克拉蒂感知运动行为评定量表的要求：在特定的年龄阶段，儿童应该完成相应年龄段动作要求的三分之二，如果未达到三分之二，则需要接受进一步的评估。

（二）行为检核表法（非标准化观察）

除了标准化的等级评定方法之外，还有一些非标准化观察工具，例如行为检核表。行为检核表法又称清单法、检测表单法等，是指观察者依据一定的观察目的，事先拟定好需要观察的项目，并将它们排列成清单式的表格，然后通过观察，根据检核表内容逐一观察儿童行为出现与否的一种观察与记录方法[22]。

此外，教师也会根据自身情况进行自编观察工具，可以更深入地了解所教儿童的动作发展水平。

1.《3～6岁儿童学习与发展指南》

为深入贯彻《国家中长期教育改革和发展规划纲要（2010—2020年）》和《国务院关于当前发展学前教育的若干意见》（国发〔2010〕41号），指导幼儿园和家庭实施科学的保育和教育，促进幼儿身心全面和谐发展，于2012年10月9日由教育部正式颁布《3～6岁儿童学习与发展指南》，

《3～6岁儿童学习与发展指南》从健康、语言、社会、科学、艺术等五个领域描述幼儿学习与发展,分别对3～4岁、4～5岁、5～6岁三个年龄段末期幼儿应该知道什么、能做什么,大致可以达到什么发展水平提出了合理期望。同时,针对当前学前教育普遍存在的困惑和误区,为广大家长和幼儿园教师提供了具体、可操作的指导、建议。

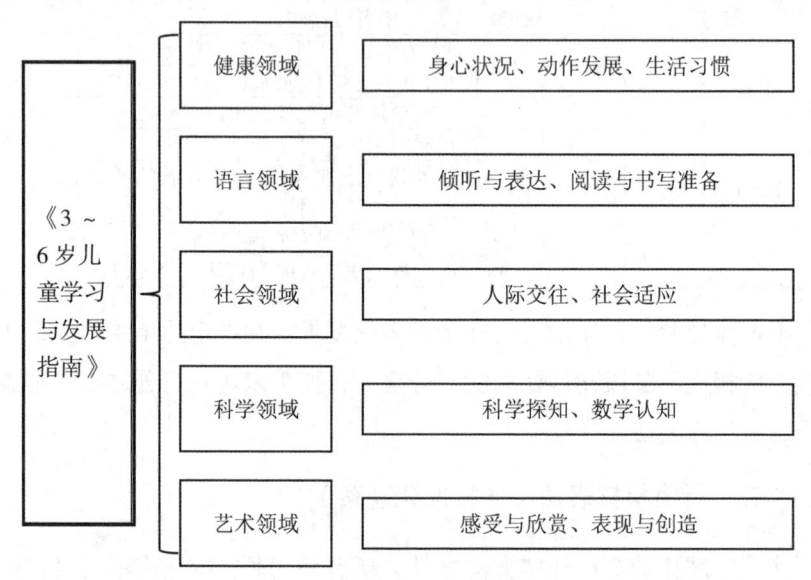

```
                    ┌─ 健康领域 ─── 身心状况、动作发展、生活习惯
                    │
                    ├─ 语言领域 ─── 倾听与表达、阅读与书写准备
《3～6岁儿童         │
学习与发展指南》 ────┼─ 社会领域 ─── 人际交往、社会适应
                    │
                    ├─ 科学领域 ─── 科学探知、数学认知
                    │
                    └─ 艺术领域 ─── 感受与欣赏、表现与创造
```

图 6-3　《3～6岁儿童学习与发展指南》内容框架图

《3～6岁儿童学习与发展指南》在健康领域中,按照幼儿学习与发展最基本、最重要的内容划分为"身心状况""动作发展"和"生活习惯与生活能力"三个子领域。每个子领域又包含若干个幼儿学习与发展目标。在"动作发展"子领域中《3～6岁儿童学习与发展指南》从身体素质的角度提出了幼儿在大肌肉动作方面"具有一定的平衡能力,动作协调、灵敏"和"具有一定的力量与耐力"的发展目标。

表6-11 《3～6岁儿童学习与发展指南》中关于"动作发展"的目标[28]

目标分类	3～4岁	4～5岁	5～6岁
目标1 具有一定的平衡能力，动作协调、灵敏	1. 能沿地面直线或在较窄的低矮物体上走一段距离 2. 能双脚灵活交替上下楼梯 3. 能身体平稳地双脚连续向前跳 4. 分散跑时能躲避他人的碰撞 5. 能双手向上抛球	1. 能在较窄的低矮物体上平稳地走一段距离 2. 能以匍匐、膝盖悬空等多种方式钻爬 3. 能助跑跨跳过一定距离，或助跑跨跳过一定高度的物体 4. 能与他人玩追逐、躲闪跑的游戏 5. 能连续自抛自接球	1. 能在斜坡、荡桥和有一定间隔的物体上较平稳地行走 2. 能以手脚并用的方式安全地爬攀登架、网等 3. 能连续跳绳 4. 能躲避他人滚过来的球或扔过来的沙包 5. 能连续拍球
目标2 具有一定的力量和耐力	1. 能双手抓杠悬空吊起10秒左右 2. 能单手将沙包向前投掷2米左右 3. 能单脚连续向前跳2米左右 4. 能快跑15米左右 5. 能行走1千米左右（途中可适当停歇）	1. 能双手抓杠悬空吊起15秒左右 2. 能单手将沙包向前投掷4米左右 3. 能单脚连续向前跳5米左右 4. 能快跑20米左右 5. 能连续行走1.5千米左右（途中可适当停歇）	1. 能双手抓杠悬空吊起20秒左右 2. 能单手将沙包向前投掷5米左右 3. 能单脚连续向前跳8米左右 4. 能快跑25米左右 5. 能连续行走1.5千米以上（途中可适当停歇）
目标3 手的动作灵活协调	1. 能用笔涂涂画画 2. 能熟练地用勺子吃饭 3. 能用剪刀沿直线剪，边线基本吻合	1. 能沿边线较直地画出简单图形，或能沿边线基本对齐地折纸 2. 会用筷子吃饭 3. 能沿轮廓线剪出由直线构成的简单图形，边线吻合	1. 能根据需要画出图形，线条基本平滑 2. 能熟练使用筷子 3. 能沿轮廓线剪出由曲线构成的简单图形，边线吻合且平滑 4. 能使用简单的劳动工具或用具

实施《3～6岁儿童学习与发展指南》应把握以下几个方面。

（1）关注幼儿学习与发展的整体性。儿童的发展是一个整体，要注重领域之间、目标之间的相互渗透和整合，促进幼儿身心全面协调发展，而不应片面追求某一方面或几方面的发展。

（2）尊重幼儿发展的个体差异。幼儿的发展是一个持续、渐进的过程，同时也表现出一定的阶段性特征。每个幼儿在沿着相似进程发展的过程中，各自的发展速度和到达某一水平的时间不完全相同。要充分理解和尊重幼儿发展进程中的个别差异，支持和引导他们从原有水平向更高水平发展，按照自身的速度和方式到达《3～6岁儿童学习与发展指南》所呈现的发展"阶梯",切忌用一把"尺子"衡量所有幼儿。

(3)理解幼儿的学习方式和特点。幼儿的学习是以直接经验为基础,在游戏和日常生活中进行的。要珍视游戏和生活的独特价值,创设丰富的教育环境,合理安排一日生活,最大限度地支持和满足幼儿通过直接感知、实际操作和亲身体验获取经验的需要,严禁"揠苗助长"式的超前教育和强化训练。

(4)重视幼儿的学习品质。幼儿在活动过程中表现出的积极态度和良好行为倾向是终身学习与发展所必需的宝贵品质。要充分尊重和保护幼儿的好奇心和学习兴趣,帮助幼儿逐步养成积极主动、认真专注、不怕困难、敢于探究和尝试、乐于想象和创造等良好学习品质。忽视幼儿学习品质培养,单纯追求知识技能学习的做法是短视而有害的。

2.威廉姆斯学前儿童动作发展检核表

威廉姆斯学前儿童动作发展检核表是一种针对儿童非标准化的观察工具,主要集中在粗大动作技能方面,其中包含了四种移动类动作技能(跑、跳、单脚跳和双脚跳)及两种操控类动作技能(投球和接球),每一项技能后面都有几个问题提出,如果某一具体的问题答案是肯定的,则在题目后面选择"是",反之,如果儿童的动作技能不符合问题的描述则选择"否"。

表6-12 威廉姆斯学前儿童动作发展检核表

指导语:仔细观察儿童在不同情境中每项技能的表现,就其每项动作技能的表现情况回答以下问题。尽量对每个问题以"是"或"否"的形式作答。		
儿童的姓名:		
技能:跑		
1.儿童在起跑、停止或转弯时有困难吗?	是	否
2.儿童是用全脚掌奔跑(把身体重心放在整个脚上)吗?	是	否
3.儿童奔跑时脚尖朝外(外八字)吗?	是	否
4.儿童是左右摆臂吗?	是	否
技能:跳		
1.儿童在跳跃的准备阶段不会弯曲髋关节、膝盖和踝关节(下蹲)吗?	是	否
2.儿童不能进行双脚起跳吗?	是	否

续表

指导语：仔细观察儿童在不同情境中每项技能的表现，就其每项动作技能的表现情况回答以下问题。尽量对每个问题以"是"或"否"的形式作答。		
3. 儿童在准备阶段不会先向后摆臂，然后跳跃阶段向前、向上摆臂吗？	是	否
4. 儿童起跳时会失去平衡吗？	是	否
5. 儿童落地时会失去平衡吗？	是	否
技能：左右脚交换跳		
1. 儿童在左右脚交换跳过6厘米的距离时，不能保持平衡、持续、有节奏的动作吗？	是	否
2. 儿童是用一只脚还是用另一只脚走或跑吗？	是	否
3. 儿童是用全脚掌跳吗？	是	否
4. 儿童是像鸭子走路一样脚尖朝外跳吗？	是	否
5. 儿童不会用异侧肢体（右臂摆向前，左脚起跳，左臂摆向前，右脚起跳）吗？	是	否
技能：单脚跳		
1. 儿童单脚跳两三步时就会失去平衡吗？	是	否
2. 儿童单脚跳时断断续续，没有节奏吗？	是	否
3. 儿童跳时紧握拳头，显得十分紧张吗？	是	否
4. 儿童非支撑脚碰地面了吗？	是	否
技能：投掷		
1. 儿童的身体主要是前后运动吗？	是	否
2. 儿童的身体主要是沿着水平方向运动吗？	是	否
3. 儿童把球抓在手掌中了吗？	是	否
4. 儿童不会移动重心吗？	是	否
5. 儿童投掷时迈的是和投掷同侧的脚吗？	是	否
6. 儿童的身体不会随投掷动作向前吗？	是	否
技能：接球		
1. 儿童是直直地伸出胳膊去接球吗？	是	否
2. 儿童用手臂、手和身体整个把球抱住吗？	是	否
3. 接球时，儿童的头扭到一边，不敢看球吗？	是	否
4. 儿童让球从伸出去的胳膊上反弹回去吗？	是	否
5. 儿童只能接住从近距离（1.5米）弹过来的球吗？	是	否
6. 儿童没有观察或目光追随飞行的球吗？	是	否

表 6-13　威廉姆斯学前儿童动作发展检核表评价标准

1. 跑：如果以上四个问题中有三个问题的回答为"是"，那么儿童在跑的动作技能方面存在发展迟缓的问题
2. 跳：如果 5 个问题中，有 4 个均为"是"，有可能存在发展迟缓
3. 左右脚交换跳：如果儿童 4 岁或 5 岁时，所有 5 个问题的答案均为"是"，则该儿童有可能在本项技能发展方面存在迟缓
4. 单脚跳：如果 4 个问题中，有 3 个问题的答案均为"是"，则该儿童有可能在本项技能发展方面存在迟缓
5. 投掷：如果儿童 4 岁或 5 岁时，6 个问题中，有 5 个问题的答案均为"是"，则该儿童有可能在本项技能发展方面存在迟缓
6. 接球： （1）就 3 岁儿童而言，教师如果对问题 3、4、6 的回答均为"是"，就请密切关注该儿童与接球有关的动作发展水平 （2）就 4 岁儿童而言，教师如果对问题 5、6 的回答均为"是"，就请密切关注该儿童与接球有关的动作发展水平 （3）就 5 岁儿童而言，如果教师对任何问题的回答均为"是"，那么该儿童可能在接球的动作技能方面存在发展迟缓的问题

在日常教学过程中，教师可以将威廉姆斯学前儿童动作发展检核表与自编的轶事记录相结合对儿童进行观察评价。

3. 多彩光谱项目

多彩光谱项目（polychrome spectrum project）是以加德纳（Gardner）的多元智能理论和费尔德曼（Feldman）的非普遍性发展理论为基础。是由哈佛大学零点项目的多位研究者和塔夫茨大学的费德曼教授共同进行的一项长期专门的研究。基本假设是每个儿童都有在一个领域或多个领域里发展强项的潜力。该项目的主要目的为筛选出那些在学前阶段可以观察到的能力，这些能力在不同儿童身上有不同程度的表现，并且会在成长过程中发展成为一种重要的能力。

表 6-14　多彩光谱项目评估范畴

1. 运动	5. 视觉艺术
①创造性运动评估	艺术类
双周运动课程	通过结构性活动收集儿童全年艺术作品集
②体育运动评估	6. 社会
障碍活动课程	①社会分析评估
2. 语言	教室模型活动
①虚构性叙述评估	②社会角色评估
故事板块活动	同伴互动检表
②描述性叙述评估	7. 音乐
报告者活动	①音乐表现评估
3. 科学	"生日快乐"歌，新歌"飞上天""动物歌"
①自然科学家评估	②音乐感知评估
发现区	音高匹配游戏
②逻辑推理评估	歌曲识别活动
寻宝游戏	活动风格
③假设验证评估	活动风格检表
沉浮活动	
④机械智能评估	
装配活动	
4. 数学	
①数数/策略评估	
恐龙游戏	
②计算/符号运动评估	
公共汽车游戏	

多彩光谱评价方案是多元智能评价体系的重要组成部分，该评价方案由 7 个智能领域即运动、社会活动、语言、视觉艺术、数学、音乐、科学以及 15 个评价活动和 18 种活动风格构成。并对 7 个智能领域设计一整套的活动，包括活动发展的关键能力、活动目标、活动材料及准备、活动具体步骤、活动延伸等，每个活动配有具体的观察指标、观察表，方便教师的观察。下面我们针对运动关键能力进行展示。

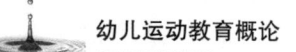

表 6-15　多彩光谱项目关键能力——运动区

1. 身体控制
能意识到身体各个部分并能分别运用
能有效地计划，连贯地完成运动即动作，不是随意的、凌乱的
能够重复自己和他人的动作
2. 节奏感
可以随固定或变化的节奏（尤其是音乐）运动（比如：随节奏做动作，而不是对节奏变化没有意识或置之不顾）
能够找到自己的运动节奏并达到满意的效果
3. 表现力
通过手势和身体姿态激发情绪，可以用语言、道具和音乐来激发运动
能做出配合乐器或音乐的情调的反应（比如：用轻快流畅的运动与抒情诗相配，用有力、断续的运动与进行曲相配）
4. 产生运动、动作概念
能通过语言及身体说出有趣和有新意的动作，或能提出更多的运动思路（比如：建议儿童伸出手臂看起来像天上的彩云）
能用新颖的动作表达思想和观念
设计一个简单的舞蹈，并教给别人
5. 对音乐做出反应
对不同的音乐有不同的响应
听音乐时表现出较强的节奏感和表现力
找到一个可以自由运动的空间（水平或垂直），能在其中自如地进行各种水平的活动
在公共区域考虑到他人的运动
在空间中尝试移动身体（如转身、旋转）

多彩光谱旨在帮助教育者（这里的教育者不仅是指教师本人，也包括家长）深度地观察儿童的智能发展的强项，更好地了解儿童，从而更好地利用身边的资源促进儿童的进一步发展。此外，多彩光谱还促进了教育实践理念的改变，重新定义了教育实践应该强调长期深入参与到儿童群体中去，强调尊重儿童学习风格的多样性，重视儿童在天才、能力、潜能和专注方面的差异；重视熟悉的情境中、在与真实世界相关的过程所涉及的所有人员对目标的共同责任。[29]

4. 活动取样系统

活动取样系统（WSS）是塞缪尔·美索及其同事为了观察和评估 3 岁到小学 5 年级儿童能力发展而开发的方案。活动取样系统的理念主要来源于早期教育课程的七大领域：个人和社会发展、语言和读写能力、数学思维、科学思维、社会学习、艺术、运动发展。该系统主要采用发展指南、儿童作品夹以及教师小结报告三种手段，并结合"记录、评估不同时期儿童在各种活动和学习区的技能、知识、行为和成绩"，以此来系统地观察和记录 3~10 岁儿童的成长发展水平。

表 6-16 活动取样系统的评估范畴

1. 个人和社会发展	4. 科学思维
①自我概念	①观察与探究
②自我控制	②设问与预测
③学习方式	③解释与得出结论
④与他人的互动	5. 社会学习
⑤冲突解决	①人与人的异同
2. 语言与读写能力	②人际交往
①听	③权利与义务
②说	④人与他们生活的地方
③文学与阅读	⑤人与过去
④写作	6. 艺术
⑤拼写	①表达与表现
3. 数学思维	②艺术欣赏
①数学思维的方法	7. 运动发展
②模式与关系	①大动作发展
③数概念与空间关系	②精细动作发展
④几何与空间关系	③安全与健康
⑤测量	
⑥概率与统计	

5.《EYFS 儿童早期学习与发展目标》

《EYFS 儿童早期学习与发展目标》是英格兰政府以"给父母最好的选择、给儿童最好的开始"为宗旨组织研发的关于 0~60 个月的幼儿学习与发展的目标。它与《EYFS 儿童早期基础教育阶段框架》（以下简称《框架》）、《EYFS 儿童发展家长指南》一同组成 EYFS 纲领文件。EYFS 早期发展目标涉及 0~60 个月的幼儿，其中以 0~11，8~20，16~26，22~36，30~50，40~60 月份分类。分类的年龄段相互之间有交集，并且没有以年作为范围的差值，这也是根据英国幼儿身心发展特点来制定的。

0~5岁阶段是儿童最容易学习知识和掌握技能的时期,即"成长敏感期"。行为科学和心理学研究指出:2~4岁是学习语言的敏感期;5~5.5岁是掌握数的概念的敏感期;4岁以前是智力发展最迅速的时期。基于对儿童成长敏感期的研究以及对成长环境的重要性的认识,EYFS围绕"学习与发展""评估""安全福利"三大方面,对0~5岁早期教育机构提出了法定标准、评估要求和期待结果。EYFS早期发展目标所强调的是学习与发展(learning and development),主要从以下三个方面设计内容,分别是:

(1)每个孩子都是独一无二的,需要观察孩子学习到什么。

(2)积极的人际关系,教师和家长可以做些什么。

(3)使儿童发展的环境,成人可以为幼儿提供些什么。

EYFS早期发展目标中有关肢体发展:运动与动手能力部分的内容详情如表6-18所示。

表6–17 肢体发展：运动与动手能力

月龄	独一无二的孩子：观察孩子如何学习	积极的关系：成人可以做什么	使儿童发展的环境：成人可以提供什么
30个月~50个月	①开心自信地用各种方法自由玩耍，例如：滑行、拖拽、滚动、爬行、走路、跑步、跳跃、跨步跳、滑动和蹦 ②一步一个台阶地攀爬楼梯、台阶、器材 ③拿着一个小东西下楼梯时，两步一个台阶 ④很娴熟地跑步并仔细观看所在的空间，调整速度或者方向，绕开障碍物 ⑤在看到其他人做单脚站立时可以短暂单脚站立一段时间 ⑥可以接到大球 ⑦可以用大运动移动画线和圆 ⑧可以使用单手工具和器材，比如：可以用儿童剪刀来剪纸 ⑨用大拇指和两个手指之间的点抓住铅笔，并可以很好地控制笔 ⑩可以复制写出某些字母，比如名字里的字母	①鼓励孩子在可控制的能力下活动，并使用相关词汇包括"用力""坚定地""温柔点""重""伸展""伸手""绷紧"和"软" ②使用不同类型和文化的音乐来营造氛围，讨论人们在伤心、快乐和生气时会怎样移动 ③鼓励孩子在游戏中表现的活跃，比如跟随带头人讨论为什么孩子在自由活动的时候要照顾好自己 ④教授孩子安全使用器材的技能，比如用剪刀剪东西 ⑤鼓励孩子使用移动的词汇，比如"奔驰""滑行"或者指示性词汇，比如"跟随""带领""复制"	①提供时间和空间享受活力的每一天 ②提供大型的可移动的器材，让孩子可以安全协调地移动创造出自己的结构，比如牛奶箱、车胎、大的纸板管子 ③用沙包、锥体、球和呼啦圈通过游戏练习孩子的动作能力 ④在孩子可以用不同方式不同速度移动的地方安排活动、平衡、有目标地投掷、滚动、踢和抓 ⑤提供足够多的器材给孩子分享，不用轮流玩乐使孩子扫兴 ⑥标记出来某些活动的边界，比如带有轮子玩具或者球的游戏，这样可以让孩子更容易规范自己的活动

续表

月龄	独一无二的孩子：观察孩子如何学习	积极的关系：成人可以做什么	使儿童发展的环境：成人可以提供什么
40个月~60个月	①尝试多种方式移动 ②从某个物体上跳下来并适当落地 ③在和其他孩子玩竞技类和棋类游戏时可以仔细地想办法穿过空间、调整速度，或者改变方向来躲避障碍物 ④自信有技巧地在平衡类和攀爬类器材周围，下面、上面和中间穿梭 ⑤推、拍、扔、抓或者踢物体，表现出对于物体的控制 ⑥用简单工具改变材料 ⑦安全地用手拿工具、物体、建材和可锻铸材料，并逐渐提高控制力 ⑧表现出来具有绝对优势的一只手 ⑨开始可以逆时针移动和描直线 ⑩开始写出可以识别的字母 ⑪使用笔并有效地拿着笔写出可识别的字母，大多数都是正确的	⑥提出挑战性的问题比如"你可以不让膝盖碰到攀爬架子穿过去吗？" ⑦和孩子谈论在他们所在空间所需要做的相应行为 ⑧给孩子展示怎么在扔、滚、取和接东西时合作，鼓励孩子当他们能力足够时和其他小朋友玩乐 ⑨介绍并鼓励孩子使用控制性词汇，比如"挤"和"扎" ⑩解释在动手操作工具和材料时为什么安全是很重要的因素，有让孩子遵守的合理规则	⑦提供给孩子机会和动力进行控制性技能的活动，比如：做饭、油画、玩黏土和用工具玩耍 ⑧提供玩乐材料包括小世界、建筑套装、穿线玩具和张贴玩具，娃娃衣服和用于拼贴画的材料 ⑨教给孩子如何有效安全地使用工具和材料的技能，给予他们机会进行练习 ⑩提供一系列左手操作工具，尤其在需要的时候提供左手剪刀 ⑪支持有行动困难的孩子，提供防滑垫，放材料的小盘子和三角的或者更厚的书写工具 ⑫提供一系列不同尺寸的建筑玩具，木质、胶制或者塑料的，可以通过不同的方式将它们组装起来，比如拧、推、填塞或者磁力

四、案例分享

小宝同学今年3岁零8个月，在幼儿园小班的24个孩子中年龄也算是中等，平时上室内课时小宝同学显得有点内向和敏感，胆子很小，集体活动时一些肢体动作都不做。起初，老师以为小宝同学运动能力发展不够好，但是老师认真观察一段时间之后发现，小宝同学在户外障碍活动中，可以非常轻松地沿着平衡木走过去、可以非常灵活地绕过障碍物，对于一些具有挑战性的运动项目小宝同学的运动兴趣立马被激发，每次都跃跃欲试，还会不自主地跟老师和同学分享自己的成功经验。

请思考：

以上关于案例中儿童运动能力的描述，有什么特别之处吗？请详细分析说明。

第四节 幼儿运动能力发展观察评价实操

一、观察前的准备

为了观察者在观察儿童的运动能力过程中聚焦目标行为、观察时不慌乱、记录方式合适、材料收集恰当，需要我们在正式观察之前，做一些准备，计划周详、准备充分才能确保我们在真正进行观察评价时不会手忙脚乱。

（一）制订观察计划

观察前的准备工作最重要的一项就是要制订观察计划，主要包括的内容有如下几点。

1.确定观察目的

在观察之前确定观察的目的，聚焦可以帮助教师、家长或研究人员可以客观、正确地观察到儿童的目标动作表现，进而科学地分析该动作背后的具体原因。例如：在户外活动区域，组织学生进行单脚跳跨过障碍线的游戏时，教师发现某一同学总是跨不过去，当观察者发现这一问题后，就会以该同学动作发展为观察目的进行观察，经过认真观察后，观察者就会得到该同学在单脚跳这一动作技能发展方面的信息，并根据所得到的信息进行内在的原因分析。

2. 明确观察对象

确定了观察目的以后，观察者就要根据观察目的确定观察对象，是某一个儿童，还是某几个儿童，还是以班级中每一位儿童作为观察对象。

3. 明确观察内容

观察内容的选择是根据观察目的确定的，正如前面提到的如果某天同学在户外活动时，总是不能成功地跨过障碍线，教师就以该同学动作技能发展为观察目的，主要观察内容为该同学单脚跳的动作技能发展水平。

4. 确定观察地点、观察时间

在确定好观察目的、观察对象以及观察内容后，就需要确定观察的时间与地点，是在幼儿园还是在家或者公园等地方，根据不同的观察目的选择不同的观察地点。值得注意的是无论选择何种观察场所，必须确保场地的安全性，保障儿童安全的同时，也保障儿童的动作技能不受限制。

5. 明确观察方法和观察记录的方法

根据观察目的、观察对象和观察内容，我们需要确定采用何种观察方法和记录方法，例如：我们只需要观察某一儿童的单脚跳动作技能发展水平，则选择取样记录法，只对一段时间内该儿童的单脚跳动作进行观察、记录和分析即可。

（二）准备观察所需要的材料、设备

在明确观察计划之后，我们就会知道在后面的观察过程中，我们需要提前准备哪些观察设备（计时器、摄像机、录音笔等），需要准备哪些观察记录表格，以及是否自己独立完成，还是需要其他人的配合。

（三）进入预观察

在明确了观察计划以及准备好观察所需要的材料以后，我们最好不要马上进行观察，而是进行一次预观察。预观察可以让观察者真正地投入到观察环节，进而发现一些实际的问题，并通过所发现的问题进行反思、调整观察计划。确保在真正实施观察计划的时候顺利进行。

二、正式观察过程的原则与注意事项

（一）原则

1. 真实性原则

这里的真实性包括两个部分：一是确保观察的儿童在自然状态下表现出来的动作技能的真实水平；二是观察者在观察记录时确保记录材料的真实性，即下面谈到的客观性原则。

进行自然观察的过程中，幼儿所经历的生活实践和游戏场景应当是真实的、自发的，并不是幼儿在被教师或者家长安排下进行的具有强制性的生活或游戏活动。幼儿只有在自然状态下才能够表现出最真实的发展水平，在教师和家长全权安排的观察项目中，幼儿宛如任人摆布的木偶，其活动水平受到成人的干预，并不能表现出幼儿在自然状态下的真实行为，也不能真实表现幼儿发展的情况。

2. 客观性原则

观察者在进行观察时要保证自身的客观性，不要带有主观意识来预判儿童的动作技能发展水平（"不足""一般"或"优秀"）。避免观察者的主观猜测影响观察记录。

观察记录客观性原则就要求观察者不应加入个人的主观判断，而应将客观事实以白描的形式记录下来，才能形成对幼儿最真实的发展评价。例如某项记录在开始便阐述了"这是一个运动能力很强的孩子"，那么"运动能力很强"就已经对幼儿的运动能力发展特点做出了判断，记录也就失去了本身的意义，自然观察的作用也就不复存在。这类描述性词汇能够用作教育故事的讲述，但不能用作自然观察的记录用语。

3. 详细性原则

一切与观察目标动作有关系的行为现象出现时，观察者都应该进行详

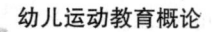

细的记录，不能因为数据太少或儿童动作技能表现过少而忽略不计，记录时要有足够的耐心和精力，将所观察到的事件记录清楚，字迹清楚，方便后期翻看，进行对比分析。

4. 系统性原则

观察记录是一个比较系统的工作，每一个环节都要做到细致、用心，才能保证所观察到的结果客观、真实有效。

（二）注意事项

将观察过程中的注意事项总结为三会：会站、会看、会记。

1. 会站

尽可能防止干扰儿童活动的情况发生。干扰可能来自两个方面，即观察者和观察仪器设备。观察者的一个微笑、一句赞扬的话语往往会增加幼儿与他的接触频率，造成结果不真实。所以，在正式观察时观察者应尽可能地避免与幼儿直接交流或参与幼儿的活动。观察用的仪器设备应隐蔽或伪装起来。

2. 会看

如果观察者不止一个，就应该预先训练，提高观察记录的一致性。对同一行为应观察足够的次数或时长，以避免偶然性造成的误差，保证观察结果具有可靠性。

3. 会记

观察者应明确要观察的内容，并能迅速准确地记录。观察者应能够区分客观事实与主观解释。在观察之前就要明确记录方式，是现场记录、事后记录还是现场和事后相结合记录。

三、观察评价所得材料的整理

在进行儿童动作技能的观察和评价之后，需要运用测试结果及时地进行分析、解释，得出结论并提出建议。

在利用评价结果进行解释时，评价者应当考虑幼儿动作技能发展的规律和年龄特点，不仅要说明儿童动作技能的一般发展情况，还要指出个体之间的差异，而且还要特别注意某项或几项发展迟缓的个体，对于这些儿童应当做更深入、更细致地了解，并分析其发展迟缓的具体原因，从而有针对性地提出对策。

参考文献

［1］胡虞志．幼儿体格发育及基本动作发展的追踪研究［J］．学校卫生．1989（3）：8-10．

［2］孟祥芝，谢利苹．幼儿动作发展与动作抑制研究［J］．心理发展与教育．2004（3）：6-10．

［3］马红霞．在我国应用大肌肉动作发展测验（TGMD-2）的信效度分析［D］．济南：山东师范大学，2006．

［4］李静，刁玉翠．3～10岁儿童基本动作技能发展比较研究［J］．中国体育科技．2013，49（3）：129-132．

［5］柳倩，曾睿．3～5岁儿童动作发展及其与早期认知、学习品质的关系研究［J］．全球教育展望．2018，47（5）：94-112．

［6］宁科．幼儿大肌肉动作发展特征及教学指导策略研究［D］．北京：北京体育大学，2017．

［7］苏亚斌．北京市3～6岁幼儿粗大动作发展现状研究［D］．北京：首都体育学院，2018．

［8］黄嘉琪．3～6岁儿童器械操控能力发展研究［D］．上海：华东师范大学，2019．

［9］王昕越．幼儿行走动作发展特征的研究［D］．北京：北京体育大学，2013．

［10］张超超．3～10岁儿童前滑步动作发展特征研究［D］．济南：山东师范大学，2014．

[11] 贾晓彤. 3~10岁儿童单脚跳动作发展特征研究[D]. 济南：山东师范大学，2013.

[12] 郭蓉. 3~10岁儿童立定跳远动作发展特征研究[D]. 济南：山东师范大学，2014.

[13] 罗金良. 济南市3~10岁儿童跨步跳动作发展特征之研究[D]. 济南：山东师范大学，2013.

[14] 张莹. 我国3~6岁幼儿基本动作发展特征研究——以北京市某一级幼儿园幼儿的投掷动作发展为例[J]. 中国体育科技. 2013，49（4）：92-102.

[15] Hardy L L, King L, Farrell L, et al. Fundamental movement skills among Australian preschool children[J]. J Sci Med Sport, 2010, 13(5): 503-508.

[16] 姜妮娜. 3~10岁儿童双手接球动作发展特征研究[D]. 济南：山东师范大学，2013.

[17] 李鹏鹏. 3~10岁儿童踢球动作发展特征研究[D]. 济南：山东师范大学，2014.

[18] 王丽霞. 3~11岁儿童击打高远球动作发展特征研究[D]. 石家庄：河北师范大学，2016.

[19] 谭娟. 英国学前教育改革战略新走向——《早期奠基阶段教育指导纲要》述评[J]. 早期教育（教科研版）. 2013（10）：2-5.

[20] 郭园园，段青如，姜勇. 《幼儿园教师专业标准（试行）》政策文本评价[J]. 学前教育研究，2015（9）：26-34.

[21] 于冬青，柳剑. 轶事记录法运用中的问题及运用策略研究[J]. 幼儿教育. 2010（15）：22-24.

[22] 李晓巍. 幼儿行为观察与案例[M]. 上海：华东师范大学出版社，2017：2-5.

[23] 施燕，等. 学前儿童行为观察[M]. 上海：华东师范大学出版社，2011：40-45.

[24] 施燕，等. 学前儿童行为观察［M］. 上海：华东师范大学出版社，2020：43-46.

[25] 蔡春美，等. 幼儿行为观察与记录［M］. 上海：华东师范大学出版社，2013：55-58.

[26] 霍力岩，等. 美高瞻教育研究基金会 Highscope Educational. 学前儿童观察评价系统［M］. 北京：教育科学出版社，2018：48-52.

[27] 李兴盈，汪晓赞，Dale A. Ulrich，等. TGMD-3 在中国 3～12 岁儿童基本运动技能测试中的信效度研究［J］. 武汉体育学院学报，2022，56（3）：86-92.

[28] 管旅华，等. 《3-6 岁儿童学习与发展指南》案例式解读［M］. 上海：华东师范大学出版社，2013：23-36.

[29] 陈杰琦，等. 多元智能的理论与实践：让每个儿童在自己强项的基础上发展［M］. 北京：北京师范大学出版社，2004：6-8.

第七章 幼儿园特色运动项目开发与管理

第一节 幼儿园民间运动游戏

一、幼儿园民间运动游戏概述

不论运动游戏还是体育教学，均存在民间和官方两种教学手段，在后者尚未产生之前，民间教育方式一直占据着幼儿阶段教育的主流，甚至在漫长的历史长河中，在教学条件匮乏的年代，对儿童而言，发挥着替代文化启蒙的作用。即使在教育普及的今天，官方教学占据主流，但官方与民间游戏教学在本质上并不存在冲突，相较于从主观角度出发进行应用的官方教学，幼儿园民间运动游戏着重考虑可行性和可靠性，追求的主要目的是让幼儿学生感受到欢乐，这让民间运动游戏始终保持着较高的欢迎度，在国内各幼儿园之间流传。而且其蕴含着丰富的教育价值，简单的规则下潜藏着很多具有借鉴意义的思想和内容，值得教育工作者去挖掘与开发。

（一）概念

说起丢手绢、老鹰抓小鸡等游戏名字，我们或许都耳熟能详，但是面对诸多的幼儿运动游戏，我们还是不好分辨。那么究竟何为幼儿园民间运动游戏呢？

沈艳凤在《幼儿园民间游戏课程开发与实施》一书中将其界定为："由劳动人民自发创编，在民间广泛流传，反映本民族共有的、习尚的行为、思维、感情和交流模式的游戏活动。特指经过幼儿园教师搜集、开发与创新的，适合于幼儿心理特征和发展需求的、丰富多彩的、具有民间游戏特性的游戏活动"。[1]袁爱玲认为："幼儿园民间运动游戏是文化。对于儿童而言，民间运动游戏特指那些在儿童生活中广泛流行，并且成为代代传承的文化的传统游戏。它是一种文化传递，是对民间体育娱乐文化的认识、利用、开发和继承的学习过程；是一种互动游戏，幼儿学生在运动活动中表现出人与人的互动、人与环境的互动和人与文化互动的学习过程"。[2]因此，幼儿园民间运动游戏是为更好地达到儿童健康教育目的，将流传于民众生活中的体育游戏活动转化为幼儿园课程而开展的，适合现代化幼儿健康教育要求的民间传统体育运动游戏活动。

（二）特征与分类

根据幼儿园民间运动游戏所需要的器材以及特定场景，可以将其分为肢体类、场景类、线绳类、竹木类、纸类和综合类六大类[1]。具体的特征主要体现在以下几个方面。

1. 娱乐性和灵活性

娱乐性是幼儿园民间运动游戏最显著的特征，也是其本质所在。这些游戏内容之所以能够广为流传，很大程度上就是因为其具有娱乐趣味，很多游戏的口令和童谣节奏欢快、朗朗上口。同时，玩法多样，对于人数、场地、器材等要求少，还可自行探索，玩出新的花样，形式灵活。

2. 生活性和地域性

民间游戏所包含的地方文化特色鲜明，具有地域文化特点，富含不同地区人民当地独特的生活气息，同时受到当地地理环境、风俗习惯的影响。

3. 传统性和现代性

幼儿园民间运动游戏通过群体传承、家庭传承和社会传承三种基本方式流传至今，形成了一种相对稳定的运动文化模式。但这些"民间记忆"随着时代的变迁也发生了一些本质和形式上的变化，因而其传统性与现代性交织并存。

（三）价值

幼儿园民间运动游戏蕴藏着丰富的教育价值和发展潜力，对促进幼儿学生各方面发展具有独特的作用。

1. 促进幼儿学生身体素质的发展

幼儿园民间运动游戏内容繁多，但是基本上都围绕肢体活动展开，涉及了大量的身体活动，对于幼儿的身体素质锻炼具有直接的作用，其中还有一些特定的游戏技巧要求，还可提高幼儿学生的协调性、柔韧性等素质。

2. 促进幼儿学生亲社会行为的养成

大部分的幼儿园民间运动游戏都需要两人及以上协作完成，需要伙伴间的团结协作，这一过程会提高幼儿学生的合作意识，在愉快的氛围中建立友谊。

3. 促进幼儿学生对生活的体验和感知

幼儿园民间运动游戏包含了许多社会知识，很多游戏的童谣里都藏着一些简单的生活常识。比如幼儿学生通过"老狼老狼几点了"可以知道钟表有12点，通过"荷花荷花几月开"了解植物的生长变化。从而通过简单愉快的游戏增进幼儿对社会生活的体验与感知。

4. 促进幼儿学生思维能力的提升

游戏本质上是一种与自己、他人的博弈过程，这一过程中，幼儿的感官都在积极活动着，有助于注意力、记忆力等思维能力的提高。

5. 促进幼儿学生耐挫力的培养

随着游戏难度的不断升级，幼儿学生的协调能力、运动水平、思维能力、精神意识都在随之提高，这将大大增强幼儿学生的耐挫能力。

二、幼儿园民间运动游戏资源搜集与整理

（一）搜集渠道

1. 面向个人的搜集

对幼儿园教师进行幼儿园民间运动游戏的征集，通过发放表格进行填写，整理搜集到的各种民间运动游戏，通过比对和后续讨论，保存大家认为合理的幼儿园民间运动游戏进行收录。但是，当前的幼儿园教师人数相对有限，而且年轻幼师数量偏多，对于幼儿园民间运动游戏的接触总体相对较少。可以通过幼儿园家长群体参与回忆自身童年时期的民间游戏内容，来帮助教师记录和整理。

2. 面向团队的搜集

以整个幼儿园为单位，请家长群体集中参与到幼儿园民间运动游戏的征集中来，可以请年长的家长带队，组建民间游戏采集小组，以作业的形式让每个家庭在集体活动，如"亲子活动日"中展示至少一个民间运动游戏内容，园方进行记录和整理。

3. 在专业书籍上的搜集

直接通过相关书籍的购买和查阅进行民间运动游戏的搜集，另外，还可以在古籍上进行搜集，如有可能包含民间游戏内容的地方志，将适合幼儿园阶段（3~6岁）儿童的民间运动游戏内容进行整理记录。

（二）搜集工具

包括访谈记录所需的表格，购买和借阅相关书籍的工具，以及整理记录的现代电子工具，如相机、录音笔、电脑等。

（三）整理方法

1. 遵循原则

在游戏的整理过程中要遵循以下原则：①适龄性原则。搜集的内容通

常是驳杂的，需要仔细筛选，保留适合幼儿园阶段（3～6岁）儿童的游戏，着重选择安全性高、趣味性强的游戏内容；②教育性原则。根据游戏的内涵和外在表现，衡量该游戏能否丰富幼儿园儿童的生活经验，提升他们的各方面能力；③本土化原则。要厘清哪些游戏是本地特有的幼儿民间运动游戏，因其更容易为本地幼儿学生所掌握，也利于幼儿学生对于本地文化内涵的深刻体会，需要将其作为重点内容发展。

2. 筛选方法

除了根据字面意思对游戏实施场景状况进行判断，还需要多人进行辨别，防止单个人员因自身的风格喜好而主观臆断，最好将初步搜集的游戏，让同一批幼儿园儿童进行体验，根据反馈，按照受欢迎程度进行排序。

三、幼儿园民间运动游戏课程目标

体育课程以培养"灵巧的儿童"为目标。幼儿园民间运动游戏课程在遵循幼儿学生身体运动特点及规律的前提下，利用民间游戏器材和游戏特点有目的、有计划地组织幼儿学生开展体育活动的学习，旨在让幼儿学生在学习过程中发展身体能力，提高认知能力，逐步建立社会交往能力，养成良好的健康心态和运动习惯。

根据不同幼儿学生的年龄段特点，可分为：①小班课程目标。小班幼儿学生的身体各项运动技能较弱，还难以理解大多数民间运动游戏的规则和相关要求。在课程目标设置方面，应该主要培养幼儿学生的运动习惯，感受民间游戏运动的乐趣；②中班课程目标。中班的幼儿学生和小班的幼儿学生相比，在身体运动、语言表达、社会交往能力等方面都有明显提高，身体运动更加灵活、协调，已经能够理解部分民间运动游戏的规则。在课程目标设置方面，应侧重培养幼儿学生的合作能力和技巧能力；③大班课程目标。幼儿园大班的学生与小、中班学生相比，身体动作更加灵敏，手眼更加协调，身体各部分关节的调节能力显著提高，能够在教师的指导下完成一些相对困难的身体运动。已经能够理解大部分民间体育运动游戏的规则，并能在游戏中严格按照规则和要求进行活动，甚至可能要求民间运动游戏具有一定的挑战性。在课程目标设置方面，应注重在提高幼儿学生运动能力的同时，培养幼儿学生的规则意识。

根据幼儿学生个体教育价值来看，可分为：①认知目标。包括民族地域文化的学习、语言思维的发展、游戏玩法的探索等；②情感目标。包括积极情感的培养、运动兴趣的提高、健康性格的塑造等；③动作技能目标。包括基本运动能力得到发展、学会民间体育器材的使用、速度、耐力和力量得到提高等；④社会目标。如知道自己是游戏中的一员、与别人合作与分享、用别人的行为来评价自己等。

根据目标实现的时效和大小来分，分为：①课堂目标。指通过简单的一节课或一次游戏组织课堂所获得的提升目标。如"身心状态获得愉悦的感受""动作上开始接触平衡能力的练习"等；②发展目标。指通过多次课程或游戏课堂组织所获得的较为明显的能力提升目标。如"具备一定的适应能力""情绪安定愉快""动作上手脚灵活协调"等。

四、幼儿园民间运动游戏课程内容取向

围绕"教什么"与"学什么"的问题，分别以教师和幼儿学生为主体，设置了两种内容取向。

（一）教材取向

对于教师而言，幼儿园民间运动游戏课程的内容本身就是一种优质的课程教材，这种教材本身是一种已经编排好的幼儿体育活动，追求幼儿园民间运动游戏知识和技能的系统性和逻辑性，教师在课程实施过程中会参考教材中的内容实施教学计划，将系统的幼儿园民间运动游戏知识和技能传递给幼儿学生。[2]这种教材取向会把幼儿园民间运动游戏课程内容提前编排好，并向儿童传递知识和技能，为教师"教什么"和"怎么教"的计划性提供保障。

（二）经验取向

对于幼儿学生而言，幼儿园民间运动游戏课程的内容是一种经验活动，这种内容取向强调了幼儿是主动的学习者。幼儿学生在民间运动游戏中能否得到发展，既取决于幼儿学生学习的能力，也取决于幼儿和游戏环境之间有意义的交互作用。在幼儿园进行民间运动游戏的学习时，幼儿学生是依靠自己"学"会，而不是教师"教"会。经验取向把幼儿园民间运动游戏内容编排选择与幼儿园发展特征相结合，为幼儿学生"学什么"和"怎么学"提供了施教依据。

五、幼儿园民间运动游戏课程教学的组织与实施

（一）幼儿园民间运动游戏课程教学的组织与实施的原则

1. 生理与心理发展相适应的原则

幼儿园民间运动游戏的设置应该符合幼儿学生的身心发展规律和当前的机能状况。根据幼儿学生的数量、身体状态、兴趣需要、运动能力来设置游戏规则、动作技巧、游戏时长等。[2]同时要注意幼儿学生群体的普遍性与特殊性，即并非适合幼儿学生的民间运动游戏就一定会受到幼儿学生的欢迎，受到某些幼儿学生欢迎的民间运动游戏也不一定会受到全体幼儿学生的欢迎，要根据每个幼儿园甚至每个班幼儿学生对于该民间运动游戏的实际反馈来选择组织游戏活动。

2. 纵向与横向内容相结合的原则

组织开展民间运动游戏时，应该纵向考量幼儿学生的接受能力与学习状态，按照游戏知识的掌握规律和动作技能学习的难易程度来设计课程教学内容。[2]如同样的一个民间游戏可以先练习"简易版"，待幼儿学生大致掌握之后，再在其基础上教学"进阶版"，或是按照游戏先后顺序，按照流程学习规则，熟悉前面的内容后，在原有玩法的基础上提出新的游戏规则，增加游戏难度，使得幼儿学生逐渐"攻克"，掌握相对烦琐的游

戏内容。与此同时，每节民间运动游戏的课程内容还应该是纵向知识体系发展的组成部分，"综合教育"的课程观提倡知识与知识之间应当互相整合，经验之间要相互迁移。放到实践活动组织过程中，就要求幼儿园民间运动游戏内容应当同时兼具体育锻炼领域、社会文化领域、语言等领域的整合目标。如此纵向与横向知识内容相结合，两者相互整合、相互渗透，将使得教学活动效果事半功倍。

3. 顺序学习与重复学习相结合的原则

顺序学习原则是指将学习内容按照由易到难的顺序安排学习，前后不重复，适用于部分整体较为简易的基础民间运动游戏或游戏的部分简易内容。[2] 重复学习原则是指运动的部分学习内容会重复出现，以加深学生对于整个民间运动游戏的掌握，或是提高部分难度内容的学习效率。两者相结合，合理安排教学内容会大大提高学生的学习进度和效度。

4. 单项与多项技能相结合的原则

民间运动游戏的设置可以有效提高幼儿学生的运动技能和身体素质，但是在游戏课程中，应注重单项技能和多项技能相结合的原则，如幼儿园小班应多围绕攀、爬、走、跑、跳等单项素质技能的练习为主。中班和大班的民间游戏内容应该围绕多项素质技能的综合练习为主，如跑跳能力，抛投、瞄准能力等。幼儿园民间运动游戏可以将多种素质技能整合起来。单项与多项技能相结合是幼儿园民间运动游戏活动开展的运动需要，可以根据学生个体情况，有针对性地帮助幼儿学生身体素质综合全面提高。

（二）幼儿园民间运动游戏课程的教学组织形式

1. 课堂活动

以日常的体育课程为主要组织形式，将幼儿园民间运动游戏作为教学内容在课堂上传授给学生，一般在上午或下午。活动地点为幼儿园的体育室内场馆或操场。

2. 一日活动

以天为单位安排幼儿学生一整天的民间运动游戏活动，由入园游戏、课上游戏、课间游戏和放学游戏四个部分组成。活动地点主要为幼儿园的操场或专门的游戏场所。

3. 集体活动

通过专门的主题活动，集体进行幼儿园民间运动游戏活动，包括亲子游戏、区域游戏、律动游戏等。需要根据游戏的编排、场地空间的大小、参与人员的数量来制订明确的活动方案，才能确保游戏活动的顺利进行。

（三）幼儿园民间运动游戏课程的教学过程

1. 触摸探索阶段

这一阶段的学生刚刚开始接触某一种民间运动游戏，开始学习摸索民间运动游戏器械的使用，学习民间运动游戏的规则和流程。需要注意选择合适的游戏内容和游戏器械，检查器械的安全稳定、游戏场地的安全，关注幼儿学生使用器械和进行游戏摸索时的安全情况。

2. 基础掌握阶段

这一阶段幼儿学生对于民间运动游戏的摸索已经从表象内化到运动智能结构。幼儿学生逐渐体会到游戏的快乐，同时开始用游戏规则来约束自己。这个阶段教师要注意游戏规则的逐步引入，同时作为游戏的组织者，要注意判定学生们难以辨别的结果，或发生冲突时，重复强调游戏的规则性。

3. 改编创新阶段

当幼儿学生熟悉了某民间运动游戏的玩法，原有玩法和规则虽仍有吸引力，但不再具有挑战性。这一阶段教师需要对玩法进行二度开发，开发的路径和参考主体主要在于幼儿学生。[3] 他们不再只是游戏的参与者，也可以是游戏的创造者，教师要积极鼓励和帮助学生创编出新的游戏玩法，帮助幼儿学生体会到更多的运动和学习乐趣。

六、幼儿园民间运动游戏课程保障

（一）制度保障

民间运动游戏课程的开发与实施离不开教师、幼儿学生、管理者、家长、专家、社区成员等多元主体的协同配合。在此过程中，需要以民间运动游戏课程作为主题，通过课程审议、园本研训以及管理激励制度保障课程开发与实施的科学性与适宜性。

1. 课程审议制度

主要通过班级审议、年级组审议、园级审议的三级形式对于课程的开发与实施进行审议，力求课程效益和实际功用的落地性和严谨性。其中班级是最基本的单位，同时也是最为直接的开发实施团队，需要班级教师之间的相互支持与沟通，根据本班级幼儿学生的实际需求和经验进行课程讨论。年级组审议通过年级组长的组织带领，对于有价值的课程活动内容进行讨论，或者解决当下存在的课程问题。园级审议一般在学期初制订课程计划时和学期结束总结时各进行一次，根据年级组提出的议案，对相关课程活动内容进行把握，平衡与协调全园的课程活动，保障幼儿园民间运动游戏课程在本园合理有序地进行与发展。

2. 园本研训制度

教师作为民间游戏课程的建设者、研究者和实施者，不仅要关注自己对于课程的理解，还要关注幼儿对课程的需求，不仅要学会观察幼儿、倾听幼儿、理解幼儿，还要持续提高自己对于课程把控、理解、制定的能力。主要通过园本教研活动和园本培训活动来提高教师的教学能力，保障幼儿园民间运动游戏的开发与实施。园本教研活动主要以对话形式为主，通过与专家、同行甚至自己对话，来启发思路，形成自己的教学想法，拓展思维。园本培训活动主要通过安排幼儿园教师的集体学习，让教师在学习中提升能力，也能帮助团队形成一些共同的价值取向。

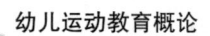

3. 考核激励制度

为了鼓励教师参与民间运动游戏的开发与实施，幼儿园在管理制度上要设置与课程开发与实施工作相对应的考核机制，以保障课程开发与实施的工作能够得到持续高效的发展。如设置课程建设经费，开发教师发展论坛，用于发表意见与建议，表彰鼓励甚至直接物质奖励课程的开发与实施者。

（二）教师的专业化程度

在幼儿园民间运动游戏课程的开发与实施过程中，教师是建设者与实施者，教师在建设课程的同时也在发展自我，努力承接民间运动游戏的传承，充分利用当地的教育资源，深化自身对于民间运动游戏的理解，成为民间游戏的传承者、幼儿游戏的跟随者、课程资源的整合人及幼儿园民间运动游戏的核心建设者。

（三）社区的支持系统

幼儿园民间运动游戏课程的开发与实施不能是幼儿园的孤军奋战，还需要在幼儿园之外获得支持与协助。如家长群体、民间运动游戏研究的专业人员、教育理论专家以及其他社会力量，建设社区的支持系统是将其作为民间运动游戏课程建设重要支撑的必要手段。

七、幼儿园民间运动游戏课程评价

（一）幼儿园民间运动游戏评价体系

一般意义上的评价是指在教学过程和教学结束后，检查活动的实施是否实现了教育教学目标，实现程度如何，在对现状分析和总结的基础上，做出改进教学的决策。从评价对象的角度讲，课程评价还包括对教师的评价、对环境的评价、对幼儿的评价等方面。在幼儿园民间运动游戏的评价体系中，有家长、教师、幼儿等多元评价主体，评价内容也是多元的，包括综合性表现、动作技能、语言、社会等，因而需要重视幼儿学生在民间运动游戏中的总体表现，在参考一定的评价指标体系下，重视过程性和结果性的评价方式。

（二）幼儿园民间运动游戏中幼儿行为表现的评价

结合幼儿园开展民间运动游戏的实践活动情况，可从运动能力发展和综合能力发展两个方面对幼儿学生进行评价。在运动能力发展方面，主要从幼儿在民间运动游戏中的走、跑、平衡、投掷、身体反应、跳跃、控制等方面的表现进行评价；在综合能力评价方面，主要从幼儿在民间运动游戏中的语言表达、空间意识、社会交往、运动能力、情感体现等方面的表现进行评价。

（三）幼儿园民间运动游戏课程的评价方法

幼儿园民间运动游戏课程的评价方法可分为质的评价和量的评价。因为幼儿的能力是变化发展的，今天不会的动作，可能明天就会变得非常熟练。相对而言，质的评价更加关注幼儿个体的经验和感受，也适合幼儿园开展行动研究，所以，幼儿园民间运动游戏课程评价以质的评价为主要方式，具体包括描述性评价、观察记录评价和量表评价等。

1. 描述性评价

描述性评价是一种对现象的描述性研究，是揭示因果关系探索过程中最为基础的步骤，是对幼儿在民间运动游戏中的表现和行为进行的主观评价。这种评价的特点是不需要记录数据，只需要通过观察表现和主观性评价即可。

2. 观察记录评价

通过观察来了解幼儿的需要，用以准备更加有效的运动游戏，是对幼儿学习情况进行评估的必要手段。从幼儿学生的行为举止中收集资料，寻找问题，并对幼儿的行为表现进行系统和科学的评价。常用的方式有描述式观察、定点式观察和追踪式观察。通常使用表格来进行记录。

3. 量表评价

量表是一种测量的工具，通过不同的数值来表示某种态度、变化和发展，是观察幼儿民间运动游戏中幼儿行为表现的测评工具。

八、幼儿园民间运动游戏主题活动的开发

（一）从民间运动游戏走向主题活动

在民间运动游戏的开发实践活动中，发现其延展性很强，具备相当高的可创编性。幼儿学生在民间游戏中有着持续的兴趣，能从一个游戏引发另一个游戏或者是探索相关的活动。这些开发与探索慢慢形成了主题活动的模型，因此尝试开展民间运动游戏主题活动的开发与实施是一个长期的过程，建立在民间游戏课程资源开发与运用的实践经验之上。教师通过日常游戏参与情况，了解幼儿学生的需求，探寻民间运动游戏主题活动的切入口。因此，民间运动游戏主题活动大多数是由幼儿与教师的共同游戏引发的。[1]

（二）活动主题确定的基本原则

民间运动游戏的活动主题确立，一般有三个原则：首先是幼儿为主体的原则。因为活动本身就是由幼儿学生与教师的共同游戏而引发的，但不同幼儿学生的兴趣点可能不同，教师筛选主题时应该尽量兼顾到班级大多数幼儿学生的兴趣点，最好是把筛选的权利和机会给幼儿学生，让他们自行讨论与竞争来确立主题，这样更能调动幼儿学生的活动积极性，也有利于提高幼儿的探究意识；其次是主题的可拓展性原则。很多民间运动游戏的玩法本就多样，有许多的变式，不一定要拘泥于某种固定的玩法或者固定的器械，可以在器械材质、游戏情境的创设等方面保留拓展性；最后是主题活动适宜性原则。必须考虑到学生的年龄特点、运动能力等，有针对性地选择与本园、本班幼儿学生相适应的游戏及主题，坚持以幼儿学生为主题的原则，使得主题活动有序地进行。

（三）活动主题开发的建议

1. 吸引尽可能多的人参与到活动中来

要营造良好的氛围，尽可能地吸引每位幼儿学生的注意力到活动主题上来，还应该将学生家长和班级里的其他教师一起动员起来与幼儿学生组成团队，通过围绕主题，幼儿与成人、幼儿与幼儿间多位成员的互动，让尽可能多的成员在民间运动游戏主题活动中一起感受、思考与成长。

2. 鼓励幼儿学生表达对于游戏的感受与认识

幼儿学生作为民间运动游戏的主要参与者和活动的主角，教师应组织幼儿学生畅所欲言，积极表达自己对于游戏的认识及感受。鼓励幼儿学生用语言、绘画或者其他方式来进行表达，通过对表达内容的收集整理，可以为主题活动的开发与实施提供参考。

3. 支持幼儿学生的探索活动

通过与幼儿的交流，了解幼儿学生的兴趣所在，引导幼儿选择自己感兴趣的内容方向进行探索。[4]并为其提供材料等课程资源的支持，帮助幼儿学生尝试自己的探索活动。

4. 分享发布活动的结果与成果

通过主题探索活动的进行，幼儿学生与教师都对民间运动游戏有了更深的认识，也获得了很多新的经验。为了巩固这些新认识，推进主题活动的深入进行，教师应该鼓励幼儿学生将自己探索所得分享给更多的人。

5. 共同讨论与记录

主题活动进行时，教师应尽可能地记录下主题活动过程中发生的情况。记录下来的图片、视频或文字既可用于班级分享，也可作为后续活动讨论的内容，还可用于课程建设。

6. 一起总结提炼关键经验的发展

实践是检验效果的主要途径，但是检验过后的经验总结与提炼也是至关重要的。民间运动游戏主题活动后，教师要与幼儿学生共同总结幼儿关键经验的发展，梳理主题活动中的收获，让每位幼儿学生以及民间运动游戏主题活动的各位参与者清晰地看到幼儿学生的成长。

第二节 幼儿园"园本"运动课程

一、幼儿园"园本"运动课程概述

幼儿园"园本"运动课程是根据本地区、本园幼儿学生的年龄特点和发展规律，依靠本地区、本园的现有资源，充分挖掘各种不同组织形式的运动活动的教育资源，整体规划，合理安排，使各种形式的运动活动相互渗透、有机结合，实现体育教育核心价值，开发出特色鲜明的幼儿园运动课程体系。幼儿园"园本"运动课程的目标以培养幼儿健康人格为目的，立足于培养幼儿运动的兴趣，增强体质，培养健康向上的心态，满足幼儿的身心发展需要。学前阶段是个体身体和心理发展的重要时期，体育活动的价值不仅在于发展幼儿的身体和动作技能，而且在于发展幼儿的认知、意志、情感和社会性。[5]而园本运动课程的开发与实施可以保障这种发展价值的长期稳定。

幼儿园"园本"运动课程具有以下几个方面的特征。

①以幼儿学生发展为本。"儿童发展为本"一直是幼儿园"园本"课程的特色，"园本"运动课程也不例外，以幼儿学生充分自由的发展为最高目标。通过"园本"运动课程开发，幼儿学生的个体差异不仅能够得到尊重和满足，个别需要能够得到及时回应，而且幼儿学生还能在具有声名意义与展现主体意识的氛围中学习和活动，通过自我判断与抉择，拓展经验，建构知识，挖掘个性潜能，弥补传统课程之不足，促使个性在全面和谐中发展。[6]

②民主决策。幼儿园运动课程作为一项公共资源，不能仅仅满足国家的统筹和安排，还应该走向社会，走向民众，走向自主开发、民主决策的道路，使幼儿园"园本"运动课程成为幼儿园系统内外部共同作用的结果。

③幼儿园特色。幼儿园"园本"运动课程尊重差异，满足不同地区、幼儿园的需要。它的开发关注每一所幼儿园自身的特色，是幼儿园追求和展现自身独特个性的表现。没有个性化的课程项目就不是真正意义上的园本课程。[7]

④生活性。幼儿园"园本"运动课程含有生活的特征、成分、性质，并表现出生活的某些功能。[8]

⑤生成性。幼儿园园本运动课程是生成性的内容，其开发和运作的过程彰显着特定情境中师生的互动、体验、顿悟、灵感和创造，伴随着活动过程中一系列的非预设性、不确定性和动态性。[7]

⑥和谐性。园本运动课程的终极目标是人的"终极关怀"，指向自然性、社会性、自主性全面和谐发展的人，其中和谐性是幼儿园园本运动课程的主要特征。

⑦整合性。园本运动课程具有整合性，其本身就是一个成就幼儿学生个性、发展教师专业、形成幼儿园特色及发展和谐社区的整合平台。[7]

二、幼儿园"园本"运动课程开发的构想

（一）幼儿园"园本"运动课程开发的基础

课程开发的基础，是指影响课程规划、课程设计、课程内容、课程实施和课程评价的主要因素。幼儿园园本运动项目开发的过程中，其设计与发展必须取自一些相一致的学科，且必然与各个学科间存在某种程度的复杂关系。[9]因此，根据幼儿园园本运动课程体系的特点，其项目开发必须参考哲学、心理学、社会学、学前教育学，以及体育学学科相关领域的知识作为理论与实践的基础。

（二）幼儿园"园本"运动课程开发的理念

幼儿园"园本"运动课程开发的理念包括以下几点。
①需要珍视童年生活的独特价值。童年是一个非常重要的生命阶段，

具有和成人生活完全不同的需要和特征，有着极其重要的发展价值，不能仅仅将儿童视为成人的预备，必须在儿童成长阶段提供与之身心发展相适应的生活，令童真、童趣、童稚得到自由的发展。使儿童在"园本"运动课程中享受快乐和自信，过有尊严的童年生活是"园本"运动课程开发的重要理念。[9]

②重视科学世界与生活世界的整合。园本运动课程开发要求追求知识的同时更要去追求生活的价值，使课程同儿童的生活相联系，贴近幼儿的生活，帮助幼儿更好地组织生活经验，倡导生活世界与科学世界的整合。

③突出个人价值与社会价值的整合。个人本位与社会本位课程都只从一个方面来认识和考察了教育的功能。[10]园本运动课程的开发应当寻求两者之间的平衡与整合，让每一个幼儿学生在活动中通过自我建构，来获得对自己、对他人、对周围世界的积极体验和基本的科学认识，形成健全人格。

④体现个人发展与社区发展的整合。园本运动课程的开发是社区、个人、单位之间资源整合的过程。

（三）幼儿园"园本"运动课程开发的原则

幼儿园"园本"运动课程的开发应该遵循以下几个方面的原则。

①人本性与发展性原则。园本运动课程开发必须通过帮助幼儿学生和教师发展来促进幼儿园的发展。[11]

②内生性与适宜性原则。园本课程的开发必须依据本园的教师教育资源情况、幼儿学生情况、社区与家长要求等内生性要求来进行开发。[12]

③多样性与独特性原则。因为每个幼儿园存在差异，因此园本运动课程的开发不存在统一、固定的模式，而应该是多样化的、具有该幼儿园独特性的。[12]

④民主性与大众性原则。园本运动课程体系开发的实质是以幼儿园为基地进行课程开发的民主决策过程。即园长、教师、专家、幼儿及家长和社区人士共同参与幼儿园运动课程计划的制订、实施和评价等活动，每一

个参与者都有权提出自己关于课程方面的意见。[13]

三、幼儿园"园本"运动课程开发的推动机制

（一）幼儿园园本运动课程审议机制

"课程审议"这一概念是20世纪60年代末由美国课程论专家施瓦布首次提出的，经李德、韦斯特伯里、D.诺伊等人补充说明，最终确立了其内涵，即"课程开发的主体对具体教育实践情境中的问题反复讨论权衡以获得一致性的理解与解释，最终做出恰当的、一致的课程变革的决定及相应的策略"。课程是学校教育的基础和核心因素，质量是课程的生命基点。园本运动课程开发的核心旨趣就在于，在领会和把握《幼儿园教育指导纲要（试行）》的精神和准则的前提下，及时革新课程内容并不断提高课程质量。[14]所以，课程质量是幼儿园园本运动课程开发的核心归宿，而建立科学的、合理的课程审议机制是维护课程质量的关键。

（二）幼儿园之间的合作资源共享机制

园本运动课程是以幼儿园为本位、以幼儿园为基础、以幼儿园为阵地而发展的工作，也就是说，园本运动课程是以幼儿园的发展为本的课程内容。但这并不意味着孤军苦战、自给自足，并不意味着开发园本运动课程时就必须排除幼儿园之外的其他一切力量。事实上，园本课程开发若要取得实质性的成果并获得持续发展，一个由大学专家、社区代表、园长、教师、幼儿、家长以及部分教育行政人员所组成的学校共同体不可或缺。[15]不仅需要幼儿园内部人员的通力合作，更需要园外力量的支持与帮助，需要与其他园构成互动关系，通过协作来弥补和完善自身的不足，建立合作资源共享机制。

四、幼儿园"园本"运动课程开发的环境与资源

（一）环境、资源和园本运动课程互生共长

园本运动课程应来源于幼儿学生的生活与经验。幼儿学生在课程中占据主体性地位，幼儿园园本运动课程在实践与建构过程中，必须关注到幼儿学生的生活。[16]在幼儿园"园本"运动课程开发过程中，不同的环境与资源，可以造就不同的园本运动课程。因此，幼儿园园本运动课程必须考虑到本园幼儿学生的发展需求、考虑到本园教师群体特质、考虑到园所的已有资源和优势等因素，根据不同的环境资源造就不同的园本运动课程。[17]同时，园本运动课程应该造就独具特色的教育环境。幼儿学生的学习需要创设一个能够包含其成长所需要的心理、文化、社会、精神等各方面的环境，这有利于幼儿学生的生活更加合理、有意义。与此同时，不同的园本运动课程的实践过程也将造就园所独具特色的教育环境。

（二）园本运动课程的环境、资源分析

在园本运动课程的开发进程中，以幼儿学生为中心，可将课程资源分成四大类核心资源，即"人的资源""自然资源""社区资源"和"建筑资源"。而基于幼儿学生生活的方面进行分析，可通过空间、时间和人群为线索，对幼儿园的资源进行盘点。同时，也可以基于幼儿学生成长的视角分析，根据学生的成长目的进行划分，应具有以下几个发展目标：让幼儿学生回归自然、让幼儿学生成为社会人、让儿童成为具有审美情趣的人。

（三）园本运动课程中环境、资源的整合与改造

园本运动课程中环境、资源的整合与改造，主要包括两个方面。

①基于不同园区资源的课程内容共享。基于园本运动课程开发的需要，可以将同一幼儿园的不同园区，或就近区域内的不同幼儿园的课程资源打通共享，让环境资源大大扩展，更有教育意义。

②园本运动课程项目与周边资源的联结。积极地将园本运动课程中的实践成果进行反馈，幼儿园可以将课程活动与周边环境、社会活动进行有效联结，形成新的资源样态。

五、幼儿园"园本"运动课程开发的内容与组织

（一）幼儿园园本运动课程的内容

1. 选择原则

拉尔夫·泰勒（R.W.Tyler）提出课程内容的选择要合乎五个原则："为了达成某一目标，提供给学生的经验，要使他有机会实践该目标蕴含的行为；所提供的学习经验要使学生从实践该目标所蕴含的行为中获得满足；提供给学生的学习经验应该是学生能力范围所及的；许多特别的学习经验可达成相同的教育目标；相同的学习经验通常会产生数种成果。[18]"园本运动课程开发本质上是运动课程体系的建立，因而其内容选择也必须符合上述要求。要重视内容的有效性和重要性，与社会现实的一致性，广度和深度的平衡，提供广泛的学习目标，考虑学生经验的可习性和适应性等。

2. 选择方针

园本运动课程的开发主要用于发展幼儿园教学特色，服务于教学质量的提高和更合理教学体系的建立。因而其开发内容选择必须符合以下方针：首先要符合幼儿学生成长与能力发展的需求，具有丰富的教育意义；其次要尊重各方意见，应当是幼儿学生所在园区、社区等多元文化的综合，体现"园本"特征；最后要发挥优势资源，具备现实的可操作性和便利性。

（二）幼儿园园本运动课程组织的原则与形态

1. 幼儿园园本运动课程组织的原则

结合园本运动实践的要求，幼儿园园本运动课程应该符合以下的组织原则。

①连续性原则。园本运动课程开发将课程目标指向幼儿学生个性全面、

和谐的发展。为了实现这一目标,课程组织必须以幼儿身心发展的特点为依据,以选出的要素为线索,通过直线式地重申主要课程要素的原则,将幼儿学生与园本运动开发结合起来,长期稳定地去推进课程开发的组织。

②顺序性原则。为了达到有效组织的目的,课程开发必须符合发展规律:由浅入深、由易到难、由具体到抽象、由旧经验到新经验的顺序组织起来。

③整合性原则。整合指"经验的横向组织",园本运动课程开发的过程中,在组织的过程中,不断地吸收总结实践经验并加以利用,使其成为一个不断整合的过程。因为园本运动课程开发的组织本身就是一个动态、开放的过程,其间充满着众多未知因素,需要审时度势、因势发展。

2. 幼儿园园本运动课程组织的形态

幼儿园园本运动课程组织的形态主要包括两个方面。

①按不同运动类型组织。指将运动课程内容按照不同运动类项目进行划分,并以此为单位组织课程的方式。按不同运动类别组织课程内容更有助于幼儿学生基本知识和基本技能的学习,但过于严格的分割形式容易人为地肢解幼儿学生学习与掌握综合运动技能的能力。因此,在幼儿园范围内,按不同运动类型组织园本运动课程内容不宜过多,比例不宜过大。

②按主题方式组织。根据幼儿学生已有的知识、经验、兴趣、爱好、年龄特征等灵活地选择和编制不同的园本运动主题,根据教师与幼儿学生的深层互动选择来生成不同的运动主题,并不断地完善运动主题活动内容。

六、幼儿园"园本"运动课程开发的支持与保障

(一)幼儿园"园本"运动课程开发的支持路径

幼儿园"园本"运动课程开发需要获得多个方面的支持。

①团队的支持:协作发展。开发者对于幼儿园教学理念的把握以及幼儿学生运动课程实践的科学执行,直接影响到幼儿园园本运动课程开发的

进度和效度。[19]因此，必须注重培养包括教职工在内的开发团队，并建立团队间的默契配合。

②专业的支持：资源共享。面对专业性比较强的运动课程，需要有足够的课程理论、必要的硬件设施、对应的师资力量，还要对课程质量进行实时监控，这对于一般幼儿园来说是有一定难度的，如果能有高等院校这样的单位进行资源共享，采取校（高等院校）园合作的方式则可以很好地解决这个困难。还可以有效提升课程质量，保障运动课程体系的开发水平。

③社会的支持：家园合作。幼儿园园本运动课程体系的开发，不仅是幼儿园的责任，也是社区家庭的责任。家长与幼儿学生在日常生活中的陪伴、本身具备的优势资源等显性和隐性的教育资源，都会给课程带来意想不到的惊喜。[19]通过家园合作，可以多视角、全方位地推进园本运动课程体系共同建设，及时获取幼儿学生的真实反馈，提高课程质量。

（二）幼儿园"园本"运动课程开发的保障体系

幼儿园"园本"运动课程开发的顺利推进，需要获得以下几个方面的保障。

①技术的保障：信息智能技术开发。在智慧校园普及的当下，信息技术影响到课程的方方面面，移动智能终端和数据系统成为许多幼儿园提升课程质量的重要法宝。[19]信息技术的更迭还简化了数据比对与评价模式，为分析幼儿园园本运动课程的开发质量带来了便利，也为后续的项目实施提供了参考依据。

②机制的保障：日常运行机制执行。教师是园本运动课程开发与实施的主力军，而教师的课程开发力与执行力需要机制保障，同时，幼儿园园本运动课程的实施需要建立科学、持续的运行机制来确保课程实施每一环节能正常运作，在活动中检验其合理性与实效性。在此过程中，如何发现问题并找到对应的解决方法、教师的工作能力、实施态度和积极性都离不开一个严谨合理的制度，从而提升项目实施的质量。

③组织的保障：管理组织体系健全。幼儿园园本运动课程实施的质量

与课程上级力、执行力有很大的关联,落实好园本课程管理,建立健全制度,可以使所有人员各司其职。一个课程的组织管理体系健全与否,关系着课程质量是否能够有足够的保证。

④硬件的保障:采购维修硬件配套。幼儿园园本运动课程实施中时常需要一些硬件设备的投入,以及环境的支持,这就需要幼儿园统筹规划好预算,根据当地财政拨付的具体情况进行科学的计划,力争把每一分钱用在刀刃上,这就是课程实施中的硬件配套。[19]

七、幼儿园"园本"运动课程的评价

(一)园本运动课程评价的意义

厘清幼儿园园本运动课程评价的内涵与重要性,对于推动幼儿园课程评价实践工作,具有非常重要的意义。园本运动课程评价是一种以幼儿园课程为评价对象的特殊的认识活动,它是针对幼儿园运动课程的特点和组成要素,收集相关信息,对幼儿园运动课程的价值、适宜性、效益做出判断的过程。便于及时检验项目实施的效果、推进园本运动课程体系建设的进度,不断调整完善课程开发与实施的方案。

(二)园本运动课程评价的类型

从评价时间上可划分为:

①背景性评价。在项目发展的准备阶段,针对校本课程开发中有关学校师生发展水平、需求状况、资源基础和政策宽度的综合判断。[20]

②实质性评价。发生于项目编制过程中,为考察校本课程产品的构成部分或过程要素以及一连串的学习活动安排是否合理而进行的判断过程。

③总结性评价。是项目实施后,对于编制和设计出的课程质量所做的全面判断,关注幼儿学生最终受到的园本运动课程的影响,幼儿学生各方面的发展,对整体效果进行评价,以核验园本运动课程的有效性和成功程度。

从评价关注问题上可划分为：

①内在评价。对园本运动课程本身的评价，关注项目的内在价值，对各组成要素与整体编排进行分析。

②效果评价。对园本运动课程实施效果的评价，关心项目计划对幼儿学生产生的效果，看预先设定的计划目标能否达成，达成的程度如何。

（三）园本运动项目评价的指标

园本运动项目评价的指标，可以从过程与结果两个层面展开。

①过程层面。可以从课程整体上展开，评价长远的总体规划、课程发展者对于园本运动课程的了解程度、建立的课程发展团体等指标。也可以从课程局部上展开，分别评价课程目标、课程内容、课程实施、课程评价方法的合理性、有效性以及达成程度等内容指标。

②结果层面。可以围绕参与人员来展开，分别对幼儿、教师、园长以及其他参与人员（家长、社区人员等）在园本运动项目开发过程中的行为表现进行评价。也可以从课程成果上展开，对园本运动课程方案品质和校本课程品质等方面的价值性、需求性、成本费用、综合满意度等内容指标进行评价。

第三节 幼儿园大型运动活动

一、幼儿园大型运动活动概述

幼儿园大型运动活动是有目的、有计划、有组织、有一定规模，且有一定意义的体育性娱乐活动。对发展幼儿学生身体素质、身心健康、合作能力具有非常重要的作用。幼儿园大型运动活动的举办是幼儿园不可或缺的一部分，幼儿园每年都需要策划不同类型的大型运动活动。比如学校运动会、体育节、亲子活动等。

二、幼儿园大型运动活动设计与组织的原则

大型运动活动需要遵循一定的规律与原则，才能确保活动科学、有序、安全地开展。大型运动活动开展的计划性、整合性、生活化、实践性、个性化、地方性、过程性和安全性等，是我们开展大型运动活动必须遵循的原则。

（一）大型运动活动开展的计划性原则

首先要确定好大型运动活动的主题，充分考虑到幼儿园的实际情况和活动教师的意愿和想法。大型运动活动虽然不是课程的一部分，但要求活动设计者对学期大型运动活动做一个全盘的考虑，控制幼儿园大型运动活动的频率。幼儿园根据本园一年的工作重点、季节特点、时事背景、大型运动活动本身的特点，做一个综合的考虑与计划，统筹大型运动活动的内容。

（二）大型运动活动的整合性原则

整合性原则要求既要尊重幼儿的主体性，也不能忽视教师的引导作用，必须兼顾幼儿的兴趣和全面发展的需要，对大型运动活动内容进行分析、评估，有序地安排到幼儿的活动中，平衡并充实大型运动活动的内容，避免大型运动活动内容出现明显偏差，使大型运动活动内容保持一个动态的平衡，既满足孩子不同的学习需要，又保证儿童发展的全面性。

（三）大型运动活动的生活化原则

大型运动活动的开展应遵循生活化原则。在选择活动内容时，我们应注重结合幼儿的真实生活及已有经验，将贴近幼儿生活、幼儿感兴趣的内容，并具有较好教育价值的运动作为大型活动内容的首选。

（四）大型运动活动的实践性原则

运动活动与幼儿的经验和需要密切相关。幼儿的学习以直接经验为基础，运动活动要提供给幼儿体验、操作、感受的机会，只有让幼儿亲身体验、

实际参与活动并感受和经历学习的过程，才能给幼儿留下深刻的印象。

（五）大型运动活动尊重幼儿个性化原则

要充分尊重和理解幼儿发展中的个别差异，在大型运动活动中，幼儿园要充分尊重幼儿意愿，并根据幼儿的年龄特点、性格差异、兴趣特长及幼儿不同的学习方式，为幼儿提供个性化发展的机会和全面发展的运动环境。幼儿园要为幼儿创设个性展示的舞台，让幼儿充分展示自己的特长，建立自信心。

（六）大型运动活动的地方性原则

任何大型运动活动都具有一定的地域性，地域资源往往也会影响活动的内容。此外，儿童的成长也会受到来自周围环境和他人所携带的特定文化影响。在选择大型运动活动的内容时，幼儿园要考虑本土文化和现实状况，要充分挖掘、利用社区及家长资源，充实大型运动活动的内容。

（七）大型运动活动的过程性原则

幼儿园和教师应重视大型运动活动开展的过程，而不只是关注活动的结果。参与活动的过程更重要，在幼儿活动中教师要充分关注到每个孩子，根据孩子的参与过程，对孩子提出不同的教育要求。

（八）大型运动活动的安全性原则

安全性原则要求我们在设计活动时，必须一切从实际出发，幼儿园大型运动活动开展前的安全检查非常重要，主要包括活动场地、器材、道具的安全等。要有各种大型运动活动的安全保障方案和安全应急预案，预测可能发生的隐患和其他可能发生的安全事故，保障幼儿在活动中的安全。

三、幼儿园大型运动活动的种类与内容

（一）幼儿园体育节

幼儿园体育节是幼儿园根据幼儿需要设立的以开展体育活动为主题的社会活动日。它是由幼儿园发起的内容广泛的一项运动活动，一般包括：赛事运动、休闲娱乐、体育文化讲座、健康知识宣讲或图书展等多项活动，目的是推动幼儿运动、弘扬体育精神、塑造幼儿园的体育文化。体育节将幼儿园体育课程与幼儿发展相结合，让幼儿在过程中体验，在活动中受益。传递给幼儿积极向上、健康快乐的体育精神，营造良好的幼儿园体育文化氛围。

（二）幼儿园操节展示

幼儿园操节展示是通过节奏鲜明的音乐配以学生肢体的动作或者一定组织的舞蹈动作用以发展学生的协调配合能力，从而增强孩子运动活力的一种运动操，通过做操来提升幼儿的精神，培养团队合作品质，锻炼幼儿的身体，舒缓学生身心。操节是幼儿园课间的一项活动或者一项节日活动，可以展示孩子们的精神面貌，教师可以发挥自己的优势，对操节进行创编，编排新颖的操节可以成为幼儿展示自我能力及团队合作的平台，同时整齐的队列及音乐会给孩子带来视听觉冲击，可以培养孩子们积极参与运动的情绪。

（三）幼儿园运动会

幼儿园运动会是幼儿非常喜欢的一项大型运动活动，运动会以身体的竞争，通过体育的方式表现出来，多人参与竞争夺取某个运动项目的冠军或者多人参与的运动比赛活动。幼儿园运动会是在幼儿园老师的组织下，幼儿或者老师共同参加的身体活动，能使幼儿的身体素质、心理素质得到提升，同时参加运动会可以使孩子们积累大型运动活动的经验，培养幼儿

的运动参与兴趣及团队合作精神，从而促进幼儿的身心发展。

（四）幼儿园亲子活动

亲子活动是指孩子与自己的亲人一起参加的一项体育活动（可以包括孩子的爸爸、妈妈、爷爷、奶奶等亲属）。亲子活动是幼儿和家长共同参与的身体活动，以幼儿和家长的互动为核心让家长和幼儿一起参与的活动。通过亲身体验，活动中更加重视家长与幼儿间的联系，在运动过程中发展幼儿自身协调性和灵活性，促进身体机能的发展。让幼儿与家长体验运动乐趣，加强幼儿与家长之间的情感交流，激发幼儿参加体育活动的兴趣，在活动中增强其团结协作，遵守规则的意识，提高身体素质，增强家长与幼儿间的交流与相互理解。

四、幼儿园大型运动活动设计组织的流程及要点

（一）幼儿园大型运动活动设计组织的流程

一项活动的组织需有完整的组织流程，以下是大型运动活动的组织流程：首先需确定大型运动活动的活动目标，举办大型运动活动的目的是什么？活动的要求是什么？从而确定包含什么样的活动。其次，根据活动的需要，确定活动的时间和地点，准备活动所需的器材，确定活动所需要的材料。安排具体的组织人员，某人员负责某岗位。选择合适的活动内容，根据不同年龄段的学生选择不同的内容来举办活动。最后，组织安排大型运动活动开幕式等具体事项，如运动员入场、升旗仪式、园长致欢迎词、运动员代表讲话、各年级才艺展示。

（二）幼儿园大型运动活动设计与组织的要点

一个大型运动活动的策划是否合理，实施能否成功，需要重点关注以下几个方面。

①活动的意义与目标。活动具体要达到的目标，定位的核心是要考虑

到幼儿的发展。活动组织在考虑幼儿园影响力的同时，也要考虑本园幼儿的发展，从认知、情感和技能等方面促进幼儿的全面发展。

②参与运动活动的人数。多少人参加决定着活动的大小。活动人数决定活动规模，要按活动人数进行活动设计。

③时间的长短。根据不同的活动内容的多少，确定好活动的时间，使老师和家长更好地安排工作时间。

④地点的选择。一般情况下，没有特殊要求的活动尽量安排在园内，既能确保幼儿的安全，操作流程又很方便，大型运动活动开展的安全性和活动效率都会比较高。

⑤活动内容的选择。活动内容的选择是大型运动活动计划的核心内容，要充分考虑目标的达成，根据活动目标来确定具体的活动种类，从而进一步选择活动内容。

⑥策划工作的集思广益。在完成对大型运动活动的定位以后，接下来是将管理层的想法，通过层级管理的方式下放到级组、班级，让一线老师们参与讨论，并将讨论收集到的意见反馈到行政决策层。

⑦活动方案的撰写。活动方案的撰写工作既是梳理前面的工作，也是进一步细化计划的过程，通过制订方案，明确活动的目标、工作的重点、人员分工以及活动的进展，幼儿园应该高度重视大型运动活动方案的操作与设计。

⑧组织、执行是整个活动的关键环节。在大型运动活动实施过程中，参与的工作人员要了解运动方案，使熟悉方案的工作人员进行方案培训。全体参与，责任到人，紧密相连，幼儿园的大型运动活动一定是全体参与的一个活动，活动的组织也要求责任到人、团结合作。全体教职员工齐心协力、共同参与、团结合作、群策群力，不计个人得失，服从自上而下的统筹安排，各组明确目标，分工合作，加强沟通；做好活动中全体教职员工和幼儿的保健工作，及时处理意外事故。制订安全预防措施，制订后勤工作计划，保证活动的正常开展；充分利用家长资源，鼓励家长参与，确保活动高效完成。

⑨总结与提升。大型活动结束后,需要及时地进行活动总结,发现活动组织与实施过程中的不足之处,并提出相应的整改措施,为今后的大型活动提供理论参考。

第四节 幼儿运动能力发展家园合作

一、幼儿运动能力发展家园合作的概述

幼儿运动能力发展的家园合作是在家庭、家长、幼儿园、教师共同合作下,以幼儿为主体进行的发展幼儿运动能力的身体活动。幼儿教师以及幼儿园的任务是通过实行保育与教育相结合的原则,对幼儿实施体、智、德、美诸方面全面发展的教育,促进其身心和谐发展。[21]现代教育生态学的研究认为,家庭是幼儿最自然的生存环境,最初的幼儿教育是由家庭承担的,随着社会生产力的发展,这一责任转移到幼儿园,但幼儿园教育内容无法取代家庭环境对幼儿身心发展的影响。因此,运动能力发展家园合作共育有利于学前教育质量的提高和儿童身体的健康成长,同时也能增进家庭与幼儿园的关系。

幼儿运动能力发展家园共育的价值主要有:通过运动活动家园共育培养幼儿规则意识。幼儿运动能力的发展可培养孩子与同伴们的合作能力,对幼儿身体素质的增长以及与同学们团结协作的能力都具有较大的帮助,也对孩子今后的发展产生深远影响。不仅可以提高幼儿情绪控制能力,培养孩子吃苦耐劳、坚韧不拔的精神,而且家长共同参与幼儿的运动能力发展,是作为一个朋友者和合作者的角色,可与孩子进行有效的沟通,充分了解孩子的真实想法,更有利于孩子的运动能力培养。为了更好地实现幼儿运动能力家园共育,幼儿园可采取不同方法与方式,引导幼儿家长学习幼儿运动能力发展的内容、方法,定期召开家长与幼儿园的会议,听取家长对于幼儿的运动能力发展合作的不足,并认真研究家长对幼儿园幼儿运

动能力发展的意见与建议。通过幼儿园与幼儿家庭的充分协调配合，可为幼儿运动能力发展家园合作创造良好的教育环境，共同担负幼儿运动能力发展的任务。

二、幼儿运动能力发展家园合作的提出

2001年7月2日，教育部颁发了《幼儿园教育指导纲要》（以下简称《纲要》），此《纲要》的颁布象征着我国幼儿教育又向前迈进了一大步。幼儿教育是基础教育的重要组成部分，是学校教育和终身教育的基础阶段。幼儿运动能力发展是幼儿进入幼儿园初次接触运动技能或者活动，幼儿园教师应做好充分的准备，引导幼儿参加基础阶段的运动能力发展，同时，幼儿教育应为每一个幼儿的运动能力发展奠定良好的素质基础。

幼儿运动能力发展家园合作应充分尊重幼儿的主体地位，在做活动或对幼儿进行教育时，要以幼儿发展为中心，了解他们身心发展特点和幼儿学习特点，以运动能力发展为基础，以增强幼儿运动能力为目标，帮助他们积极地参与幼儿体育活动。《纲要》中提出："家长是幼儿园教师的重要合作伙伴。[22]"幼儿园应本着尊重、平等、互惠、理解的原则，主动鼓励家长参与幼儿园的教育工作及幼儿运动能力发展工作。家庭和幼儿园共同努力，建立良好的亲子关系、师生关系和学生同伴关系，让幼儿在积极健康的人际环境中获得安全感和信任感。幼儿家园共育的提出，对幼儿运动能力发展起到一定的助力作用及参考依据，对于幼儿运动能力的发展来说，需要紧跟教育改革的步伐，适应幼儿运动能力的发展需要，及时调整与完善幼儿运动能力发展家园合作的模式。

三、幼儿运动能力发展家园合作的指导纲要

幼儿教育是基础教育的有机组成部分，是学校教育制度和终身教育的奠基阶段。幼儿园教育应为每一个幼儿的近期和终身发展奠定良好的素质基础。幼儿运动能力发展家园合作的指导纲要应该包括以下几个部分。

（一）幼儿运动能力发展家园合作的教育内容与要求

建立良好的师生关系，与家长配合培养孩子的生活习惯和自理能力。开展丰富多彩的户外游戏和体育活动，培养幼儿参加体育活动的兴趣和习惯，增强体质，提高对环境的适应能力，用幼儿感兴趣的方式发展基本动作，提高动作的协调性、灵活性。[22]在体育活动中，培养幼儿坚强、勇敢、不怕困难的意志和主动、乐观、合作的态度。幼儿运动能力发展需要从幼儿的体育情感、体育态度、运动技能、运动知识、价值观出发对幼儿的发展做出一个全面的要求。幼儿运动能力发展家园共育的开设应以幼儿运动能力发展为本，幼儿园应为幼儿提供平等的幼儿运动能力学习与发展机会，应与幼儿阶段的学习特点与身心发展水平相适应，使幼儿积极主动地参加到运动能力发展的活动中来。

（二）幼儿运动能力发展家园合作的组织与实施

幼儿运动能力发展家园合作的组织与实施过程，是幼儿园、家庭共同组织开展工作的过程。幼儿园、家庭要根据幼儿运动能力发展的目标，结合幼儿身体素质和身心状况的实际情况，开展有利于发展幼儿运动能力的运动活动。组织与实施应有以下要求：要符合幼儿发展水平以及现实需要，同时也要顾及幼儿的长远发展、充分利用各种有利资源对幼儿发展进行引导、科学合理地组织安排幼儿运动能力发展活动。同时家庭和教师也要做好配合，针对幼儿的性格特点、运动能力采取不同的方法进行教育。

（三）幼儿运动能力发展家园合作的教育评价

教育评价是幼儿园教育工作的重要组成部分，是了解幼儿学习进度以及分析家园合作效果的重要手段，评价应自然地伴随着整个教育过程进行。可以采用观察、谈话、作品分析等多种方法展开，主要评价幼儿的运动能力发展情况。从教育评价的反馈可以改进教学方法和教学思路，合理制定运动能力发展要求。在制定教学评价时要善于运用教师的专业知识来评价幼儿运动发展实践，发现问题、分析问题、解决问题。在运动能力发展评价时也要考虑以下方面：是否根据幼儿的实际情况来进行评价，了解幼儿的身体素质，要看教育方法、教育内容、教育策略能否调动幼儿的学习积极性，同时，评价也要兼顾幼儿的个体差异防止评价的片面性，注意评价的全面性。

四、幼儿运动能力发展家园合作的结构与活动设置

幼儿运动能力发展家园合作的结构应该由"家委会"和"校委会"共同组成，共同构建幼儿运动能力发展策划部。家委会组建需制定严格的选择标准。家长是幼儿园的重要合作伙伴，幼儿不是在幼儿园就是在家中，幼儿园老师掌握学生的园内表现情况，但是回到家中，家长需掌握幼儿的表现情况，并对教师进行反馈，教师和家长共同努力，才能取得更好的效果。以"家委会"为依托，丰富幼儿运动能力发展家园合作发展的实施路径。借助于"家委会"的力量，采取"幼儿园主导组织，家委会辅助协调，家长和教师支持合作"的方式，开展幼儿运动能力发展实践活动，凝聚"家委会"与幼儿园的智慧与力量，将幼儿运动能力发展家园共育形成"园本"文化。

幼儿运动能力发展的"校委会"是学校组织专门负责幼儿运动能力发展的小组，学校直接监督学生在校表现的情况。对于学生的运动能力发展，学校起到了决定性的作用，学校组建运动能力发展"校委会"对接"家委会"（幼儿运动能力发展），对实现"家园共育"至关重要。幼儿运动能力的家园合作以学校为主要阵地，运动能力发展"校委会"的组建，有助于学校了解学生的运动需求，能够有针对性地对学生的需求进行满足。在"校委会"组建后，需要实行分工明确的责任制，对于不同级别和类别的学生采取不同的方式、方法，责任确认到人。

幼儿运动能力发展"家委会""校委会"的结构设置，可以相互促进、相互监督，家长可以反馈学生的在家表现，学校收集学生的在校表现，从

而制定相应的幼儿运动能力发展活动，更加有利于促进幼儿的发展。在幼儿运动能力发展家园合作的结构模式形成之后，需要按时、按期组织与实施幼儿运动能力发展的活动，可以包括野外徒步、健走、爬山、郊游等活动。这些活动可较好地培养学生的独立能力。同时，还可以组织同"校委会"和"家委会"的共同策划，组织亲子游戏、运动会、体育节等活动，充分发展学生的交际合作能力，对于学生的心理成长具有非常大的帮助，对于幼儿间的融洽相处具有非常重要的意义。

五、家园合作发展幼儿运动能力的实施要点

家园合作发展幼儿运动能力的实施方案主要从发展幼儿运动能力的理念、目标、原则、实施、评价方面入手，对发展幼儿运动能力的实施方案进行设计。

（一）家园合作发展幼儿运动能力的实施理念

家园共育发展幼儿运动能力作为幼儿园活动的一个重要的活动方式，社会的关注度越来越高，使得人们对幼儿园教育产生了新的认识，幼儿教育不再仅是幼儿园的职责，家长也在幼儿运动中起到非常重要的作用，应该实现幼儿园、家长和孩子三者之间的互动。家园共育是发展幼儿运动能力的最佳途径，通过家园共育更好地促进孩子身心健康的发展，为幼儿提供多元、自主、开放的活动环境，促进幼儿园教育的顺利开展。

（二）家园合作发展幼儿运动能力的实施目标

以幼儿、教师、家长共同成长为目标，实施多元、自主、开放、整合的运动能力活动，为每个幼儿提供充分、和谐、健康、快乐的发展活动机会与条件，通过家园共育培养模式的实施，使幼儿成为爱运动、爱交往、乐探索、有爱心和讲礼貌的儿童。幼儿运动能力发展的具体培养目标应该包括：①幼儿能够初步了解各种运动活动或运动技能的特点，丰富幼儿的运动知识；②幼儿充分体验运动的乐趣，开阔眼界，掌握一定的运动技能；

③幼儿能够积极参加运动活动，运动能力得到显著的提高；④幼儿体质增强显著，行动的安全性意识得到增强；⑤培养幼儿活泼、开朗、积极向上的精神。

（三）家园合作发展幼儿运动能力的实施原则

在家园合作的背景下发展幼儿运动的能力，需要遵循以下几个方面的原则。

①体验性原则。在家园合作发展幼儿运动能力的过程中，要让幼儿体验运动能力发展的乐趣，体验活动成功带来的身体愉悦感，使幼儿乐于参加运动活动。

②实际性原则。幼儿运动能力发展要符合幼儿发展的需要，要从身体能力、运动能力、心理能力、生活态度、情感与自我意识、审美情趣等方面为幼儿奠定发展的基础，根据幼儿实际选择相应的活动。

③整合性原则。在家园合作的模式下，全方位地发展孩子的活动能力、语言表达能力、认知情感态度和价值观等，使幼儿在快乐的运动活动中，增进幼儿彼此感情，促进幼儿间交流，最终促进幼儿健康和谐的发展，从而促进幼儿的全面发展。

④针对性及差异化原则。每个幼儿的身心发展水平不一，要有针对性及差异性对待幼儿运动能力的发展，根据幼儿身心特点，充分照顾到每个学生。

⑤全面发展性原则。设计时应着眼于促进幼儿德、智、体、美、劳全面发展，使幼儿的各项指标水平处于正常范围，但在活动设计中要适应幼儿认知能力的发展水平及幼儿现有的知识水平，不是盲目的全面发展。

⑥活动性原则。指活动的设计和组织应体现活动性，其是培养幼儿运动能力发展的基本形式，要让幼儿在活动中得到发展，增长学生的运动能力，发展学生的身体素质。

⑦可操作性原则。指在活动设计施行方面，要对应幼儿的运动能力发展，使幼儿能够亲身参与并且完成运动活动。

⑧多样化原则。指采取灵活多样的形式，采取不同的学生活动形式以及幼儿喜欢的运动活动，从而强化活动的整体功能。

（四）家园合作发展幼儿运动能力的实施过程要点

幼儿运动能力发展家园合作的实施过程需要关注以下几点：第一，需制订和组织实施家园共育运动能力发展计划，加强幼儿运动能力发展的研究和开发，制订具有个性化和可操作性的运动能力发展计划；第二，根据幼儿的生活与经验，选择性开发和组织幼儿运动能力发展内容。运动能力发展家园共育内容的选择与开发，应以幼儿现有的运动能力为基础，在此基础上了解幼儿的现实需求，对幼儿运动能力的发展采取循序渐进的方式，也可以通过观察、了解幼儿现实生活，根据生活中的事情，可以有选择性地进行活动改编；第三，尊重幼儿的学习特点，深化运动能力发展活动过程。家园共育运动能力发展应根据幼儿的年龄和性格特点以及幼儿活动需要，合理地选择活动方式，使幼儿主动地参加运动能力发展。注重幼儿参加的过程，丰富幼儿活动的经历和体验，为幼儿提供表现运动能力的机会，激发幼儿的自信心。

（五）家园合作发展幼儿运动能力的家长支撑

家园合作发展幼儿运动能力的效果，离不开家长的理解与支撑。首先，家长参与活动准备。家长也是幼儿园幼儿活动的参与者，在活动开展前我们须充分发挥家长的作用，让其成为运动活动的提供者，为孩子运动做好充分的准备；其次，家长走进运动活动，在运动能力发展实施中，我们敞开幼儿园的大门，欢迎各行业学有特长的家长来幼儿园发挥其所长进行教育和引导，帮助幼儿发展运动能力，丰富活动内容。同时也可使家长参与到活动中，使我们的活动内容不断得到充盈；最后，孩子良好品格与运动习惯的养成都离不开家长的密切配合，幼儿个人品格的形成以及自身的发展都需要家庭的参与，幼儿运动能力的发展需要得到家庭的支持，家长也需为幼儿运动能力发展提供支持，包括场地支持、资金支持等。幼儿园需与家长一起，引导孩子良好的品格行为，帮助孩子形成良好的行为习惯。

（六）家园合作发展幼儿运动能力的实施管理

由幼儿园牵头，成立幼儿运动能力发展家园合作管理上级小组，根据幼儿运动能力发展的"校委会""家委会"实际状况，确定幼儿运动能力发展家园合作的上级人选以及上级班子成员，明确责任、分工到人。确定擅长不同运动项目的老师与家长管理不同的运动项目，对幼儿运动能力进行智能化分组。

（七）家园合作发展幼儿运动能力的实施评价

每次活动结束后，教师应对自己的活动安排及结果有一个反思与评价，要给幼儿建立一个运动档案来反映孩子的运动能力表现。在评价幼儿运动能力发展情况时，需要注意各种细节性评价，不要打击幼儿的自信心和积极性，对于家长在幼儿运动能力发展中做出的贡献，也要算入幼儿运动成绩之中。重点观察相应的活动是否调动了学生的积极性，是否给每个幼儿提供了平等的机会，是否做到了公平公正。家园合作发展幼儿运动能力的评价实施，可以从以下两个方面展开。

①运动技能评价。在家园合作发展幼儿运动能力的过程中，根据幼儿的运动能力发展情况，对幼儿的运动技能按一定的标准进行评价。在对幼儿进行运动技能评价时，需要对幼儿进行相对评价，重点关注幼儿的进步，评价结果要有利于幼儿的发展，对幼儿具有激励作用，使幼儿乐于参加运动活动。

②身心发展评价。对幼儿的身心发展进行评价时，要根据幼儿的认知水平展开，并对幼儿取得的成就给予积极肯定。

六、幼儿运动能力发展家园合作的支持与保障

发展学前教育应当坚持政府主导，大力发展普惠性学前教育资源，鼓励、支持和规范社会力量参与。幼儿的成长离不开教师和家长的共同努力，

教师是幼儿成长最直接的操作者,也是幼儿学习知识的直接传授者,担任着和幼儿及家长交流、沟通的重要角色,同时,幼儿教师也承担着引导者、支持者和合作者的多重身份。幼儿运动能力的发展离不开幼儿园和家庭的大力支持。

首先,幼儿园对于发展幼儿运动能力,学校上级的支持至关重要,决定着幼儿运动活动能不能顺利开展;其次,学校硬件设施的支持,对于发展幼儿运动能力所必须的运动器材,运动场地能否得到充分的满足,在一定程度上决定了幼儿运动能力的习得程度;最后,幼儿教师在学校教授幼儿运动技能时,需要具备一定的技能基础,想要给孩子一碗水,自己要有一桶水的态度,教师运动能力的发展程度,在一定意义上会对幼儿的运动技能发展起到深远影响。针对以上状况,幼儿园需做到以下几点:第一,幼儿园成立幼儿运动能力发展建设小组,根据幼儿性别、年龄、发育状况的不同,对幼儿进行分组;第二,做好教研培训,促进教师发展,保证幼儿运动实施规范有效。可以将园本培训与园本教研紧密结合,研训一体,努力促进教师在研究中提升,在实践中成长;第三,加大经费投入,确保研究经费的及时划拨,改善幼儿园环境,为幼儿园活动实施提供必备的物质条件。

幼儿运动能力的发展同样也离不开家长的支持,家长对于孩子运动能力发展的态度、支持与否都会在一定程度上对孩子的心理造成影响,有的家长重视幼儿运动技能的发展,对于开展此项活动持支持的态度,但是有的家长会觉得这不就是带着孩子玩吗?孩子空闲时间也可以玩,这时候就需要教师与家长进行沟通,使家长明白运动能力发展的重要性。要学会整合家长资源,以家园合作为纽带,保持幼儿园与家长的充分沟通,争取在培养幼儿运动能力发展方面达成意见共识。

参考文献

[1] 沈艳凤. 幼儿园民间游戏课程开发与实施[M]. 福州:福建教育出

版社，2018：4-5，98-99.

［2］赵晓卫，李丽英，袁爱玲. 幼儿园民间体育游戏课程［M］. 福州：福建教育出版社，2015：7，32-39.

［3］黄晓梅. 幼儿园开展民间体育游戏活动存在的问题及优化策略［J］. 幼儿教育研究，2019（2）：46-48.

［4］刘慧琴. 新课改下幼儿教育的关键几点［J］. 学周刊，2017（34）：170-171.

［5］薛胜利."大体育"视域下体育园本课程的建构与实施［J］. 学前教育研究，2021（12）：81-84.

［6］张仰峰. 拓展型校本课程建设的探究［D］. 苏州：苏州大学，2010：19.

［7］崔振燕. 园本课程的开发现状、问题及对策研究［D］. 济南：山东师范大学，2011：11-13.

［8］姚伟，关永春. 幼儿园课程要关注幼儿的生活质量［J］. 幼儿教育（教育科学版），2006（1）：42-44.

［9］李子建，杨晓萍，殷洁. 幼儿园园本课程开发的理论与实践［M］. 北京：人民教育出版社，2009：48-54.

［10］张英莉. 以幼儿发展为本的学前教育课程建设略论［D］. 辽宁：沈阳师范大学，2005：25-35.

［11］王影，邓艳华. 园本课程开发中教师的角色定位［J］. 基础教育研究，2010（16）：50-51.

［12］左瑞勇. 园本课程开发：流行背后的追问与反思［J］. 学前教育研究，2007（12）：17-19.

［13］陈时见，严仲连. 论幼儿园的园本课程开发［J］. 学前教育研究，2001（2）：27-29.

［14］虞永平，孙琴干. 园本课程开发的思考［J］. 早期教育，2002（8）：5-6.

［15］王纬. 校本课程开发的理念与实践［M］. 兰州：甘肃人民出版社，

2008：109-209.

[16] 韦心勤. 文化视域下幼儿园园本课程建设研究 [D]. 桂林：广西师范学院，2012：13.

[17] 王春燕. 中国学前课程百年发展与变革的历史研究 [M]. 北京：教育科学出版社，2004：198-203.

[18] 桂诗章. 少数民族地区幼儿园多元文化课程实施研究——以黔东南苗族侗族自治州C幼儿园为个案 [D]. 重庆：西南大学，2008：54.

[19] 沈颖洁. 发现课程 [M]. 杭州：浙江教育出版社，2021：101-110.

[20] [美] 艾伦·C. 奥恩斯坦，费朗西斯·P. 汉金斯. 课程：基础、原理和问题 [M]. 科森朱，译. 南京：江苏教育出版社，2003：343.

[21] 李春玲. 幼儿园大型活动组织与策划手册 [M]. 北京：中国轻工业出版社，2015：2.

[22] 教育部基础教育司. 《幼儿园教育指导纲要（试行）》解读 [M]. 南京：江苏凤凰教育出版社，2021：27.

第八章　幼儿运动教育教学研究

寄语：

叶圣陶说过"教学有法、教无定法、贵在得法"，旨在鼓励教师不要拘泥于程序化、按部就班的教学方式，必须利用全新的教育理念，多方位、多渠道探索新的教学方法，形成自身独特的教学风格和特色。

学习目标：通过本章节的学习，可以掌握幼儿运动教育教学研究的一般流程；根据教学研究的类型和目的，选择合适的研究方法；能够对研究收集的资料进行整理和分析；能够进行教学研究成果的表述。

本章主要内容的思维导图如图 8-1 所示。

1. 幼儿运动教育教学研究的内涵
2. 幼儿运动教育教学研究的类别
3. 幼儿运动教育教学研究的一般流程
4. 幼儿运动教育教学研究资料的收集方法
5. 幼儿运动教育教学研究资料的整理与分析
6. 幼儿运动教育教学研究成果的表述

图 8-1　思维导图

第一节 幼儿运动教育教学研究的内涵

一、教学研究的内涵和意义

教学研究是一种运用教育科学的理论和方法，有目的、有计划、主动探索教学实践过程中的规律、原则、方法及有待解决的问题的科学研究活动，其目的在于创造性地认识教学的规律，提高教学的效果，从而促进教师自身素质的提高。教师进行教学研究的意义主要体现在以下几个方面。

第一，教学研究是教师专业成长的需要。教学研究是架起课程理念、教育理论转化为教学行为的桥梁，促进先进教学经验的提炼和传播，进而促使教师的专业发展和改进教学；教学研究可以促使教师的角色由"传授型"转向"研究型"的转变。一个教师如果不重视教学研究，或许可以成为经验型的教师，但难以成为专家型、学者型的教师。

第二，教学研究的目的是为了更好地服务于教学。"教而不研则浅，研而不教则空"。理论来源于实践，又要回归实践，教师进行教学研究的目的是切实解决在教学实践中遇到的困惑、发现的问题，更好地服务于教学，提高教学质量。

第三，有助于形成严谨的工作作风。教学研究的严谨性促使教师的教学工作更加科学化和系统化。

第四，有助于形成科研教学意识。教学研究过程需要查阅大量的资料，教师在阅读有关教育、教学的书籍时，更有利于形成自己的教学理念。因此，教学研究不仅可以转变教师的教育观念，更重要的是，可使教师养成用新的教育理念去审视自己日常工作的习惯，进而进行教学反思，改进教育手段和教学方法。

二、幼儿运动教育教学研究的内涵

鉴于运动对幼儿身心健康带来巨大益处，以及《幼儿园教育指导纲要

（试行）》（以下简称《纲要》）将健康作为幼儿教育五大领域之首，这也使幼儿运动教育成为幼儿园教育活动中的重要教学组织形式。然而，由于幼儿正处于生长发育的时期，身体各器官系统发育尚不成熟、完善，语言表达和理解能力欠缺，缺少对外界事物的认识等，决定了该阶段运动教育的特殊性。幼儿教师必须根据幼儿生理和心理特点，更新教育的理念，选择合适的教学方法，开发运动教育的双重价值，忽视任何一个方向的幼儿运动教育都是不健全的。

幼儿运动教育教学研究是对幼儿运动教育的过程、内容、方法及效果等进行研究。它强调通过一定的科学理论和原则的指导，改善教育手段，促进幼儿身心的发展。从本质上讲，幼儿运动教育教学研究是探索运动教育的认识过程，旨在通过揭示和发现幼儿运动教育过程中各种现象的客观规律，不断完善幼儿运动教育的理论体系，更有效地指导教学实践。

三、幼儿运动教育教学研究的必要性

（一）《幼儿园教育指导纲要（试行）》对幼儿教师专业发展提出的新要求

新《纲要》所追求的理想是创造高质量的幼儿教育，但由于教师是教学过程实施的主体，新《纲要》对幼儿教育发展的要求，最终会转化为对幼儿教师的专业要求。只有高质量的幼儿教师才会带来高质量的幼儿教育，促进幼儿获得高水平的发展。

新《纲要》对幼儿教师的专业要求和角色定位做出了新的阐释，明确指出幼儿教师必须以"支持者、合作者、引导者"的角色与幼儿互动、交往，必须"创造性地开展工作"。这种创造性教育要求教师相应的多元角色承担能力和相应的专业素养。因此，教师必须成为学习者和研究者，在研究中学习，在学习中成长。

（二）《3~6岁儿童学习与发展指南》中关于幼儿教师的角色定位

《3~6岁儿童学习与发展指南》（以下简称《指南》）中指出，良好的身体、愉快的情绪、强健的体质、协调的动作、良好的生活习惯和生活能力是幼儿身心健康的重要标志，也是其他领域学习与发展的基础。开展丰富有效的体育活动对促进幼儿的身心健康具有重要作用，但是由于幼儿生理和心理特点，在设计体育活动时要充分考虑幼儿的年龄特点，充分发挥幼儿的主体作用，掌握好幼儿合适的运动量，既要面向全体，也要注重个体差异。同时《指南》中也强调要坚持三项原则：遵循幼儿的发展规律和学习特点、关注幼儿的身心全面和谐发展、尊重幼儿的个体差异，这必然要求教师成为儿童的研究者。

（三）健康中国视域下幼儿运动教育现状的不足

随着《"健康中国2030"规划纲要》的部署与实施，全民的健康意识不断增强。幼儿阶段是人生的起始阶段，也是健康习惯养成、运动技能发展和健全人格培育的关键时期，幼儿期体质健康水平与其成年后的健康状况密切相关，因此，幼儿健康是"健康中国"战略体系必不可少的一部分。运动教育作为素质教育的重要组成部分，是促进幼儿全面发展的重要手段，对幼儿基本动作的发展和意志品质的培养有不可或缺的现实意义。

由于受到现实因素的影响，教师对幼儿安全问题的重视远超过对身体活动的重视。首先，在教学方面，教学目标不够明确，内容普遍单一，结构缺乏层次，过分强调幼儿的兴趣点，忽略了对幼儿基本运动能力的培养，难以满足幼儿身心发展的需求；其次，教师自身的体育能力薄弱，缺乏专业的体育知识，在与家长交流、分享育儿知识的过程中，对幼儿机体健康内容的传输不足；最后，幼儿园缺乏专业的运动教育者，无法使幼儿获得专业、系统的体育锻炼，导致幼儿运动教育体系不完善。

（四）《学前教育专业师范生教师职业能力标准（试行）》的指向

有高质量的教师，才有高质量的教育。学前教育师范专业是培养幼儿

幼儿运动教育概论

教师的摇篮，学生专业能力的高低，与我国幼儿教育事业的发展密切相关。为提高学前教育师范专业人才培养质量，从源头上提升教师队伍教书育人的能力水平，2021年教育部办公厅印发了《学前教育专业师范生教师职业能力标准（试行）》（以下简称《能力标准》）。《能力标准》明确提出学前教育专业学生应具备学会研究和反思改进的能力。学会研究：初步掌握教育研究的基本方法，能用以分析、研究幼儿教育实践问题，并尝试提出解决问题的思路与方法，具有总结和提升实践经验的能力；掌握专业发展所需的信息技术手段和方法，能在信息技术环境下开展自主学习。反思改进：具有反思意识和批判性思维素养，初步掌握教育教学反思的基本方法和策略，能够对教育教学实践活动进行有效的自我诊断，提出改进思路。

第二节 幼儿运动教育教学研究的类型

幼儿运动教育教学研究根据不同的标准可划分为不同的类型。了解不同类型教学研究的特点是研究前必须具有的知识储备。

一、基础研究和应用研究

根据研究目的的不同，幼儿运动教育教学研究可分为基础研究和应用研究。

基础研究是指通过阐明新理论或重新评价旧理论，从而发展、完善知识理论体系的研究。基础研究不仅具有发展理论的价值，而且具有"超前"性质和预测未来的功能。应用研究是针对某个具体的问题，运用基础研究得出的原理，提出具有较强针对性的应用理论和方法。如定向运动对幼儿运动能力发展的实验研究；体育活动模块对3～6岁幼儿身体素质的影响；基本动作技能学习对学龄前儿童身体成分与形态发展的影响研究等。这些项目为幼儿运动教育增加一些新的知识点，更重要的是，这些研究成果可以直接指导或改进教学实践活动，解决实践中幼儿运动教育工作者遇到的具体问题。

二、纵向研究和横向研究

根据研究时间的延续性和研究对象所处的状态，幼儿运动教育教学研究可分为纵向研究和横向研究。

纵向研究是指在一个相对较长的时间内对幼儿运动教育中某个现象或问题进行系统的定期研究，也称追踪研究。例如幼儿跑步动作发展规律的研究，从幼儿入园开始，定期评估幼儿跑步动作特征，探究幼儿跑步动作的发展规律。纵向研究要求在研究期限内，反复观察和测量同一个体。其优点是能够系统、详尽地了解研究对象某些特征发展的连续过程以及量变、质变规律。但是纵向研究操作起来难度较大，大多研究对象不易追踪到，常用于个案研究或者追踪时间不是很长的成组研究中。

横向研究是在同一特定时间内，对每个观察对象进行观察与测量，通过比较的方法，对特定因素或各因素间的关系进行分析与观察的研究。与纵向研究相比，可较快获得研究结果，同时避免研究对象的缺失。但是，横向研究可能存在群组效应，且不适用于发展的稳定性问题和早期影响的作用等问题。

三、定性研究和定量研究

根据研究范式的不同，幼儿运动教育教学研究可以分为定性研究和定量研究。

定性研究是以研究者本人作为研究工具，在自然情境下运用观察法、深度访谈法等多种资料收集方法对教学现象进行整体性研究，使用归纳法分析资料、形成理论，通过与研究对象的交流和互动对其行为获得解释性理解的一种活动。定量研究是对教学现象可以量化的部分进行测量和分析，以检验研究者对教学现象某些理论假设的研究方法。研究活动往往在一定的理论基础上，将研究内容分析为某些因素或变量，运用数据进行度量，通过对数据的统计分析形成结论。定量研究注重对研究过程的设计和控制，因而具有客观性和精确性。

四、个案研究和成组研究

根据研究对象选取数量的不同，幼儿运动教育教学研究可以分为个案研究和成组研究。

个案研究是研究选取一个特殊个体或者典型案例进行全面而深入的研究。例如筛选被确诊为孤独症的患儿，并对其进行一学期的适应性球类运动干预，探讨球类运动对幼儿共享式注意力的影响，为提升孤独症幼儿的共享式注意力提供有效的干预策略。个案研究有利于对研究对象进行全面而深入的考察，取得可靠的资料，但研究对象数量少，且往往是具有某种特殊意义的个体或案例，代表性较差，研究结果不具有普遍意义。成组研究则选取较多的研究对象组成若干被试组，对被试者中的每个个体都进行研究。一般来说，研究者根据研究目的和内容，运用一定的方法，从可能的所有研究对象中选取一部分直接的研究对象，并组成若干小组进行研究。根据抽取的研究对象数量的多少，又可分为大样本研究和小样本研究。大样本研究因为样本数量比较多，对总体的代表性较好，研究的结论可推广程度比较高。小样本研究由于数量少，对总体的代表性较大样本研究低，研究结论的可推广程度也低一些。

第三节 幼儿运动教育教学研究的一般流程

幼儿运动教育教学研究是一个系统的探索过程，具备一定的操作流程。一般情况下，幼儿运动教育教学研究至少包括六个基本步骤：①选定研究主题；②查阅文献资料，进行课题论证；③确定研究方法；④拟定研究计划；⑤整理和分析研究资料；⑥撰写研究报告。

一、选定研究主题

在进行任何一项研究之前,研究者必须要思考三个基本问题:即研究什么?为什么研究?怎样研究?其中,思考"研究什么"和"为什么研究"的过程,本质上即是确定研究主题的过程。

1. 研究主题的来源

(1) 从幼儿园体育课程改革中提出问题

幼儿园体育课程改革在基础教育改革工作中备受重视,它要求教师充分考虑幼儿身体发育特点,对各年龄段的学生进行专业化体育教学,并将重点放在幼儿体育兴趣培养、身体素质提高及体育精神的启蒙方面,不宜过度强调训练的强度和动作的专业度。

在新课程改革背景下,教师在幼儿体育课程创建和具体实施过程中做出了一些改变,教学水平也有所提高。比如,幼儿园体育教师在教学方式上,通过游戏化教学开展体育技能的教学,注重幼儿体育精神的启蒙;借助互联网技术,采用播放动画视频的方式,激发幼儿对体育学习的兴趣等。除教学方式外,体育教学资源在幼儿体育教学中也起到重要作用。教师可以在幼儿的日常活动和游戏过程中观察幼儿的兴趣爱好,根据幼儿的兴趣爱好来引进一些训练器材。在场地和资源都得到满足的情况下,体育教学的效果就会事半功倍。

因此,幼儿园体育教师要及时了解国家有关的课程政策,不断关心国内外有关幼儿体育课程改革的热点问题,同时结合本地区、本幼儿园的实际提出问题,形成课题。

(2) 从幼儿体育教学实践中提出问题

任何教学研究问题大都是从教学实践中来再回到教学实践中去。归纳或者反思自身教学实践中的问题,是广大教育工作者,尤其是幼儿园教师最主要的选题方法和途径。幼儿体育教学实践中有很多值得去研究的课题,如我国幼儿体育开展中应处理好的几对重要关系,在体育教学活动中如何发挥幼儿的主体性,幼儿体育教学活动有效开展等;也可以是某一具体科学问题，民间体育游戏在幼儿体育教学中的实践分析，快乐体操在幼儿体育课程中的开展和实施等。

（3）从日常观察中发现课题

在合作玩皮球时，为什么有的小朋友不想参与？在走平衡木时，为什么有的小朋友不敢走上去？在大型运动器械上按照顺序排队玩的过程中，为什么有的小朋友会推开别人？对于幼儿园体育教师来讲，体育课的日常观察是提出研究课题的重要途径。例如"提高幼儿体育活动兴趣的研究""幼儿体育活动组织中应注意的问题""有效开展幼儿体育游戏的措施""幼儿体育活动的影响因素及优化策略"等。

对于幼儿教师来说，日常观察是他们教学工作的重要手段。日常观察不仅是教师了解幼儿、获得教学信息反馈的途径，也是教师思考问题和发现问题的重要策略。这要求教师在平时的工作中，多注意观察幼儿的行为、观察同行的教学行为，从而反思自己或他人在教学中存在的问题，确定研究课题。

（4）从各级课题指南中选择课题

随着科教兴国战略的实施，作为科学研究"龙头"的选题，必然引起各级部门（国家、省、地市机关）教育行政、教育科研机构的高度重视。为了更好地指导教育科学研究工作，提高教育科学研究水平及其成效，教育行政部门及科研机构往往会定期或不定期地制定教育科研课题指南。但是由于这些课题多数属于一般意义上的，带有导向性，范围相对较大，所以教师应根据自身情况加以修正，从大处着眼、小处着手。

（5）从讨论和交流中发现问题

一个人的智慧是有限的，所想的问题往往也比较狭窄，在交流和探讨中更容易碰撞出火花。在教学研究过程中，教师也可以通过某种形式的交流和讨论获得一些信息。在实际生活中也经常遇到这样的例子，听一场学术报告，参加一次教学研讨，甚至同事之间随便聊聊天，都可能促使教师发现一些新的问题，拓宽新的思路。因此，各种形式的交往和讨论，包括研讨会、学术沙龙、交流会都是获得信息、认识新领域，提出新问题的途径。

2. 选定研究主题的注意事项

（1）选定的研究课题必须是有待于解决或验证的问题

如果问题不可能解决或者得不到验证，就不应该选定为研究课题。例如"关于开展幼儿体育活动的几点思考""对幼儿体育舞蹈教学的反思"等题目，由于题目本身不具有问题性，也不需要进行验证和解决，故不适宜作为研究课题。

（2）研究课题不易过大

对于幼儿一线教师来讲，选题不宜过大。如把课题定为"幼儿体育活动的有效开展策略"，往往无从下手。然而如果把课题定为"幼儿园传统体育游戏的开发与应用"，研究目的更明确，更容易操作。有些大的课题在实际操作中也可以分解为若干子课题，子课题再进一步分解为小的子课题。例如"幼儿体质健康发展策略研究"，可以分解为"幼儿体质健康促进的社会支持结构探究"等，这样课题范围缩小了，也更容易操作。

（3）课题表述要准确

首先，研究课题的表述一般包括研究的问题、研究的对象、研究的方法三个部分，如"快乐体操对阳光幼儿园大班幼儿体质健康影响的实验研究"的课题中，研究问题是体质健康，研究对象是阳光幼儿园大班的幼儿，研究方法是实验法。有的课题也可以不写研究方法，但研究对象和研究问题必须要表述清楚。其次，研究问题要具体，研究对象的范围要表达清楚，如"幼儿体育活动开展的特征分析"，研究对象应为全国幼儿园的体育活动，范围太广，无法调查。研究对象的范围不仅关系到研究对象的选取，也关系到研究结论的适用范围。再次，研究课题与论文的题目不同，课题是问题，不宜用肯定的语句表述。最后，研究课题要有可行性，用语要严谨。

二、查阅文献资料

在初步选定课题后，幼儿教师紧接着要做的工作就是查阅文献资料，查阅文献资料也是教学研究过程中的重要环节。

一般情况下，教师在初步确定研究课题时，已经建立在对有关资料的查阅和掌握的基础上。确定选题后进一步查阅相关的文献资料，旨在起到以下作用。

（1）进一步明确研究课题

通过查阅文献资料，不仅可以更全面地了解课题相关的研究背景，清楚问题的来龙去脉，还可以了解前人已获得的研究成果，目前尚存在哪些不足等，便于在前人研究的基础上进一步深入探讨。同时进一步查阅文献，也可以使研究者在对课题全面把握的基础上，进一步开阔研究的思路，丰富自己的研究构思。

（2）为研究提供科学依据、借鉴研究方法

通过查阅文献资料，可以从相关研究成果中受到启发，找到课题研究的线索，从而为科学论证自己的观点提供依据；通过查阅相关文献资料，教师还可以借鉴前人运用的研究方法，这不仅有助于设计自己的研究方案，也可以汲取他人的经验和教训，少走弯路。

（3）提高教师的研究能力

查阅文献资料也是学习和提高的过程。由于受到工作和学习条件的制约，幼儿教师对幼儿运动教学研究领域所涉及的理论和实践问题的认识不够全面，然而以某项课题为中心，进行文献查阅，可以全面掌握幼儿运动教学研究的动态，比较系统地了解该领域相关的理论，也可以广泛借鉴他人的经验，同时在整理、概括、评析文献资料的过程中提高教学研究的能力。

由此可见，在研究课题选定后，通过进一步查阅文献对于丰富课题研究思路、借鉴研究方法等都有重要作用，是幼儿体育教学研究过程中重要的环节之一。

三、确定研究方法

研究方法的选择是幼儿运动教育教学研究中的一个重要步骤。不同的研究问题、研究对象其性质和特点也不同，需选用不同的研究方法。方法选择是否恰当，直接关系到整个研究工作能否顺利进行。在一项研究中选择研究方法，一般要考虑以下三点。

（1）研究方法要根据课题，尤其是研究目的而定，要适合研究对象的性质和特点

教师应根据研究课题、研究目的和研究对象的特点，选择合适的研究方法。例如研究"篮球运动对幼儿体质健康的影响"，首先应考虑使用实验法；研究"父母体育行为对幼儿体育行为的影响"，首先应考虑使用问卷调查法；研究"国内外幼儿体育研究的比较与分析"，应考虑应用"文献资料法"。

（2）要注意研究方法的可行性

由于幼儿群体的特殊性，有些研究方法在使用时存在较多局限，例如，调查问卷法要考虑幼儿的文字理解能力；实验法要考虑实验的伦理性、实验过程中各种变量的控制以及实验的主客观条件等。在选择研究方法时，既要考虑上述因素，也要考虑研究者自身的条件和能力。

（3）要注意多种研究方法的综合运用

一般来讲，对一项问题的研究往往不是只用一种研究方法，而是综合运用多种研究方法。例如对"体力活动、静坐行为与学前儿童体质健康关系的研究"，既要运用加速度计测量体力活动水平和静坐行为，还要用儿童型人体成分分析仪测量身体成分，同时还要运用相关分析、多元回归分析和等时替代回归分析对它们之间的关系进行探究，整个研究综合运用了多种研究方法。在选择研究方法时，既要考虑研究要运用的主要方法，也要考虑研究中应运用的辅助方法。

四、拟定研究计划

研究计划主要阐述课题的研究思路和行动要点，为问题的解决提供科学的方案。制订研究计划是课题研究的重要环节，不仅可以使研究者进一步明确研究的对象、目的、任务、方法、步骤以及时间安排等，从而有条

不紊地进行研究工作，而且也有助于提高科研的效率。

研究计划的内容一般包括：①课题名称；②课题人员的构成及分工；③课题提出（包括课题的来源及选题意义、所选课题国内外研究现状、研究范围、研究假设及目的、对研究现实性和可行性的简要分析等）；④研究目标及主要内容；⑤本课题关键性概念的定义；⑥研究对象及方法的选择；⑦研究方法及实施要点；⑧研究进程的安排；⑨预期研究成果；⑩设备经费预算等。

在不同课题的研究计划中，上述内容在表达的顺序、项目等方面可能有所差异。

五、整理和分析研究资料

研究资料在课题研究中占据很重要的地位，资料是否可靠、准确和科学，直接影响着研究的成功与否。研究资料可以分为外部资料和内部资料。外部资料要通过学习书籍、期刊、学术会议资料汇编等方式获得；内部资料是教师在研究过程中通过观察、调查、测量等手段获得的资料，也称为"第一手材料"，是教学研究最宝贵的材料。研究者在实施研究计划、撰写研究报告之前，最主要的工作就是收集、整理和分析研究资料。因此，研究者要认真对各种资料进行详细记录、选择和分类，同时，为了便于对材料进行分析，还需把收集的资料根据研究任务和材料性质的不同，进行核对考据、挑选淘汰、汇总统计等处理。

幼儿运动教学研究的主要任务是从表面上杂乱无章的现象中，通过偶然的、零乱的现象去看清事物的面貌，认识和掌握事物的本质。为了完成这一任务，就需要对经过整理的资料进行分析。当前教育研究的一个重要特点，就是强调定性研究和定量研究相结合。为此，在研究资料分析中，要注重采用统计分析和逻辑分析两种方法。统计分析是把大量的、散乱的数据资料，依据统计的理论和思维方式，对它们进行描述和推断，将研究对象的本质特征揭示出来。逻辑分析是运用抽象和概括、归纳和演绎等方法，对现象资料进行思维加工，从而去粗取精、去伪存真、由此及彼、由表及里，达到认识事物本质、揭示规律的目的。

六、发表研究成果

教学研究最后的环节就是撰写研究报告，即以文字的形式把研究成果表述出来，说明研究了什么，如何研究，结果怎么样，是否具有一定的价值。写研究报告的主要目的是为了交流和推广研究成果，为理论和实践工作者提供参考和研究的基础。研究成果的形式多种多样，有研究报告、研究论文、规划等，也包括实用教具、计算机软件等。

一般来讲，幼儿体育教学研究报告的撰写有相对固定的结构。如果是对某个教学问题进行调查研究，写成调查报告，一般包括：

①调查时间、地点、目的；

②对调查问题的叙述和成因分析；

③讨论和建议；

④结论。

如果是对某种教学现象进行实验后写成研究报告，一般包括：

①研究选题的来源；

②实验方法、受试者的选择；

③实验实施的具体过程；

④实验结果；

⑤讨论与分析。

若是研究论文，其结构一般包括：

①题目。一般在标题下方标明单位、姓名，也可以写上邮编、联系电话。

②摘要。

③前言，主要包括三个方面：提出课题，说明研究这一课题的理由、意义；交代研究背景，提出需要论证的问题；说明作者论证的方法和手段。其中提出需要论证的问题，是前言的核心部分，体现全文的价值。

④正文，表达作者研究成果部分。

⑤结论。对正文中论证的问题加以综合，概括出要点。结论是实验结果和推理分析的逻辑发展，是课题解决的答案，是全篇论文的归宿。

⑥参考文献。

需要指出的是，无论是研究报告还是研究论文，其写作结构并非一成不变，有时可以将几部分合起来写。如将目的和方法放在一起说明，结果和讨论放在一起写，一边呈现结果，一边进行分析和讨论，等等。关于如何撰写研究报告和研究论文，我们将在第六节中详尽介绍。

第四节 幼儿运动教育教学研究的资料收集方法

幼儿运动教育教学研究的资料收集方法多种多样，可以从不同角度对其进行划分。若根据研究场所不同，可以分为自然研究和实验室研究；若根据资料收集的途径可以分为观察法、调查法、实验法、行动研究法，等等。

研究方法的划分是相对的，在实际的教学研究中，往往需要多种研究方法综合运用。在幼儿运动教育教学研究领域常用的研究方法主要有四种，即观察法、调查法、教学实验法和行动研究法。

一、观察法

1. 观察法的内涵

观察法是指在自然发生的条件下，研究者通过感官或者借助于一定的科学仪器，在一定时间内有目的、有计划地对处于自然状态下的客观事物进行感知、考察并收集资料的一种研究方法。

观察法是幼儿运动教育教学研究最基本的方法之一，是获得第一手信息资料和感性认识必不可少的环节。对于幼儿教师来讲，无论是在日常的教学活动中，还是在幼儿运动游戏过程中，都需要通过观察来了解幼儿的情况，发现问题和解决问题，这属于日常观察的范畴。除此之外，还存在另外一种观察方式：科学观察，它需要研究者按照研究计划，有目的地观察处于自然状态下的研究对象，搜集材料并加以分析的观察方法。日常观察和科学观察之间并不存在不可逾越的界限。

2.观察法的类型

观察法有很多，根据不同的标准可以划分为不同的类型。按照观察方式不同，可分为直接观察法和间接观察法；按照观察性质不同，可分为质的观察（定性观察法）和量的观察（定量观察法）。了解观察法的类型，便于研究者在研究活动中根据研究主题选择合适的观察方法。

（1）直接观察和间接观察

直接观察是观察者直接通过人的感官，对观察对象进行感知和描述的手段。该方法是观察者位于观察对象所处的现场，直接地观察事物发生、发展和变化的现状，也称为实地观察。例如在幼儿运动教育课堂，观察者直接走到课堂，直接对动作质量、课程结构、运动负荷等进行观察和统计，并对获得的信息资料予以分析和处理，获得有关幼儿运动教育课的认识。

间接观察是指观察者借助一定的仪器或者技术手段对观察对象进行观察和描述的手段，或先记录客观事物，再进行深入、细致观察的一种方法。例如，运用摄像机拍摄幼儿在运动教育课堂的表现，可以了解幼儿运动技能的发展规律。

直接观察法和间接观察法在教学研究中均不可缺少。其中，直接观察法是间接观察法的基础，间接观察法是直接观察法的发展。间接观察借助仪器，扩展和延伸了人的感官，而科学仪器观察到的客观事实，最终还是需要依靠人的感官进行思维分析，从而做出客观的认识和判断。

（2）质的观察法和量的观察法

质的观察法也称定性观察法，是观察者在观察过程中重点观察客观事物的性质、特征等定性关系所采用的观察方法。就人们认识客观事物的程序来说，质的观察是最基本的观察方法。在幼儿运动教育教学研究中，评价课堂教学组织教法、教学手段与方法的运用、户外体育活动的组织形式等常用此方法。

量的观察法也叫定量观察法，是观察者在观察过程中不仅要确认是什么，还要确认事物或现象的数量、强度、时间、空间等量化关系采用的观察方法。例如，在课堂教学中，学生脉搏变化与适宜运动负荷强度的关系；人的体质与身高、体重、力量、柔韧性的关系等。

3. 观察法的优点和局限性

（1）观察法的优点

观察法的优点表现为以下几个方面。

①在教学过程中发生的教学现象可以进行即时的现场观察和记录，能够搜集到事后无法收集的资料，同时也能注意到事发现场的气氛和情景，有利于全面把握问题的实质。

②能够得到不能直接报告或者报告可能失实的资料。

③观察研究特别适合以幼儿为研究对象。首先，受幼儿年龄和身心发展水平的限制，其言语表达和理解能力较低，行为的随意性较强，自控力较差，使用其他方法很难奏效，而观察法主要考察幼儿的自然行为表现，无需他们做出超出自身水平的反应。其次，儿童不易受到干扰、不会掩饰，观察结果比较真实。再次，观察法可以捕捉发展中的过程，有利于考察幼儿心理和行为发生发展的全过程及其影响因素。最后，观察法主要针对幼儿外显行为进行观察和记录，相对其他方法而言，所得资料受研究者主观因素影响较小。

（2）观察法的局限性

观察法的局限性主要有以下几点。

①所观察到的多是事物的表面现象或者外部联系，都是一定时间、地点、条件下的社会现象，观察结果带有一定的表面性和偶然性。

②很多运动行为在自然状况下不受观察者支配，重复现象较少。

③观察者的介入可能会引起被观察者的心理和行为变化（即"观察反应性"），影响观察的结果。

④受被观察者活动空间和时间的限制，研究者比较被动，无法观察到全面的情况，不利于全面解释被观察者的行为。

由于观察法上述的优点和局限性，教师在研究过程中要充分利用观察法的优点，客观直接地收集材料；同时尽量控制观察法的局限性，将观察法与其他方法结合使用，避免对研究结果产生影响。

4.实施观察法的基本程序

（1）准备工作

①确定观察主题。由观察对象、观察目的、观察限定范围等三部分组成。例如《关于幼儿体育运动兴趣培养策略的探讨》，对象为幼儿，目的是兴趣培养，观察限定范围为体育运动。

② 制订严密的观察计划。观察计划是对运用观察法的步骤、程序与要求事先做出周密的计划与安排，一般包括以下几个方面。

● 观察目的和任务。观察目的是通过观察要了解的主要问题或内容，或假定存在的某些事实特征；观察任务则是为实现观察目的而要解决的具体问题。

● 选择观察对象。观察对象是运用观察法研究客观事物的具体对象。根据观察的目的和任务，确定观察对象的数量和范围（如运动教育课堂中幼儿的数量，具体的运动水平），是保证研究结果代表性的重要环节。被选定的观察对象既要有一定的代表性，又要有一定的广泛性。在可行性的基础上，保证观察对象的数量和质量，以满足研究目的和任务需求。

● 确定观察内容和观察方法。根据目的和任务确定观察内容和方法，是决定观察成败、成果大小的重要因素。要有的放矢地选择研究课题的中心内容，既要有重点，又要求具有全面性，并根据现有条件确定观察内容的数量和方法。

● 观察指标。观察指标是观察目的与任务的具体体现，制订观察计划中最重要的环节。一个被观察的客观事物对象，从不同的角度可以观察到不同的特征现象，即使从同一个角度去观察，也可观测到观察对象许多不同的指标。因此，在选择观察指标时，必须注意以下几个方面：a.指标的客观性，即选择的指标内容，所有人都能够用同样的方法去观测，且不受主观因素的影响；是观测对象客观存在的较为稳定的现象与特征，具有可观测性。b. 指标的有效性，即所选指标能够反映任务的需要，体现观察对象的特征，而不是选取与观察任务无关的次要因素或无价值的表面现象（如体育课中选择心率变化作为判定运动负荷大小的指标，而非选取学生完成动作的快慢或动作质量指标反映运动负荷）。c. 观察指标的标准化，即选择的指标定义标准化，观察方式标准化，观察步骤标准化，观察记录标准化。尽可能直接量化统计，或借助仪器工具测试。d. 观察指标具有代表性，指标数量不宜多，而应选取典型指标，以便实施观察。

● 统一记录规格与符号。在观察中，很多现象是转瞬即逝的，需要及时做好记录，并力求前后一致。若观察任务是由几个人同时进行，记录要统一规格。事先应设计、印刷统一的记录表格，并规定记录的符号、标准及精确度等，以保证观察过程中准确地记录各种指标数据。

③ 落实相关事项。与观察工作有关的单位及个人取得联系、支持与配合；尽可能多地了解观察对象的情况；统一思想、统一方法、统一规格、统一符号等，并通过实习熟悉观察记录方法；准备观察时使用的工具、仪器等，并检查与核对校准；对拍摄工作的专门准备，包括确定拍摄对象、拍摄速度、特定设计、拍摄预计距离等。

（2）实施观察

在实施阶段应把握以下四个要点。

第一，应严格而灵活地执行计划。一般情况下，观察活动不脱离原来内容，也不超出原有范围。但是如果预定的观察计划在执行中不够妥善，或者观察对象有所变更，尤其是在观察中发现一些新奇而重要的现象时，要及时修订原计划，以便更符合研究目的，取得最佳成果。

第二，选择最佳位置，确保全面观察。在不影响被观察者正常活动的前提下，研究者应处在最佳位置上，努力使内容全部清晰地落在视野中，以便全面获得有关资料。在实际观察中，观察者的注意范围要广，既要抓住重点，也不可忽略那些偶然出现的，或是新奇的现象。

第三，在观察对象较多时要分组，且分工要明确，标准要统一。

第四，抓住重点，寻求本质原因。在观察中，呈现在我们面前的主要是自然发生的一些日常行为和现象，大多是琐碎繁杂的，经常使人感到头绪很乱而不得要领。这就要求观察者善于辨别生活中常见现象中隐藏的重要信息，不要被无关紧要的因素所纠缠。并且，整个观察过程中，始终保持积极思考和高度注意，从而揭示特定行为和事件的本质原因。

（3）观察材料的整理与分析

① 整理观察记录。观察记录仅是对客观事物的现象进行描述的一种形式，若要从观察记录中寻找客观事物发展变化的规律，还需对观察记录的材料进行加工整理。观察结束后，必须全面审核观察记录，剔除错误的材料，并对漏记指标或数据，结合他人同类观察或其他途径进行校补。但是如若依据不充分，则应给予删除，不可随意补充。

② 统计数据。根据不同研究任务需求、不同观察指标的性质特征，对观察材料进行分类加工整理，对量化指标进行专门统计分析处理，以分析某些指标与研究问题之间的相互关系和规律。

③ 数据统计结果分析。根据研究的需要，将研究结果用图或表的形式表现出来。图或表的制作应简明直观、条理清晰。

④ 分析并撰写报告。在整理、分析观察材料后，最后要撰写观察分析报告。

5. 运用观察法的注意事项

（1）尽力减少对被观察者的影响

在观察过程中，当被观察对象是人或人的某种活动时，往往会对被观察者产生一定的影响，使他们的心理或行为产生一定反应性。尤其是在人数较少的情况下，观察者的突然出现，会对被观察者产生某种紧张、惶恐、羞涩的心理，使他们的行为自觉或不自觉地失去常态。若要减少观察活动对被观察者的影响，应对观察者的出现形式、观察方式、观察位置等要根据实际要求灵活掌握。

（2）努力减少观察误差

人的任何观察都会产生误差，就观察者而言，产生观察误差主要有心理因素（兴趣、需要、情绪）、生理因素（感觉器官的感受能力、观察时间）

和其他因素（仪器、光线、角度、距离）等；就观察对象而言，产生观察误差主要有客观事物发展的成熟性、观察活动引起被观察者的反应性心理和行为、人为假象等。若要减少观察误差，应选择合适的观察人员，加强思想教育，充分认识课题的意义，树立高度认真负责的态度；做好充分知识准备。了解和掌握与观察课题有关的各学科理论知识及观察的技术技能；加强感官训练，提高感知能力；充分利用科学仪器，发挥仪器和工具的放大、延伸、记录等功能。

（3）灵活安排观察程序

观察的一般程序有主次程序法、方位程序法、分析综合法。主次程序法，是先观察主要对象、主要部分、主要现象，再观察次要对象、次要部分、次要现象；方位程序法，是按照观察对象所处的位置，采取由近到远或由远到近，由左到右或由右到左，从上到下或从下到上的次序依次观察；综合分析法，是先观察事物的局部（整体）现象，再观察事物的整体（局部）现象，再进行综合分析，得出结论。观察者应根据观察的目的、任务和对象等情况，灵活运用这几种方法。

二、调查法

1. 调查法的内涵

调查法是教学研究中最常用的研究方法之一。无论是自然科学还是人文科学，研究者若要获得关于研究对象的基本事实和资料，对其现状和发展趋势做出客观的描述和预测，或者为进一步的实验研究以及更高层次的理论提供依据，都可以运用调查法。在教学研究中，调查法更是一种被广泛使用且有效的研究方法。

（1）调查法的含义

调查法是在科学方法论和教育理论的指导下，通过运用问卷、访谈、座谈会等方式，有目的、有计划地搜集对某种或某几种教学现象或事实进行考察，从而掌握有关教学实践的现状和发展趋势，或有关的成果和经验、问题和教训，并在大量掌握资料的基础上，进行综合分析，得出科学结论，以指导今后的教学实践活动的方法。

随着我国教育的发展和改革的不断深入，调查法显得日趋重要。教育作为一种社会现象，要研究它的过去、现在及未来，就要进行科学的调查。通过调查某一方面可以为教学研究搜集事实，另一方面可以为各级教育行政部门制定政策、法令、法规和制定教育发展计划提供依据。此外，还可以为教育一线的工作者提供经验教训，以更好地工作，提高教育质量。

（2）调查法的特点

① 间接灵活。调查法不需要在教学现场进行即时的观察，而常常用间接的方法，从侧面对事物进行考察了解，不受现场条件及时间的限制，比较灵活。同时，有些教学现象不能全部被直接观察到，需要用间接的、灵活的方法收集材料。如"父母体育行为对幼儿体育行为的影响研究""幼儿体育素养发展现状及影响因素研究"等，一般都采用调查法。

② 途径多样。调查法的途径是多样的，既可以通过细致的访问、座谈等方式深入研究某些事物或现象，也可以采用问卷的形式对某些事物与现象进行区域性、大范围的调查研究，也可以两者结合。调查法采用不同的途径，可以解决那些无法进行实验或者观察的问题，诸如幼儿体育活动兴趣、幼儿教师体育态度等。在调查中可以选择较多的调查对象，在众多特殊对象的调查比较中找出具有普遍性的规律。

③ 实施方便。调查法不受时间和空间的限制，在时间上可以从当事人那里获得已经过去的事情的资料，在空间上只要研究课题需要，调查法甚至可以跨越地域。根据调查对象的数量，可以采用全面调查、抽样调查和典型调查。由于调查法不局限于对研究对象的直接观察，不受时空和调查对象数量的限制，具有实施方便、效率高的特点。

2. 调查法的类型

（1）根据调查手段的不同分类

根据调查手段的不同可以分为问卷调查法、访谈调查法和测验调查法。问卷调查法是研究者以书面的形式给出事先设计好的、与研究目的相关的问题，让被调查者作答，并通过对问题答案的回收、整理、分析，获取有关信息的一种方法。访谈调查法，也称访谈法，指调查者通过与被访谈对象进行一次有目的的交谈活动，了解调查对象的行为或态度，进而收集所需资料的一种调查方法。测验调查法是以测试题为调查工具，让被调查者填写，并通过量化分析获取所需信息的一种方法。

（2）根据调查目的的不同分类

根据调查目的不同可以分为现状调查、关系调查、比较调查和原因调查。

现状调查主要是调查教育现象真实情况而进行的具体描述或统计一般数据，常用于教育工作者较为关注的现状或现象，能够获得第一手资料。例如"5~6岁幼儿粗大动作发展现状调查""足球运动在幼儿体育活动中的开展现状研究"。

关系调查主要针对两种或两种以上的教育现象进行分析，考察教育现象之间是否存在相关关系，即是否互为变量，其目的在于寻找教育现象的相关因素，进而探索解决办法。如"幼儿运动能力与幼儿园运动环境质量关系的研究""幼儿大解耦动作、运动认知和身体活动水平的关系"。

比较调查时当今常用的调查方法之一，通过比较两个或者两个以上的群体、地区、时期等教育情况，分析不同教育现象之间的相似性、差异性及内在联系的一种调查方法。如"国内外幼儿体育研究的比较与分析"等。

原因调查即因果性调查，主要是寻找某种现象发生的原因。这种方法比较直接，便于发现问题的根本，尽早解决问题。例如"幼儿身体素质下降的原因"。

3.调查法的优点和局限

与其他方法相比，调查法具有效率高，结果可高度量化、规范化、费用低，不必在人员训练方面花费太多的时间和精力等优点。因此，可利用它去研究范围较广、涉及面较大、时间较长的教学现象，如"不同年龄阶段幼儿兴趣问题"等。

虽然调查法在教学研究中应用广泛，但也有一定的局限性，它只能揭示事物之间的某种关联,但不能揭示事物之间的因果关系,所以它常常以某种教学现象的现状为主要内容。同时,调查法要受被调查者合作程度的制约,对其结果的真实性可能会产生一定影响。

4.调查法的实施步骤

调查法在研究程序上各有侧重点,主要包括以下步骤:确定调查课题,制订调查计划,搜集材料,实施调查,整理、分析材料,总结、撰写调查报告。

(1)确定调查课题

在调查前,首先要确定调查方向,确定调查课题。只有明确所要解决的问题,才能减少调查的盲目性,增强调查的自觉性。确立题目时,要注意以下五个方面:①所选题目都应该有调查研究的价值;②所选课题在人员、时间、经费等方面是否具有调查的可能;③题目切忌太大,而应以小见大;④查阅有关材料,明确本课题是否已经有人研究过,目前研究到什么程度,本课题的创新点是什么,避免无意义的重复劳动;⑤注重课题的论证,阐明课题的现实与理论意义。

(2)制订调查计划

制订调查计划是调查研究工作是否顺利进行的重要保证,一个好的调查计划往往是成功的良好开端。调查计划一般包括以下五个方面。

①明确调查课题的目的,包括调查课题的具体名称、主要内容以及此次调查的主要目的和意义。

②确定调查对象和范围,即对哪些人进行调查,以及调查对象的年龄、性别、抽样方法和样本容量等。

③具体说明用哪一种手段和方法进行调查。

④说明调查分为几步进行,每一步的具体内容和时间安排以及完成的期限。

⑤说明调查所需经费的来源和预算,以及如何使用这些经费。

由于事情一直处于动态变化中,初步制订的研究计划是否适合不断变化的情况,只有在调查活动的实践中加以检验。此外,为了使计划更加切合实际，可以先进行探索性调查，初步了解调查对象的情况或者征询有关专家的意见，进一步修订和完善研究计划。

（3）收集材料，实施调查

收集材料，即在调查过程中采用问卷、访谈、开座谈会等手段全面收集资料。为了保证所获材料的信度，在收集材料时，应注意以下四点。

①在调查过程中，调查者不能带有任何主观偏见和倾向性，也不能任意舍取材料，尽可能保持材料的真实性和客观性。

②当多个调查人员采用座谈会或者谈话等手段时，必须采用统一的标准、统一的表格做调查记录，否则会影响材料的信度和效度。

③由于"意见"往往具有主观色彩，在收集材料时切勿将事实和意见混在一起。另外，对被调查者提供的材料还要进一步核实，以保证材料的可靠性。

④尽可能采用多种手段或途径，从不同的角度和侧面，不同层次和环境广泛地收集材料。

（4）整理、分析材料

调查过程中收集到的材料称为原始材料，需要对之进行整理和分析，才能发现教育现象和事物联系的规律，解答调查者提出的课题。材料的整理主要有检查、汇总、摘要和分析四个步骤。

检查主要是从材料的完整性、一致性、可靠性等方面进行；汇总是把收集到的原始材料进行归类、分组和统计，使错综复杂的原始材料成为简洁的、便于分析和研究的材料；摘要是在整理材料的过程中，有系统地摘录内容丰富、生动具体的原始材料，使资料分析不局限于抽象数据；分析应该从定性和定量研究入手，并尽力使两者结合起来，既从数量方面具体分析事物的特征和变化，又可以进行理论分析，以深入地掌握事物的性质特征及其规律。

（5）总结、撰写调查报告

撰写调查报告是调查研究过程中的最后一步，也是最重要的一步。单纯地进行调查研究不具有任何意义，只有认真叙述结果，进行交流，才能真正发挥调查的作用。

调查报告，不是东拼西凑地罗列情况，而是一项实事求是的艰苦工作和创造性劳动。调查报告与调查研究同等重要，必须认真写好调查报告。

5. 问卷调查法及其运用

（1）问卷调查法的含义与特点

问卷调查法是研究者用严格设计的统一问卷，以书面的形式与被调查者进行交流，收集研究对象关于某种问题或现象的信息或资料的方法；是研究者向研究对象收集资料和事实的一种工具。在幼儿运动教育领域，它既可以描述某种社会现象的主要特征，也可以解释客观事物发生与存在的原因，还可以测量在体育活动中人们的行为、态度等。

问卷调查法是体育科学研究中常用的调查方法，它具有简便易行、省时、省力、覆盖面广、信息量大等特点。尤其是匿名问卷，无须调查者与被调查者当面谈论敏感性问题，这有利于消除调查对象在心理上的顾虑，容易获得较为真实的材料。

但是，问卷法也存在一定的局限性，被调查者由于各种原因可能对问题做出虚假或错误的回答，并且这种回答大多数是无法确证的；由于调查对象的不同态度、环境，总有一部分不作回答，无法全部回收调查问卷或回收的调查问卷为无效问卷。因此，为保证问卷所设计问题的正确性，通常需要在发放调查问卷前，先对问卷的信度和效度进行校验；同时还应考虑到邮寄遗失或不愿回答等因素，问卷发放前后，对问卷的回收率进行预测和统计。

（2）调查问卷的结构

调查问卷的结构一般包括问卷标题、封面信、问卷的具体内容、问卷编码等四个部分。

①问卷标题。标题是调查内容的高度概括，它既要与调查内容一致，又要注意对被调查者的影响。

②封面信。在问卷的开头，有一个简要说明调查的目的意义、调查者及调查结果的使用范围、保密措施、填写问卷的要求和注意事项、致谢语

等部分，其目的在于引起被调查者对问卷的重视和兴趣，使其对调查给予积极的支持和配合。因此，该部分的语言措辞要言简意赅、文笔亲切，不能太随便草率。

③问卷的具体内容。问卷的具体内容是由具体问题组成，供被调查者填写回答。这是研究主题的具体化，是问卷的核心部分。问卷中的问题从内容上可以分为事实和行为性问题、原因或理由性问题、态度或情感性问题、环境性问题等。

● 事实和行为性问题。主要是客观存在或已发生的行为事实。包括客观存在的事实，如年龄、性别、职业等；包括是否做过某事、做过多少等；也包括行为发生的时间、地点及行为方式等内容。此类问题有助于进一步了解被调查对象的具体情况，也可以了解被调查对象对其他人信息的了解情况。

● 原因或理由性问题。此类问题通常是对某一类行为出现的进一步说明。例如，为什么这样，为什么去做等。

● 态度或情感性问题。态度是一个人对某类事件结合自身经历、素质、倾向等给出的综合看法。如赞成、不赞成；喜欢、不喜欢；愿意、不愿意等。此类问题无法直接测量，只能从人的言语、行为以及其他方面加以间接判断。一般调查某一群体意见倾向时，采用这类问题。

● 环境性问题。主要对那些影响或涉及人们的思想观念或行为的环境因素进行调查。如家庭、工作单位、学习场所，等等。

④编码号。该部分内容适用于规模较大、需要运用计算机统计分析、所有资料需要量化的调查问卷。一般在问卷主题内容的右边留统一的空白，按题目答案的顺序编上数字号码，即为该答案的代码。整个问卷有多少种答案，就要有多少个编码号。如果一个问题有一个答案，就占用一个编码号；如果一个问题有三种答案，则需要占用三个编码号。

（3）调查问卷的发放和回收

①问卷的发放。一般采用当面填写、邮寄、集体组织分发这三种方式进行问卷的发放和回收。邮寄方式比较省力，但由于某些具体原因，如问

题设计较为敏感或者被调查者心情问题等因素导致回收率较低。集体组织分发的优点是发放和收回比较快速，但是由于是集体填写，所以被调查者易受他人影响。当面填写的方式回收率较高，遇到不明白的问题被调查者和调查者可以及时沟通，从而使被调查者能够积极合作。

② 问卷的回收。对回收的问卷，在剔除废卷的同时要统计有效问卷的回收率。一个研究的成功与否与问卷有效回收率密切相关，它是真实可靠资料的保证。如果回收率过低就应该进行调查补充。一般来说，回收率如果在30%左右，资料仅作为参考；50%以上，可以采纳建议；70%以上，可作为研究结论。一般问卷的回收率不少于70%。

6. 访谈调查法及其应用

（1）访谈调查法的含义

访谈调查法是指调查者通过与调查对象的交谈来收集资料的方法。访谈的内容大致可分为三类：一是事实的调查，要求被访谈者提供所知的一般情况；二是意见的征询，即征求被访者对某个教育问题的看法、意见和建议；三是了解个体的内心世界和心理动机，乃至家庭情况和社会关系等。

（2）访谈调查法的优点和局限性

① 访谈调查法的优点。访谈调查法是教学研究必不可少的手段，特别是向幼儿或者文化程度较低的人做调查更是如此。访谈调查法可以对问题进行范围广泛的研究，既可收集现时的资料，也可收集过去的资料；既可用于定性研究，也可用于定量研究；既可了解实际情况和行为表现，也可了解主观动机；既可用于检验假说和理论，也可提出假说和理论；并且访谈员可以对问题进行仔细的追问，进而对问题进行深入的研究。访谈员可以根据受访者和访谈进程的具体情况，灵活采取各种方法，有针对性地收集材料，例如受访者对问题存在误解或对题目存在疑惑时，可以及时给予解释。

② 访谈调查法的局限性。调查访谈调查法也存在一些不可避免的局限性。首先访谈调查法比较依赖于访谈者的个人素质，如果访谈员访谈技巧较差，态度生硬，将造成受访者不予合作或提供虚假信息；如果访谈员带

有主观偏见也可能对受访者产生重要影响。由于访谈调查法不具有匿名性，一些敏感性问题或者涉及个人隐私的问题不适宜进行访谈。访谈调查法需要寻找和培训访谈员，需要抽样，需要制订访谈提纲、录音笔和记录纸，需要支付访谈员劳务费，需要更多的时间整理访谈记录，并且每次访谈仅能采集一个样本的资料，所以访谈调查法较为耗时、耗力和耗钱。

（3）访谈的实施

① 访谈前的准备

● 制订访谈计划

制订访谈计划是保证访谈能够顺利进行的前提。访谈计划应对访谈中的主要问题（如访谈目的、内容、对象及时间等）做出明确规定；编写好访谈提纲，进行组织分工等。

访谈计划首先应明确采用的访谈方式。一般而言，访谈方式应根据研究目的确定。若是探索性研究，常选择非结构性访谈，并列出访谈提纲；若要验证某个假设或者获取多人的态度，常选择结构性访谈。此外，在确定访谈类型时还应考虑人员、时间、经费是否充足等。

在制订访谈计划时，还应考虑访谈的内容，即访谈的具体问题。访谈内容大致可以分为三类：事实调查，由被访者提供自己知道的一般情况；意见征询，征求被访者对某些问题的观点；个人基本情况，包括个人经历、兴趣、爱好、动机以及家庭情况、社会关系等。

为提高访谈的质量和效率，还应考虑访谈的时间、地点、场合等因素。如果被访者是个人或人数较少，访谈时间、地点和场合最好由被访者选择。如果是集体访谈，可以征求被访者的意见，由访谈者和被访者双方确定比较合适的时间、地点和场合。

访谈计划中还应考虑所需的工具，如访谈问卷、访谈提纲、访谈记录表、各种证明材料、证件、采访机、录音机等。

● 编写访谈问卷和访谈提纲

在结构性访谈中，需事先编制访谈问卷，该问卷大体上与调查问卷中的书面问卷类似，但访谈问卷并不是由被访者书面填写，而是由访谈者以口头提问的方式提出,所以问题的设计更注重表述的口语化。除了按顺序排列的访谈题目、答案外,也包括访谈的相关资料,如被访者的个人基本资料、访谈日期、地点等。

在非结构性访谈中,被访者有较大的表述自由,但为了紧扣主题,达到预期的结果,访谈者在进行访谈前应制订一个大致的提纲,确定访谈的程序、主要问题以及排列的顺序。访谈提纲是访谈者将需要获取的重要资料,以问题的形式向被访者提出。在访谈进程中,如果被访者在介绍自己的情况时,提及调查需要了解的其他内容,访谈者可以不必拘泥于问题的顺序,可按照访谈进程灵活掌握。在访谈结束时,如果提纲中列出的重要问题尚未提及,访谈者要主动提示被访者,以便获取所需的信息资料。

● 选择访谈对象

访谈的成功与否与被访者有直接的关联,因此,选择合适的访谈对象是访谈法中的重要环节。

选择访谈对象首先应考虑的是访谈目的。根据访谈目的确定访谈的总体范围,然后在总体范围中进行随机抽样,选取调查具有代表性的样本。访谈样本量的大小,大多数是根据调查研究的目的和性质决定的。一般来说,探索性研究采用较小的样本,验证性研究则需要较大的样本;横向访谈、结构性访谈样本可以多一些,纵向访谈、非结构性访谈样本可以相对少一些。另外,选择访谈对象还要了解被访者的有关情况,如被访者的性别、年龄、职业、文化水平等,分析被访者能否提供有价值的材料。

● 预约

在进行正式访谈前,应事先与被访者预约。可以先通过电话与被访者联系,征求对方的意见,双方确定访谈的时间、地点和场合,然后再发一份较为正式的书面通知给对方,简要、清楚地说明访谈的目的、意义、需要访谈的主要问题等,并表明研究者的身份以及单位,访谈时间与地点,告知访谈者的姓名。

② 预谈

为了保证访谈的顺利进行,可在正式访谈之前,安排一次预谈,以检查设计的问题和提问的方式是否恰当，被访者的回答是否与要获取的资料吻合。需要注意的是，预谈的对象应与正式访谈人员不同，但两者的情况应尽可能相似；并且预谈也要做详尽的记录，以发现问题的不足，如果需要，可以追问一些补充问题，以了解被访者的真实想法。预谈结束后，若发现设计不足，应及时调整和修改。

③ 正式访谈

正式访谈是访谈调查法的关键环节，访谈者要做好充分准备，把握好访谈的整个进程。

● 开始阶段：尽快接近被访者，争取理解和支持

若是初次访谈，访谈者可以采用自我介绍或者熟人引见的方式，尽快接近被访者，增加对访谈者的信任。必要的情况下，访谈者也可出示自己的有关证件，以消除被访者的疑虑。

● 进行阶段：建立融洽的访谈气氛，按计划进行访谈

良好的气氛是保证访谈成功的重要条件。在双方有了初步的接触以及被访者有意愿接受访谈时，可以从关心被访者开始，建立对对方的信任；可以从对方熟悉的事情、关心的社会新闻谈起，消除对方紧张戒备的心理，在建立初步的融洽关系后，再进入正题。

● 结束阶段：掌握时间，礼貌致谢

根据国外的研究，被访者保持注意力的时间为：电话访谈20分钟左右，结构性访谈45分钟左右，集体访谈和非结构性访谈不要超过2小时以上。具体地，访谈什么时间结束，应以不妨碍被访者的正常工作和生活为原则。

在访谈接近尾声时，访谈者除要注意被访者回答的内容外，还要时刻观察被访者的表现。如果被访者仍然兴致勃勃地对某个问题发表意见，只要与调查内容相关，访谈者就应该继续认真倾听；如果访谈任务结束，被访者所谈内容与调查关系不大，则可以用委婉的方式暗示被访者访谈可以结束，如"我今天想了解的就是这些问题"。如果被访者说话的音调降低和节奏变慢，或者不停地看时间，应考虑尽快结束访谈。

访谈结束时，要向被访者表示感谢，如"谢谢您接受我们的访谈，您

的谈话对我们的帮助很大"。如果这次访谈尚未完成任务,还需进一步调查,应该与被访者约定下次再访的时间和地点,最好还要说明再次采访的主要内容,让被访者有个思想准备。

④ 访谈记录的分析与整理

每次访谈结束,均应对访谈记录进行初步整理,以判断是否已经获取所需的信息,是否需要重新访问。访谈中以为搞清楚的问题,在整理资料过程中可能发现有些问题还不清楚。为了保证资料的准确性,对于关键性问题则需要重新访谈。

采用不同的访谈方式得到资料的性质也不同。结构性访谈通常获取数据资料,可以用统计方法处理;非结构性访谈获得的资料是描述性资料,对这些资料的处理,要做到条理清楚、准确分类、主次分明。

最后,根据研究的目的对加工处理过的资料进行综合分析。在对问题产生的原因做深入分析和论证之后,得出研究结论,撰写调查报告。

三、教学实验法

1. 教学实验法的内涵

教学实验法是从实验研究中衍生出来的一种实践活动,它不同于一般的实验研究,是为解决现实中的教育问题,依据一定的理论假设,有目的、有计划地干预教学过程,探索教育现象之间因果关系的一种研究方法。

虽然教学实验是从自然科学中衍生出来的,但与自然科学研究相比,具有自身独特的特点。首先,教育实验法具有教育性,必须遵循教育的基本规律,而不是机械地照搬其他学科的方式进行实验研究;其次,教学实验法的对象是人或人的活动,世界上没有一种活动是比人的活动更复杂、更微妙、更难于探索的。例如在儿童心理实验中,对幼儿学习兴趣的培养,不是仅仅依靠外界物质条件的控制就能解决的,只有长期地、反复地深入儿童的内心世界才能得出科学结论。因此,教学实验法要有比自然科学等学科更为复杂的、更为高级的操作技术和方法。

2.教学实验法的优点和局限

（1）教学实验法的优点

①研究内容的丰富性。教学实验法的研究领域极为宽阔，既可以研究幼儿身心发展的许多现象与现象之间的关系，也可以只研究某个现象；既可以对多个幼儿园进行研究，也可以只对个别幼儿园进行研究；它既可以对某个现象或某个幼儿进行追踪研究，也可以进行短期探索。

②研究过程的计划性。教学实验研究不同于其他的教学研究活动，它具有严密的计划性。比如，进行教学实验研究时，对被试的选择、研究材料和工具的确定、实验程序的使用等一系列过程进行严格的计划。

③研究结果的科学性。教学研究是一种独立进行的实验活动。它要主动地变革研究对象，要对与实验无关的因素进行人为的控制，排除无关因素的干扰，获得更为科学、可靠的研究结果。

（2）教学实验法的局限

①教学实验的难度较大。教学实验研究的对象是人、人的心理及行为。人是世界上最高级的动物，人的心理、行为也是最为复杂的活动，因此，对人的各种现象的揭示是难度较大的一种活动。

②教学实验对条件和操作者的要求较高。由于教学实验研究是一系列的活动过程，要对假设进行界定，要进行研究设计，要对变量进行操作，要对无关因素进行控制，要人为地控制或创设一定的情景，排除无关因素的干扰等，才能科学、真实地显示实验结果。因此，对实验的条件要求比较高，任何一点疏漏都可能导致整个实验失败。

3.教学实验设计的原则

（1）确定变量关系

在教学实验研究中一定有三种变量，即自变量、因变量和无关变量。任何一项教学实验均是根据研究目的，操控自变量，控制无关变量，观测因变量，进而揭示自变量和因变量之间的因果关系。

（2）取样在量上和质上均要有代表性

从总体中选取一部分作为研究对象，抽取的这一部分即为样本。因研究性质不同，抽取样本的量也存在区别。对于计量资料的样本，若误差控制比较好，样本量达到20～30例即可；计数资料样本含量要多些，即使误差控制较好，样本含量也要达到30～100例。

（3）教学实验分组

在教学实验研究中，接受自变量刺激的一组对象称为实验组，不接受自变量控制的一组称为对照组。设置对照组的目的是将研究本身对实验对象的影响与自变量的影响区分开来，因此，要求实验组和对照组在实验开始前，各方面条件和状况无显著性差异。

4.常见的实验设计

（1）自身比较设计

自身比较设计，也称自身对照，即每个人每次实验进行两次及以上的观察，并比较其结果反应。即选择总体中的一部分作为实验对象，在实验对象身上施加相同的刺激的实验，对每个样本进行实验前后的自身对照观察，然后比较两次观察效果的差异情况，这种差异即为施加因素后对实验对象产生的独特作用。

自身比较设计的优点是可以节省样本数量，能够严格控制实验条件，在体育研究领域中被广泛采用。但是，这种设计的前提是实验对象的基本条件在实验过程中是不发生变化的。而在较长时间干预的实验中，某些人群尤其是幼儿中的某些指标本身会有自然增长变化的（如身高、体重、身体素质等）。所以这种实验的时间不宜过长，并注意选取相对稳定的观测指标。

（2）组间比较设计

组间比较设计是将样本分为实验组和对照组，选择两组或两组以上的实验对象，对其实验结果进行比较的方法。该方法施加因素单一，目标明确，控制条件清晰，结果可靠性较高。

对两组进行对比实验，要求两组的基本条件应相同，满足实验样本的条件要求；两组的样本量也相同，以严格控制误差。然后通过某种实验步骤，对实验组施加某种因素，并对两组进行相同指标的测试，以确认施加因素的作用。

（3）双重对照设计

上述两种实验设计，各有优缺点和适用条件。组间对照设计要求随机分组，对照组除了不施加因素干预外，其他条件应与实验组保持一致，且两组间的一致性越好，无关因素对实验结果的影响就越小。自身对照设计是实验前、后各测一次，前测和后测的顺序是固定的，因此属于非随机对照；同时在实验组没有设置对照组，无法区别无关变量的影响，有可能导致错误的结论。

在上述两种实验设计中，若对非施加因素和样本条件加以严格控制，结果则较为可靠。然而，在体育科学研究中，有时达不到上述要求条件，这样自身对照因未设置对照组，难以排除非施加因素的不一致性带来的后果，使结果中有混杂的成分。在组间对照实验时，要求完全随机分组，使两组的条件达到高度一致性很困难。若两组样本的一致性较差而用假设检验去分析判断，易造成判断有误。这样自身对照和组间对照可能会出现以下几种情况。

①自身对照组。实验结果表明有效，但有可能是非施加因素导致的效果；实验结果表明无效，但有可能是非施加因素的干扰抵消了施加因素的效果。②组间对照组。施加因素本来无效，但因为两组的非施加因素的不同而产生差异，被认定为施加因素的效果；施加因素实际有效，但因为两组非施加因素不同而产生的差异，抵消了施加因素的效果，导致实验结果无效。

为了克服上述两组实验分组时可能产生的判断错误，可采用"双重对照设计"的实验方法，即实验对象随机分为两组，既有组间的比较，又以实验前为自身对照，对两组间实验后的差值进行对比分析，以判断施加因素的效果。

（4）配对比较设计

为了严格控制实验条件，尽量减少样本的误差，研究者们有时会将抽出的实验样本逐一配成条件相似（相同）的对子，进行对比试验，称为配对比较设计。配对比较设计分为单个配对和群组配对两种。单个配对常用于不同项目运动员之间的某些特点的不同，如比较篮球和足球运动员耐力素质的不同。群组配对是将每一个单个配对，变为数对，进行群组设计。

配对的每对样本要求条件尽量相同，但允许存在一定差异。然后，将每对样本随机分配到两组，以其中一组为对照组，另外一组为实验组，并且确保两组人数相同，基本条件相似，进行对比实验。

四、行动研究法

1. 行动研究法的内涵

行动研究是适合于广大教育工作者的一种研究方法。它既是一种研究方法，也是一种新的科研理念。教育研究可以从不同的角度进行分类，以研究目的和研究者为变量，可分为两大类：第一类是以科学的方法研究别人的问题，研究者通常是大学教师、科研人员，其目的在于建立较为普遍的原理、原则；第二类是以科学的方法研究自己的问题，研究者通常是学校教师和行政人员，其目的在于应用，而不是理论的建立和发展。对这两类不同性质的活动，西方社会科学工作者分别以"行动"和"研究"的概念来表述。到了20世纪30年代，人们开始把"行动"和"研究"两者结合起来表述为"行动研究"。

"行动研究"有两层含义：其一，行动研究是实践性强的研究。它是在行动中研究，在研究中提高，是以问题是否解决，工作有无改进等作为成功与否的判断依据；其二，行动研究是一种综合性研究，它根据研究问题的性质和研究过程的需要，借用各种教学科研方法如观察法、调查法、实验法等进行研究。

2. 行动研究的特征

（1）行动研究的基本特征。行动研究成为教学研究的一种趋向，"为行动而研究""在行动中研究""由行动者研究"这三点体现了行动研究的基本特征。

①为行动而研究。行动研究是"以实践为中心"，以改进实践本身为目的，而不是为了建构或论证理论。

②在行动中研究。行动研究是在教师工作的实际环境中进行，它要求教师有对实际问题的敏感能力，有适时调换研究方法的应变能力。

③由行动者研究。从事行动研究的人也是应用研究结果的人，即研究结果的应用者也是研究结果的产出者。

（2）行动研究的主要特点。行动研究不同于一般的学术研究，主要体现在研究目的、研究情境、研究主体和研究方法等方面。

①研究目的。以解决教学实践中遇到的问题为主。行动研究关注的不是纯粹的理论或学术问题，而是解决教育工作者、幼儿教师遇到的亟待解决的实践问题。通过行动与研究结合，透过实践行动来改善教学工作情景中所面临的问题，进而改善幼儿教育实践工作情景。

②研究情境。指行动者实践工作的情景。行动研究旨在解决幼儿园教师实际工作环境中所遇到的问题，它以幼儿园教师的实践情景为依据进行研究。行动研究适用的范围较小，与幼儿教师工作无关的情景通常不在行动研究的范围之内。由于每位教师所处园所、任教班级的不同，采取的教学方法和手段的不同，使得行动研究的情景具有独特性，其研究结果不宜做情景推论，无法类推到其他的实践情景。

③研究主体。指实践工作者。在行动研究中，教师成了研究的主体，不再是被动地接受专家学者的研究成果，而是对自己所从事的教育实践进行研究，通过研究与行动密切配合，提高专业能力和教学质量。

④研究方法。质量结合，以质为主。在行动研究过程中，量或质的研究方法均可采用，但多数情景中，以质的研究方法为主，在资料的验证上常采用多种方法搜集资料。但无论采用何种方法，均要确保收集的资料客

观真实，确保研究的科学性和可靠性。

3.行动研究法的操作模式

（1）行动研究的基本模式。行动研究有多种模式，在实施的具体步骤方面有一些差异，但基本的操作过程方面，它们的思想是相同的，包括行动研究的起点是对问题的界定和分析，并且行动研究应包含对计划及其实施情况的评价，并在评价的基础上改进行动。

①勒温行动研究模式。勒温是行动研究的先驱，不仅提出行动研究这个词，还提出行动研究应包含计划、行动、观察和反思四个环节，建立了行动研究螺旋循环操作模式，如图8-2所示。后来进一步把反思后重新修改计划作为另一个循环的开始，从而把螺旋循环模式做了修正，如图8-3所示。修正后的图即为行动研究操作的基本架构。

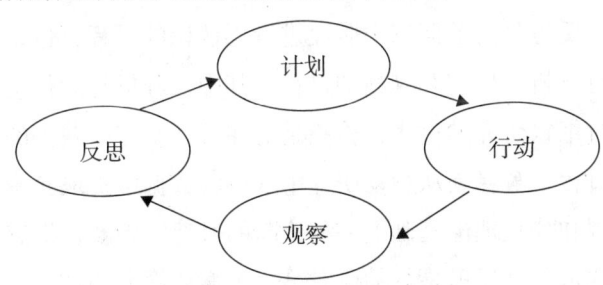

图8-2　行动研究螺旋循环模式

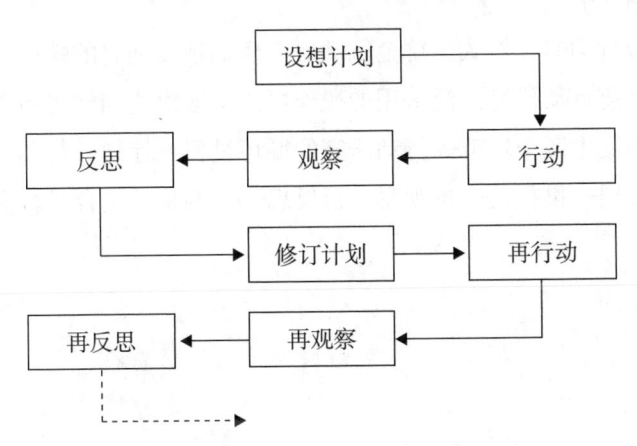

图8-3　行动研究螺旋循环模式修正图

● 计划。计划是明确问题、分析问题、制订计划的过程。教师根据分析制订出具体的实施计划，包括计划实施的具体目标，解决问题的途径和方法，行动的步骤和时间安排，人力、物力、财力的支持等方面。

● 行动。行动是把计划中设计的解决问题的途径和方法付诸实施，这是行动研究的核心步骤。行动研究是在正常的教学环境中进行的，但需要明确问题的种类、范围、形成原因等；制订详细的计划实施步骤等。

● 观察。观察是指对行动情况进行观察和记录，收集有关资料，以便对计划有一个大致的了解。观察的主要内容有：一是行动背景因素以及影响行动的因素；二是行动过程，包括什么人以什么方式参与了计划实施，使用了什么材料，安排了什么活动，有无意外变化，如何排除干扰等；三是行动结果，包括预期的与非预期的、积极的和消极的结果。

● 反思。反思是对前面三个阶段进行再认识的过程，也是对前一段的行动结果进行分析、检查和判断的过程。其中，分析是对行动研究中所获得的信息进行细致研究的过程；检验是对在行动研究中获得的资料进行多角度的判断过程；解释是从行动研究中获得的数据中提取其意义，并建立在个人世界观和公众理论基础上一种论断的过程；判断是把感性认识提升到理性认识的过程。反思是行动研究第一个循环周期的结束，也是过渡到新循环周期的中介。

②德金行动研究模式。德金行动研究模式是以勒温的螺旋循环模式为基础，是目前行动研究广泛采用的操作模式。该模式同样也包含计划、行动、观察和反思四个环节。行动研究的循环过程：计划—行动—观察—反思—调整计划—再行动—再观察—再反思—再调整，结合教育实际具体见图8-4。

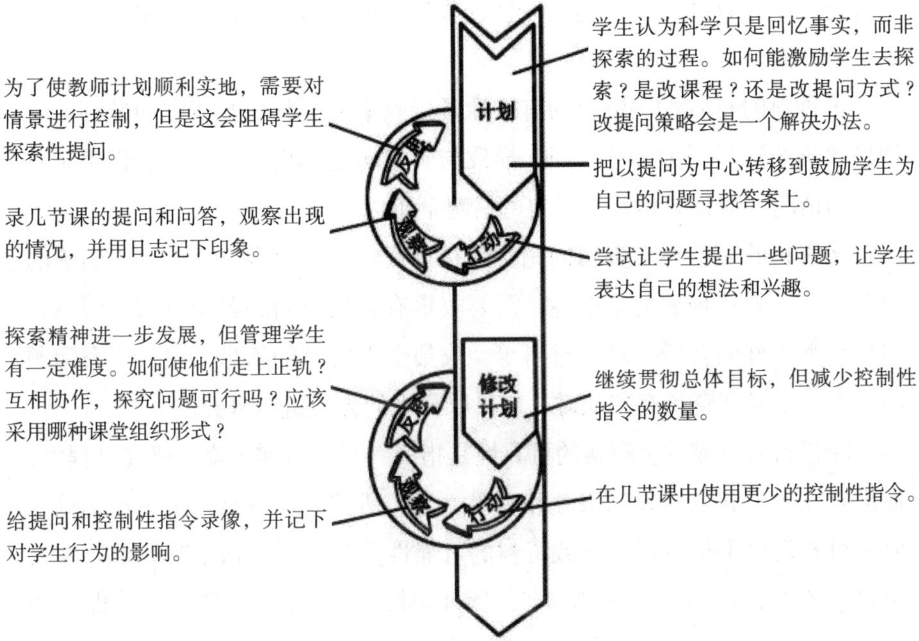

为了使教师计划顺利实地，需要对情景进行控制，但是这会阻碍学生探索性提问。

录几节课的提问和问答，观察出现的情况，并用日志记下印象。

探索精神进一步发展，但管理学生有一定难度。如何使他们走上正轨？互相协作，探究问题可行吗？应该采用哪种课堂组织形式？

给提问和控制性指令录像，并记下对学生行为的影响。

学生认为科学只是回忆事实，而非探索的过程。如何能激励学生去探索？是改课程？还是改提问方式？改提问策略会是一个解决办法。

把以提问为中心转移到鼓励学生为自己的问题寻找答案上。

尝试让学生提出一些问题，让学生表达自己的想法和兴趣。

继续贯彻总体目标，但减少控制性指令的数量。

在几节课中使用更少的控制性指令。

图 8-4 德金行动研究模式

第五节 幼儿运动教育教学研究资料的整理与分析

一、文字资料的整理和分析

1. 文字资料的整理

文字资料一般是以文字形式记录的反映研究对象意见、态度以及性质、特点的描述性资料。文字资料因其量化水平较低，甚至不能量化，因此只能做定性分析。在对文字资料进行分析之前，首先要对资料进行整理，以使资料更加系统化、条理化。文字资料整理的程序及主要内容可归纳为审查、分类归纳和汇编三个方面。

（1）审查。为保证原始资料符合研究要求，首先要对收集的原始资料进行逐一审查和分析，达到去伪存真的目的。审查的内容主要体现在以下三个方面。

①资料的有效性。资料的有效性是指收集的资料应与研究问题相关，如果收集的资料因为各种原因，导致与研究问题偏离太远或无法说明研究问题的情况，应认真辨别，必要的情况下予以删除。

②资料的完整性。资料的完整性是指资料是否存在不完备、不明确的情况。由于教育现象的复杂性，需要收集有关研究问题各个方面的资料，包括行为事件的背景、环境材料等。收集全面完整的信息是深入研究问题的根本，当发现资料有欠缺时，应采取合理的方法进行补充。

③资料的可靠性。资料的可靠性是指资料是否真实可靠。研究过程中，如果研究人员获取资料的来源和手段不当，研究人员带有一定主观偏见，研究对象动机不纯等都会导致资料的可靠性受到影响。访谈时如果研究人员措辞不当，给研究对象造成心理负担时，也会导致收集到一些虚假的信息。

（2）分类归纳。为便于研究分析，使大量原始资料条理化和系统化，需要对其进行分类归纳。分类，即将审查过的原始资料按照某种标准分为若干类别。既可以根据研究目的或研究内容进行分类，也可以根据资料的形式、特点和来源进行分类，但在同一个研究中，应保证分类的标准要统一。归纳是对每一类别资料进行概括，说明其主要特点，如资料反映出的主要观点、在研究中的主要用途等。

（3）汇编。汇编是在审查和分类归纳的基础上，进一步对研究资料进行汇总和编排。汇总是将各类别的资料整理在一起，以方便后续研究中的使用。同时为了方便查找，还要对研究资料按一定次序进行编排，并注明各部分内容，收集的时间、地点、方法等。

2. 文字资料的分析

（1）文字资料分析的概念。文字资料分析是在对研究者收集到的文字资料进行审查、分类归纳、汇编的基础上，进行逻辑和意义分析的过程，进而揭示事物的内在特性。

（2）文字资料分析的主要方法。文字资料分析主要采用逻辑思维的方法进行，有比较和分类、归纳和演绎、分析和综合等，但运用最为普遍的是归纳法中的科学归纳法。

①归纳法的分类。归纳是从已有的事实或个别结论出发，概括出一般性或普遍性结论的思维方法，即从个别推论出一般。归纳法可以分为以下三种类型。

● 完全归纳法：是指从所有的个别事实以及各部分中归纳出一般性结论的研究方法。这种方法结论比较可靠，但由于个别事实比较繁杂，难以一一考察，所以当研究对象数量比较多或研究内容比较复杂时，难以应用。

● 不完全归纳法：又称简单枚举法，是从研究对象部分事实或要素中得出一般性结论的方法。因为其结论仅来自部分事实或要素，无法保证结论完全正确。

● 科学归纳法：又称因果联系归纳法，是根据事物的因果联系，分析出某研究对象部分事实或要素的特征后，再推断出研究对象所有事实或要素都具有某种特性的推理方法。这种方法既比较可靠，又方便使用，因此，在幼儿运动教育研究领域中被广泛使用。

● 求同法：在各种不同场合下观察相同的现象，如果这些场合中只有一个共同条件，则此条件即为该现象发生的原因。

● 求异法：如果某种条件在第一个场合出现，而在第二个场合不出现，且这两种场合中只有这一个条件不同，那么该条件即为这种现象发生的原因。

● 共变法：如果某种条件发生变化，所研究的现象也随之产生变化，那么该条件即为这种现象发生的原因。

● 剩余法：如果已知某一现象是由另一原因引起的，那么，除去已确定因果关系的部分，所余部分也是因果关系，即剩余原因部分为剩余结果的原因。

二、数据资料的整理和分析

1. 数据资料的整理

在幼儿运动教育教学研究领域，研究者会通过各种研究方法获取某种教育现象或事实的量化资料，即为数据资料。如通过测验法收集幼儿动作协调能力，通过调查法获取有关幼儿体育行为等的数据。但大多数数据资料的数量巨大且杂乱无章，需要对收集到的原始数据进行检查和分类，并以图表的形式呈现出来，使其更直观、系统的一种方法。具体步骤如下。

（1）检查资料。为确保后续分析的研究资料是真实、有效和完整的，研究者首先需要对收集的研究资料内容进行检查，主要从以下四个方面进行。

①数据资料的有效性。数据资料的有效性是指收集到的原始数据必须具有代表性，能够说明研究目的，反映研究需要，否则将不能为研究所使用。

②数据资料的客观性。数据资料的客观性是指研究者收集数据资料时，不能出现因为主观影响以及工作中各种粗心或不慎引起的错误数据，即不能出现与事实有出入的数据。

③数据资料的完整性。数据资料的完整性是指反映研究对象的数据资料在各个项目上不应有遗漏，以确保分析的全面性。

④删除或补充数据资料。由于研究者在收集资料的过程中，有可能因为疏忽收集错误或无代表性的数据，或遗失部分重要数据，所以要求研究者在检查数据资料时，删除错误或无关数据，并根据实际情况补充遗失的数据，进而确保整个研究的有效进行。

（2）数据分类。数据分类是根据研究对象的特征，将数据分配到各个类别中，使大量数据资料有序化，便于后续分析的顺利进行。

①按品质分类。按品质进行分类，是按照事物性质进行组别或种类的划分。如按照性别可以分为男性和女性；按照幼儿年龄可以分为5岁组和6岁组；按照组别可以将幼儿分为实验组和对照组等。

②按数量分类。数量分类是按事物数量的属性进行分类的。主要有顺序排列法、等级排列法等。

● 顺序排列法。将各数据按照由小到大或由大到小的顺序进行排列。这样可以辨别出最大值和最小值分别为多少，每个数据出现的次数以及中位数是多少等。若每组数据不多，可直接排序；反之，若每组数据较多，可编制次数分布表。

● 等级排列法。依据数值的含义排列顺序，然后根据顺序排列划分等级。例如，对于考试成绩或能力测验的分数，数值越大，等级越高；但对于体育竞赛的测试时间或完成任务所用的时间数据，数值越小，等级越高。

2. 数据资料的分析

（1）描述统计。数据资料进行初步整理之后，仅能反映数据的基本情况，但若要深入了解数据的相关特征，还需计算描述数据特征的量，包括集中量、差异量和相关量等。

①集中量数。集中量数是反映一组数据集中趋势的量，表明数据平均水平的高低。常用的集中量数有算术平均数、中位数、众数等。

● 算数平均数。算数平均数是一组数据中所有数据之和除以数据个数，是反映数据集中趋势的一项指标，常用 $\bar{x}$ 或 μ 表示。算数平均数常用来估计、比较研究对象的总体水平，但数据越多，可靠性越高的时候，可用平均数说明问题；如果数据较少或其中含有极值，用平均数代表值就未必合适。

● 中位数和众数。中位数，是将数据按照顺序排列，位于中间位置的数，常用 Md 表示。如果数据的个数为奇数，位于中间的数即为中位数；如果数据的个数为偶数，则位于最中间两个数的平均数即为中位数。

众数，是一组数据中出现次数最多的数据，常用 M_0 表示。众数较为简单，且不受极值的影响。如果数据中有极值出现时，也用众数作为集中量数的粗略估计。

②差异量数。要全面描述数据的分布情况，仅使用集中量数是不够的，还必须指明数据的离散程度。如两组幼儿教师教育理论测验分数为：甲组：

82，85，79，79，83，82，84；乙组：90，92，80，75，76，74，87。两组的平均数均为82，但离散程度不同，甲组比较集中，离散程度较低，乙组比较分散，离散程度较高。目前应用最广的差异量数为标准差。

③相关系数。相关是两个变量之间的相互关系，如身高与体重、学习方法与成绩之间的相互关系。一般有三种性质的相关。一是正相关，两个变量的变化方向相同，如身高越高，体重越重。二是负相关，当一种变量变动时，另一种变量或大或小地向相反方向变动，如锻炼身体时间的长短与患病概率的关系，锻炼时间越长，患病概率越低。三是无相关，如人的外貌和智力发展水平就无关联。

在幼儿运动教育教学研究中，也往往需要研究两个变量之间的相关关系，如幼儿的身高与体重的关系。在统计中，一般使用相关系数量化两个变量之间的相关关系。相关系数一般用 γ 表示，其取值范围为：$-1 \leqslant \gamma \leqslant 1$，正负表示相关方向，绝对值大小代表相关程度。$\gamma$ 的绝对值越接近1，两变量之间的相关性越高；γ 的绝对值越接近0，表明两者的相关性越低；当 $\gamma=0$，表明两个变量的变化不相关。

（2）假设检验。在幼儿运动教育教学领域，研究者收集了数据资料之后，还需要验证研究对象之间是否存在差异，进而推断出总体的差异。假设检验就是根据一定的概率，建立假设，并根据已知条件判断假设是否成立，进而由样本差异推断总体差异的过程。例如，假设为研究12周小篮球运动干预对5~6岁幼儿注意力的影响，首先选取研究对象随机分为实验组（进行小篮球运动干预）和对照组（未进行小篮球运动干预），干预结束后采用注意力测量量表测验幼儿注意力情况，并得到平均值和标准差。然后根据一定的概率，建立假设检验，并根据平均值和标准差判定假设是否成立，从而由样本差异推断总体差异。假设检验有以下几个基本问题。

● 两类假设。假设一般有两类，虚无假设和备择假设。

虚无假设用 H_0 表示，是统计分析中要验证的假设以及计算统计量的基础。上例中的虚无假设 H_0 为：实验组和对照组无显著性差异，即 $\overline{x_1} = \overline{x_2}$。

第八章 幼儿运动教育教学研究

研究假设 H_1 是与 H_0 相对立的、研究者期望证实的假设。证实了虚无假设为真，研究假设就为假；证实了虚无假设为假，研究假设就为真。上例中的研究假设 H_1 为：实验组和对照组之间有显著性差异，即 $\overline{x_1} \neq \overline{x_2}$。

● 显著性水平。根据样本的信息推断总体情况，并非直接对总体情况进行普查，所以可能会出现一定的错误。统计学中有一种Ⅰ型错误，用 α 表示，称为显著性水平，表示拒绝虚无假设时犯错误的概率。教育科学研究中，α 的取值一般为 0.05 或 0.01。

● 统计量的选择和计算。在建立假设的基础上，还需要通过统计量的计算来验证假设的真假。根据统计分布原理，对不同的数据资料和不同的分析目的，选择不同的统计公式，将虚无假设和已知条件（两组样本的平均数、标准差等）代入公式进行计算就可得到一个统计量。假如上面所举的例子（小篮球运动对 5~6 岁幼儿注意力的影响）适合进行 Z 检验，计算之后得到统计量 Z=1.90。接下来需要判断这一统计量是否超过了一定的允许范围，因此需要确定统计分布的临界值以进行单侧或双侧检验。

● 统计分布的临界值和单侧、双侧检验。统计分布的临界值是统计学家根据统计学相关原理，并通过大量的计算求得的（可通过查统计表得知）。统计分布的临界值是为了确定某一概率条件下（$p>0.05$），当虚无假设成立时，通过已知条件计算所得的统计量允许范围。若计算所得的统计量超过临界值范围，那么虚无假设成立的概率就小于 0.05，统计学上便不能认为虚无假设为真，即这种情况下虚无假设不成立，研究假设成立。

如上例假设检验虚无假设成立，$\alpha=0.05$ 时，统计量 Z 的允许范围是：$|Z|<1.96$（此时 $p>0.05$，拒绝虚无假设的概率大于 0.05，从统计学上不能否定该事件，即 $|Z|<1.96$ 这个范围内，不能拒绝 H_0）。因根据虚无假设和已知条件计算出来的统计量 Z=1.90<1.96，因此根据统计学原理，接受虚无假设，两总体之间差异不显著，即小篮球运动对 5~6 岁幼儿注意力无显著影响。

将统计量与临界值比较，一般有单侧和双侧比较两种。凡是检验大于、小于、高于、低于等有确定大小关系的假设检验问题均应使用单侧检验，查统计表时也应按统计量分布的一侧计算显著性水平概率的检验；凡是不能确定两个总体大小关系的假设检验问题均应使用双侧检验，查统计表时按统计量分布的两侧计算显著性水平概率的检验。

（3）Z 检验和 t 检验（平均数差异的显著性检验）。平均数差异的显著性检验时研究两个平均数是否存在差异的问题。教育科学领域，常用 Z 检验和 t 检验进行平均数差异性的显著检验，但两者的使用范围不同。Z 检验是对大样本平均数差异的显著性检验，t 检验是对小样本平均数差异的显著性检验。

（4）F 检验（方差差异的显著性检验）。F 检验是基于 F 分布进行的统计检验，可用来进行方差齐性检验（即方差差异是否显著）和方差分析。

第六节 幼儿运动教育教学研究成果的表述

一、教学研究成果表述

1. 教学研究成果表述的意义

研究成果的表述，是对研究的目的、过程、方法以及主要研究结果的概括和总结，也是研究工作的一部分。通过教学研究成果的表述可以使研究者的科研水平得到提高，科研能力得到训练；同时教学研究成果的表述也是对教学实践活动的总结，可为教育问题的解决提供理论依据、建议或方案，从而推动教学改革的进程；教学研究成果的表述还可使其在更广的范围内得到推广和应用，从而产生更大的社会效益和经济效益。一项高质量的教学研究课题，如果不能以社会所能接受的表达方式反映其研究成果，教学研究活动也就失去了其研究意义。

2. 教学研究成果表述的类型

根据研究成果的性质和特点，可以将教学研究成果的表述分为研究报告和研究论文两种形式，两者统称为科研论文。

（1）研究报告的含义和类型。教学研究报告是用观察、实验和调查等方法收集的教学领域中的实际材料。以事实和数据呈现出来的研究结果，并对研究结果进行讨论的成果表述形式。研究报告要求研究者对研究方法和材料做具体、清楚地描述，客观地呈现研究过程，合理地揭示研究结果，所以事实材料和数据是构成研究报告的主要内容。

根据研究中采用的方法不同，可将研究报告分为观察报告、调查报告、实验报告等不同类型。观察报告是对某种教学现象在一段时间内进行观察，根据情况进行记录和分类整理，探究该现象的原因或规律的研究报告；调查报告是针对某种教学现象进行观察，并将情况进行整理分析，以探究教育规律，找出解决问题途径的一种研究报告；实验报告是教学实验之后，对整个实验进行全面总结，提出客观的、能反映研究过程及其结果和结论的一种研究报告。

（2）研究论文的含义和类型。研究论文是用概念、判断和推理等思辨的方法，证明和解释教学中的现象和问题，并从理论上对现象和问题加以分析和讨论的成果表述形式。研究论文要求研究者能提出新的观点或理论体系，并阐述新旧观点之间的关系。

教学研究论文是以理论分析为主要方式，阐述教学中某种现象或问题的理论性认识为主要内容的表述形式。根据研究内容的不同，可将研究论文分为评论性论文和说明性论文。评论性论文是就教学中的一个观点或问题，对大量文献资料或问题进行评价和讨论，进而得出结论；说明性论文是对教学或日常生活中的某些现象，进行理论分析，从而给出科学的解释和说明。

3. 教学研究成果表述的基本要求

教学研究成果表述的好坏直接关系到研究目的的实现情况。所以在进行教学研究成果表述时，必须要遵循一定的要求。

（1）客观性。所谓研究成果的表述要有客观性，是指在研究成果表述过程中，研究者要尊重教学研究的客观事实，不能主观臆造或随意"造出"研究结果。

（2）科学性。研究结果表述的科学性，是要求研究者在进行研究成果表述时，要准确地使用学术概念，学术概念的界定符合科学的阐释，阐述观点要正确，论证所用的理论和事实要有依据，材料可靠，论证过程合乎情理。

（3）创新性。研究成果的表述要将其价值和意义体现出来，而不是重复他人的工作。在研究成果的内容上，要将自己的新观点、新发现表述出来，或者在已有研究的基础上，将自己进一步补充或完善的想法提出来，或者是对他人研究的本土化研究和应用，创新研究成果也可能是在教学实验和调查中获得的新数据等。

（4）规范性。规范性是教学研究成果表述的基本要求，也是研究者严谨研究态度的体现。研究者在撰写研究成果时，要采用紧密的逻辑结构和科学的论证方法；论点明确，论据充分，论证方法科学；注意语言简明准确，尽量做到浅显易懂；可以使用形象直观且规范合理的图表呈现研究结果，使读者更易、更快地理解。

二、研究报告的撰写

1. 研究报告的主要内容

研究报告，即实验性研究论文的撰写一般包括五个方面的内容：①研究的问题，对研究工作所要明确并解决的中心问题的表述；②研究的方法，对研究工作中所采用的科研方法和步骤的表述；③研究的结果，对研究工作中所获得的结果的表述；④分析和讨论，对研究结果的理论分析和推断；⑤结论，对研究结果的逻辑概括。

2. 研究报告的基本结构

教学研究报告具有相对固定的模式，主要包括前置部分、主体部分、结尾部分和附录部分。

前置部分：题目、作者署名、论文摘要、关键词。

主体部分：引言和正文（研究方法、研究结果、分析与讨论和结论）

结尾部分：参考文献、致谢。

附录部分：补充数据或者图表等。

研究报告的基本框架如图8-5所示。

```
研究报告题目
    作者署名

摘要
关键词
一、引言
二、研究方法
三、研究结果
四、分析与讨论
五、结论
注释
参考文献
附录
```

图8-5　研究报告基本框架

3.研究报告撰写的方法

（1）题目。一般来说，题目在表述上主要涉及两个变量之间的关系，包括三个中心词，即研究对象、研究内容和研究方法。例如，小篮球运动对5～6岁幼儿身体协调能力发展的实证研究，通过题目可以了解到研究对象是5～6岁幼儿，研究内容是身体协调性，方法是实证研究。

研究报告的题目要做到用词简洁，能够反映研究的中心内容，使读者一看就能了解研究的主题和价值，但是切忌研究的题目过大。题目过大，往往会受时间、空间和资料等条件的限制，使问题不能全面阐述。如果研究成果表述时出现题目过大的情况，研究者可以加限定词或者加副标题等一些简单的技巧加以解决，如把《论幼儿体育活动》限定为《论幼儿体育活动开展策略的研究》。

（2）摘要和关键词。摘要是要用高度概括的文字介绍研究报告的主要内容，是对研究报告的高度浓缩。摘要的内容包括研究问题、研究方法、

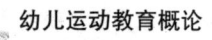

研究结果和结论等。

关键词是将研究报告中能体现研究方向和研究领域的词和词组提取出来，便于读者快速了解研究报告的主要内容。

（3）引言。引言应说明研究的目的、范围、相关领域的研究背景和知识空白、研究设想、研究方法、实验设计和意义等。具体来说，引言就是要回答研究什么问题、为什么进行这个研究、这个问题的研究现状是什么、怎么进行研究。

引言中问题的陈述要直截了当，用概括性的语言将研究的中心问题说明，不做过多的阐述；引言中对研究背景和相关研究现状的介绍较为详细，研究目的只做简短的说明，研究方法只需用一两句话介绍大致框架即可；概括地介绍与本研究相关的文献资料，使读者比较容易了解该领域的研究现状。

（4）研究方法。研究方法主要是系统介绍研究的工具、研究对象的范围、具体使用的研究方法及其操作程序、研究数据等资料的整理进行说明，体现的是研究过程。本部分的介绍要客观，使读者了解研究的科学性，研究结果的可靠性，因此本部分也是研究报告中的重要环节之一。

本部分撰写的具体要求如下：①准确描述研究对象的情况和具体范围；②对所应用的研究工具进行详细介绍，如调查问卷的设计和改进；量表和问卷等研究工具的设计和内容结构情况，信度和效度情况等；③对于实验研究，要说明实验的条件和步骤等；如果是调查研究，应说明调查的具体过程；如果是观察研究，应说明观察的具体实施过程；④简要说明使用什么统计学方法进行数据的整理和统计分析工作。

（5）研究结果。研究结果的表述是用客观的数据和事实材料呈现研究成果，它是研究报告的核心。该部分要展示所获得的每一项研究结果，并用文字简要说明和阐述，有时还需要使用准确的数据和图表，不需要对结果的具体含义进行讨论。

研究结果撰写的具体要求如下：①无论是描述性统计的结果，还是推断性研究结果都应提供全面的统计结果；②研究结果只需客观的介绍，不需要具体的讨论；③研究的数据经过处理后，再采用各种形式呈现出来；④研究结果的撰写主要使用语言文字，有时也可采用列表形式或者更为直观的图辅助呈现。

（6）分析与讨论。这一部分是对研究结果进行深入的分析与论证。研究者依据教育理论，通过自己的认识和思考，对所获得的研究结果进行客观的分析，并提出自己的观点。这一部分是研究报告中最难写的一部分，是对研究者学术水平的考验。

分析与讨论的写作内容主要包括：对引言中提出的要研究的问题进行回应，对提出的研究假设给予明确的回答；对研究结果进行客观的分析，将问题存在的原因解释清楚；将研究结果引向理论认识和实践应用，以体现研究的价值。

本部分撰写的具体要求如下：①研究者不能简单地重复研究结果中已经说明的内容，而是应该对研究结果的意义进一步深入的阐述和评价，尤其是当结果与研究假设不符时，更应做深入的分析；②研究者不能只根据自己的主观判断解释研究结果，而要从理论的高度，用科学的概念进行问题的论证；③在进行分析讨论时，研究者应从多角度、多方面对研究问题进行深入分析，防止分析问题的片面性。

（7）结论。研究报告的结论是用简洁的文字对研究成果进行高度概括和呈现，是对研究成果的最终推论，在研究报告中起到画龙点睛的作用。

结论不是研究结果的重复，而是研究成果更高层次的概括，应表述的是研究结果说明了什么，提示了什么，应该怎么办，还需要做什么等。因此，结论是透过事实材料的表面现象，揭示其内在规律。

结论在撰写时应注意以下几个方面：①研究结论是以研究结果为依据，对研究结果真实的反映；②研究结论的适用范围应当与研究的抽样范围一致，不能随意扩大结论的适用范围；③结论应简洁明了，具有逻辑性；④

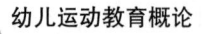

可以在结论中提出建议、待解决的问题等。

三、研究论文的撰写

1. 研究论文的主要内容

教学研究成果的表述除了实证性的研究报告外，还有理论性论文，也称学术论文来反映教学研究成果。教学研究学术论文具有较强的理论性，主要体现在：基本观点要有教育理论依据，思辨性强，内容存在较强的逻辑性；对于所研究课题在理论上有创新，在方法上有改进，在事实上有新的发现。

一篇完整的教育学术论文主要包括中心论题、理论分析和结论三个方面的内容。论题，是对研究工作中所要解决的中心问题的表述；理论分析，对所提出问题的理论性论证；结论，对研究内容的概括性总结。

2. 研究论文的基本结构

与教育研究报告一样，学术性论文的写作也有明确的格式要求，根据国家标准GB7713-87的明确规定，学术性论文的基本结构包括以下几个部分：

前置部分：题名、作者、摘要、关键词。

主体部分：绪论、本论、结论。

结尾部分：注释、参考文献、致谢。

附录部分：必要时列明。

教育研究论文的基本框架如图8-6所示。

```
       研究论文题目
         作者署名

   摘要
   关键词
   一、绪论
   二、本论
   三、结论
   注释
   参考文献
   附录
```

图 8-6　教育研究论文的基本框架

3. 研究论文各部分的撰写

教育研究论文虽然在主要内容和基本结构上与教育研究报告不同，但就其表述方式而言，却与其有着相对一致的顺序和规律，都是依据撰写过程本身的逻辑思路进行的。

教育研究论文中题目的表述、注释与参考文献的编排、附录的编制、摘要与关键词的撰写以及作者署名的表述等，均与教育研究报告基本一致，此处便不再做介绍。

（1）绪论的撰写。绪论是文章的开始部分，也可称为前言、引言、序言等，也有人直接称为问题的提出，其目的在于引导读者了解论文要写什么，引出正文的本论部分。

论文的绪论一般包括以下内容：研究要解决什么问题，本研究的中心论点是什么，本研究的背景，评述前人的研究成果，概述本研究的目的和意义，界定本研究所涉及的主要概念或术语等。写作过程中可以根据具体情况进行选择，主要是把研究问题交代清楚，引出本论内容。

绪论在写作过程中应注意以下问题：①提出研究问题要清晰，最好可以引起读者的思考，使得交代的问题与读者已有相关知识建立联系，促进对论文主旨内容的理解；②如果涉及前人研究成果时，表述要客观、准确，评价要实事求是，不能为突出自己的研究价值和意义而否定他人的相关研究；③对论文研究价值和意义的介绍要力求实事求是，避免主观拔高研究的价值；④绪论的篇幅不宜过长，否则会头重脚轻。

（2）本论的撰写。本论是研究论文的主体部分，是作者证明论点、分析现象、表达结果的部分，也是体现研究者科研水平和论文写作水平的核心。

研究论文中的本论部分相当于研究报告中的研究结果和分析与讨论部分，一定要有严谨的论证过程，也要表达作者自己的观点。

本部分在撰写时应注意的事项主要有以下几点：①研究主题是教育研究论文的灵魂，研究者应用准确的文字提出研究主题，点明中心论点，为讨论奠定基础；②引用他人研究成果或思想观点时，要全面、准确地理解和领会，不能断章取义，也不能为了印证自己观点正确，牵强附会地引用他人观点或曲解他人的观点；③研究材料是论证的关键，研究资料的充足与否直接决定着论证的质量。因此，研究者应占据足够的材料和文献，使讨论有理有据，进而证明自己的观点；④在论文写作过程中，论证过程要严谨，语言表达要精确，并保证文字的准确性和语句的逻辑性，进而对论点和论据进行合乎逻辑规律的论证。

（3）结论的撰写。结论是围绕本论部分所做的结语，是对研究成果进行更高层次的精确概括。结论是论题被充分证明后的结果，写作的措辞要严谨，逻辑要严密。

结论部分包括的具体内容有：对本研究的整体性判断、总结性观点；提出切实可行的解决策略；说明本研究的局限性，有哪些问题尚未得到解决；提出进一步的研究方向等。

本部分内容在撰写时应注意以下几点内容：①结论是对要研究问题的综合、概括，写作时要注意内容应简洁，表达应明确；②措辞表达要严谨，逻辑要严密，不须要使用华丽的辞藻来描述，而是要表达准确，语言朴实。

参考文献

[1] 朱慕菊，李季湄，冯晓霞，等.《幼儿园教育指导纲要（试行）》解读[M]. 南京：江苏教育出版社，2017：203-212.

[2] 李季湄，冯晓霞.《3-6岁儿童学习与发展指南》解读[M]. 北京：首都师范大学出版社，2012：54-72.

[3] 毛淑娟. 健康中国视域下幼儿体育教育的剖析[J]. 科技资讯，2020（3）：169-171.

[4] 教育部办公厅. 教育部办公厅关于印发《中学教育专业师范生教师职业能力标准（试行）》等五个文件的通知[J]. 中华人民共和国教育部公报，2021（6）：133-156.

[5] 袁壮. 定向运动对幼儿运动能力发展的实验研究[J]. 青少年体育，2021（8）：139-140.

[6] 王雪芹，陈士强，丁焕香，等. 体育活动模块对3~6岁幼儿身体素质的影响[J]. 中国学校卫生，2019（7）：1036-1039.

[7] 张珂，魏小雯，刘鋆. 基本动作技能学习对学龄前儿童身体成分与形态发展的影响研究[J]. 青少年体育，2019（12）：135-136.

[8] 彭志斌，李规斌，庄海煌. 球类运动对孤独症幼儿共享式注意力唤醒的个案研究[J]. 群众体育，2022，30（2）：118-120.

[9] 孟万金，官群. 教育科研[M]. 上海：华东师范大学出版社，2004：104.

[10] 徐红. 教育科学研究方法[M]. 武汉：华中科技大学出版社，2013：234-236.